MÉMOIRES

DE

MADAME DE RÉMUSAT

I

CALMANN LÉVY, ÉDITEUR

OUVRAGES

DE

CHARLES DE RÉMUSAT

DE L'ACADÉMIE FRANÇAISE

Format in-8°

ABÉLARD, drame philosophique . . . . 1 vol.
POLITIQUE LIBÉRALE. Fragments pour servir à la défense
de la Révolution française. . . . . 1 —
LA SAINT-BARTHÉLEMY, drame historique . . . . 1 —

Format grand in-18

CASIMIR PERIER, notice historique, suivie de la politique
conservatrice de Casimir Perier, par le comte de Mon-
talivet. . . . . 1 vol.
LA SAINT-BARTHÉLEMY, drame historique . . . . 1 —

OUVRAGE

DE

PAUL DE RÉMUSAT

Format grand in-18

LES SCIENCES NATURELLES . . . . 1 vol.

PARIS. — IMPRIMERIE ÉMILE MARTINET, RUE MIGNON, 2.

MÉMOIRES
DE
MADAME DE RÉMUSAT
— 1802-1808 —

PUBLIÉS PAR SON PETIT-FILS

PAUL DE RÉMUSAT
SÉNATEUR DE LA HAUTE-GARONNE

I

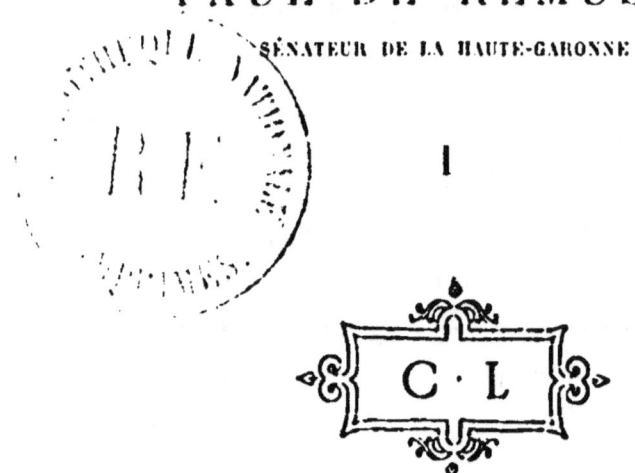

PARIS
CALMANN LÉVY, ÉDITEUR
ANCIENNE MAISON MICHEL LÉVY FRÈRES
RUE AUBER, 3, ET BOULEVARD DES ITALIENS, 15
A LA LIBRAIRIE NOUVELLE
—
1880
Droits de reproduction et de traduction réservés.

PRÉFACE

I.

Mon père m'a laissé, avec le devoir de le publier, le manuscrit des Mémoires de ma grand'mère, dame du palais de l'impératrice Joséphine. Il attachait à cet ouvrage une importance extrême pour l'histoire des premières années de ce siècle. Sans cesse il a songé à le publier lui-même, sans cesse il a été retenu par des travaux, des devoirs, ou des scrupules. Sa vraie raison, pour retarder le moment où le public connaîtrait ces précieux souvenirs sur une époque si récente et si mal connue de la génération nouvelle, était précisément que cette époque était récente, et qu'un

PRÉFACE.

grand nombre des personnages vivaient encore. Quoique l'auteur ne puisse être accusé d'une malveillance systématique, la liberté de ses jugements sur les personnes et sur les choses est absolue. On doit aux vivants, et même aux fils des morts, des égards dont l'histoire ne s'accommode pas toujours. Les années ont passé cependant, et les raisons de silence diminuaient avec les années. Peut-être, dans les environs de 1848, mon père se fût-il décidé à publier ce manuscrit; mais bientôt l'Empire et l'empereur revenaient, et le livre eût pu être considéré soit comme une flatterie à l'adresse du fils de la reine Hortense, qui y est fort ménagée, soit, sur d'autres points, comme un outrage direct à la dynastie. Les circonstances eussent ainsi donné un caractère de polémique ou d'actualité, comme on dit, à un ouvrage qui ne doit être pris que comme une histoire désintéressée. On aurait transformé en un acte politique le simple récit d'une femme distinguée, racontant avec élévation et sincérité ce qu'elle a vu du règne et de la cour, et ce qu'elle a pensé de la personne de l'empereur Napoléon. Dans tous les cas, il est probable que le livre aurait été poursuivi, et que la publication en eût été interdite. Ajouterai-je, pour ceux qui ne trouveraient pas suffisantes ces raisons délicates, que mon père, qui a volontiers livré sa politique, ses opinions et sa personne aux discussions des journaux et des critiques, qui vivait au milieu de la publicité la plus éclatante, ne hasardait cependant qu'avec une extrême réserve devant le public les noms qui lui étaient chers. Il redoutait pour eux la moindre sévérité, le blâme le plus léger. Pour sa mère et pour son fils, il était timide. Sa mère avait été la grande passion de sa vie. Il lui rapportait et le bonheur des premières années de sa jeunesse, et tous les mérites, tous les succès de son existence entière. Il lui tenait autant par l'esprit que par le cœur, par la ressemblance des idées que par les liens de l'affection filiale. Ses pensées, son souvenir, ses lettres prenaient dans sa vie une place que peu de gens ont pu soupçonner, car il parlait rarement d'elle, précisément parce qu'il pensait sans cesse à elle, et qu'il craignait de ne point trouver chez autrui une sympathie suffisante d'admiration. Qui ne connaît ces passions farouches qui nous unissent à jamais à un être qui n'est plus, auquel on songe sans relâche, que l'on interroge à tout instant, dont on rêve les conseils ou les impressions, que l'on sent mêlé à la vie de tous les jours comme à celle des grands jours, à toutes ses actions personnelles ou publiques, et pourtant dont on ne saurait parler aux autres, même aux amis les plus chers, dont on ne peut même entendre prononcer le nom sans une inquiétude ou une douleur? Bien rarement la douceur des louanges accordées à ce nom par un ami, ou par un étranger, parvient à rendre supportable ce trouble profond.

Si une réserve délicate et naturelle porte à ne point publier des mémoires avant qu'un long temps se soit écoulé, il ne faut pas non plus trop tarder. Mieux vaut que la publication n'arrive point en un jour où rien ne reste plus des faits racontés, des impressions ressenties, ni des témoins oculaires. Pour que l'exactitude, ou tout au moins la sincérité, n'en soit pas contestée, le contrôle des souvenirs de chaque famille est nécessaire, et il est bon que la génération qui les lit procède directement de celle que l'on y dépeint. Il est utile que les temps racontés ne soient pas tout à fait devenus des temps historiques. C'est un peu notre cas en ce moment, et ce grand nom de Napoléon est encore livré aux querelles des partis. Il est intéressant d'apporter un élément nouveau aux discussions qui s'agitent autour de cette ombre éclatante. Quoique les mémoires sur l'époque impériale soient nombreux, jamais on n'a parlé avec détail et indépendance de la vie intérieure du palais, et il y avait de bonnes raisons pour cela. Les fonctionnaires ou les familiers de la cour de Bonaparte, même empereur, n'aimaient pas à dévoiler avec une sincérité absolue les misères du temps qu'ils avaient passé près de lui. La plupart d'entre eux, devenus légitimistes après la Restauration, se trouvaient quelque peu humiliés d'avoir servi l'usurpateur, surtout en des fonctions qui, aux yeux de bien des gens, ne peuvent être ennoblies que par la grandeur héréditaire de celui qui les donne. Leurs descendants eux-mêmes auraient été parfois embarrassés pour publier de tels manuscrits, s'ils leur avaient été laissés par leurs auteurs. Peut-être trouverait-on difficilement un éditeur, un petit-fils, qui fût plus libre que celui qui écrit ces lignes de publier un tel ouvrage. Je suis bien plus touché du talent de l'écrivain et de l'utilité de son livre que de la différence entre les opinions de ma grand'-mère et celles de ses descendants. La vie de mon père et sa renommée, les sentiments politiques qu'il m'a laissés comme son plus précieux héritage, me dispensent d'expliquer comment, et pour quelles raisons, je ne partage point toutes les idées de l'auteur de ces

Mémoires. Il serait au contraire facile de rechercher dans ce livre les premières traces de l'esprit libéral qui devait animer mes grands-parents dans les premiers jours de la Restauration, et qui s'est transmis et développé chez leur fils d'une façon si heureuse. C'était presque être libéral déjà que de n'avoir pas pris en haine les principes de la liberté politique à la fin du dernier siècle, lorsque tant de gens faisaient remonter jusqu'à elle les crimes qui ont souillé trop de jours de la Révolution, et de juger librement, malgré tant de reconnaissance et de franche admiration, les défauts de l'empereur et les misères du despotisme.

Cette impartialité si précieuse et si rare chez les contemporains du grand empereur, nous ne l'avons même pas rencontrée de nos jours chez les serviteurs d'un souverain qui devait moins éblouir ceux qui l'approchaient. Mais un tel sentiment est facile aujourd'hui. Les événements se sont chargés de mettre la France entière dans un état d'esprit propre à tout accueillir, à tout juger avec équité. Nous avons vu changer plusieurs fois l'opinion sur les premières années de ce siècle. Il n'est pas nécessaire d'être très avancé dans la vie pour avoir connu un temps où la légende de l'empire était admise même par ses ennemis, où l'on pouvait l'admirer sans danger, où les enfants croyaient en un empereur, grandiose et bon homme à la fois, à peu près semblable au bon Dieu de Béranger, qui a pris d'ailleurs ces deux personnages pour les héros de ses odes. Les plus sérieux adversaires du despotisme, ceux qui devaient plus tard éprouver les persécutions d'un nouvel empire, ramenaient sans scrupule la dépouille mortelle de Napoléon le Grand, ses *cendres*, comme on disait alors, en donnant une couleur antique à une cérémonie toute moderne. Plus tard, même pour ceux qui ne mettent point de passion dans la politique, l'expérience du second empire a ouvert les yeux sur le premier. Les désastres que Napoléon III a attirés sur la France en 1870 ont rappelé que l'autre empereur avait commencé cette œuvre funeste, et peu s'en faut qu'une malédiction générale ne vienne sur les lèvres à ce nom de Bonaparte, prononcé naguère avec un respectueux enthousiasme. Ainsi flotte la justice des nations! Il est cependant permis de dire que la justice de la France d'aujourd'hui est plus près d'être la vraie justice qu'au temps où elle prenait ses considérants dans le goût du repos et l'effroi de la liberté, trop heureuse quand elle se laissait aller seulement à la passion de la gloire militaire. Entre ces deux extrêmes combien d'opinions se sont placées, ont eu des années de vogue et de déclin! On reconnaîtra, je pense, que l'auteur de ces Mémoires, arrivant jeune à la cour, n'avait nul parti pris sur les problèmes qui s'agitaient alors, qui s'agitent encore, et que le général Bonaparte pensait avoir résolus. On reconnaîtra que ses opinions se sont formées peu à peu comme celles de la France elle-même, bien jeune aussi en ce temps-là. Elle a été enthousiaste et enivrée par le génie; puis elle a, peu à peu, repris son jugement et son sang-froid, soit à la lueur des événements, soit au contact des caractères et des personnes. Plus d'un de nos contemporains retrouvera dans ces Mémoires l'explication de la conduite ou de l'état d'esprit de quelqu'un des siens, dont le bonapartisme ou le libéralisme à des époques diverses lui paraissaient inexplicables. On y retrouvera également, et ce n'en est point le moindre mérite à mes yeux, les premiers germes d'un talent distingué, qui, chez son fils, devait devenir un talent supérieur.

Un précis de la vie de ma grand'mère ou du moins des temps qui ont précédé son arrivée à la cour est nécessaire pour bien comprendre les impressions et les souvenirs qu'elle y apportait. Mon père avait souvent conçu le plan et préparé quelques parties d'une vie très complète de ses parents. Il n'a laissé rien d'achevé sur ce point; mais un grand nombre de notes et de fragments écrits par lui-même et sur les siens, sur les opinions de son jeune âge et sur les personnes qu'il avait connues, rendent facile de raconter avec exactitude l'histoire de la jeunesse de ma grand'mère, des sentiments qu'elle apportait à la cour, des circonstances qui l'ont déterminée à écrire ses Mémoires. Il est même possible d'y joindre quelques jugements portés sur elle par son fils, qui la font connaître et aimer. Mon père souhaitait fort que le lecteur éprouvât ce dernier sentiment, et il est difficile en effet de ne pas le ressentir en lisant ses souvenirs, et plus encore sa correspondance, qui sera publiée plus tard.

II.

Claire-Élisabeth-Jeanne Gravier de Vergennes, née le 5 janvier 1780, était fille de Charles Gravier de Vergennes, conseiller au parlement de Bourgogne, maître des requêtes, puis intendant d'Auch, et enfin directeur des vingtièmes. Mon arrière-grand-père n'était donc pas, quoi qu'on dise dans les biographies, le ministre si connu sous le nom de comte de

Vergennes. Ce ministre avait un frère aîné qu'on appelait *le marquis*, le premier de la famille, je pense, qu'on ait titré ainsi. Ce marquis avait quitté la magistrature pour entrer dans la carrière diplomatique. Il était ministre en Suisse en 1777, lorsque les traités de la France avec la République helvétique furent renouvelés. Il eut plus tard le titre d'ambassadeur. Son fils Charles Gravier de Vergennes, né à Dijon en 1751, avait épousé Adélaïde-Françoise de Bastard, née vers 1760, d'une famille originaire de Gascogne, dont une branche s'était établie à Toulouse, et distinguée au barreau, dans l'enseignement du droit et dans la magistrature. Son père même, Dominique de Bastard, né à Lafitte (Haute-Garonne), avait été conseiller au parlement, et il est mort doyen de sa compagnie. Son buste est au Capitole dans la salle des Illustres. Il avait pris une part active aux mesures du chancelier Maupeou[1]. Le mari de sa fille, M. de

---

[1]. On peut consulter sur la famille Bastard l'ouvrage intéressant

Vergennes, ne portait point de titre, ainsi qu'il était d'usage dans l'ancien régime, étant de robe. C'était, dit-on, un homme d'un esprit ordinaire, aimant à se divertir sans beaucoup de choix dans ses plaisirs, d'ailleurs sensé, bon fonctionnaire, et appartenant à cette école administrative dont MM. de Trudaine étaient les chefs.

Madame de Vergennes était une personne plus originale, spirituelle et bonne, dont mon père parlait souvent. Tout enfant, il était en confiance avec elle, comme il arrive des petits-fils aux grand'mères. Dans sa propre gaieté, si douce et si facile, moqueuse avec bienveillance, il retrouvait quelques-uns de ses traits, comme dans sa voix juste et prompte à retenir les airs et les couplets de vaudeville, son habitude de fredonner les ponts-neufs de

---

intitulé : *Les Parlements de France*, essai historique sur leurs usages, leur organisation et leur autorité, par le vicomte de Bastard-d'Estang, ancien procureur général près la cour impériale de Riom, conseiller à la cour de Paris, 2 vol. in-8°; Paris, Didier, 1857.

Vergennes. Ce ministre avait un frère aîné qu'on appelait *le marquis*, le premier de la famille, je pense, qu'on ait titré ainsi. Ce marquis avait quitté la magistrature pour entrer dans la carrière diplomatique. Il était ministre en Suisse en 1777, lorsque les traités de la France avec la République helvétique furent renouvelés. Il eut plus tard le titre d'ambassadeur. Son fils Charles Gravier de Vergennes, né à Dijon en 1751, avait épousé Adélaïde-Françoise de Bastard, née vers 1760, d'une famille originaire de Gascogne, dont une branche s'était établie à Toulouse, et distinguée au barreau, dans l'enseignement du droit et dans la magistrature. Son père même, Dominique de Bastard, né à Lafitte (Haute-Garonne), avait été conseiller au parlement, et il est mort doyen de sa compagnie. Son buste est au Capitole dans la salle des Illustres. Il avait pris une part active aux mesures du chancelier Maupeou[1]. Le mari de sa fille, M. de

---

1. On peut consulter sur la famille Bastard l'ouvrage intéressant

Vergennes, ne portait point de titre, ainsi qu'il était d'usage dans l'ancien régime, étant de robe. C'était, dit-on, un homme d'un esprit ordinaire, aimant à se divertir sans beaucoup de choix dans ses plaisirs, d'ailleurs sensé, bon fonctionnaire, et appartenant à cette école administrative dont MM. de Trudaine étaient les chefs.

Madame de Vergennes était une personne plus originale, spirituelle et bonne, dont mon père parlait souvent. Tout enfant, il était en confiance avec elle, comme il arrive des petits-fils aux grand'mères. Dans sa propre gaieté, si douce et si facile, moqueuse avec bienveillance, il retrouvait quelques-uns de ses traits, comme dans sa voix juste et prompte à retenir les airs et les couplets de vaudeville, son habitude de fredonner les ponts-neufs de

---

intitulé : *Les Parlements de France*, essai historique sur leurs usages, leur organisation et leur autorité, par le vicomte de Bastard-d'Estang, ancien procureur général près la cour impériale de Riom, conseiller à la cour de Paris, 2 vol. in-8º; Paris, Didier, 1857.

l'ancien régime. Elle avait les idées de son temps, un peu de philosophie n'allant point jusqu'à l'incrédulité, et quelque éloignement pour la cour, avec beaucoup d'attachement et de respect pour Louis XVI. Son esprit gai et positif, vif et libre, était cultivé, sa conversation était piquante et quelquefois hasardée, suivant l'usage de son siècle. Elle n'en donna pas moins à ses deux filles, Claire et Alix [1], une éducation sévère et un peu solitaire, car la mode voulait que les enfants vissent peu leurs parents. Les deux sœurs travaillaient à part du reste de la maison, dans une chambre sans feu, sous la direction d'une gouvernante, tout en cultivant les arts qu'on peut appeler frivoles : la musique, le dessin, la danse. On les menait rarement au spectacle, parfois cependant à l'Opéra, et de temps en temps au bal.

M. de Vergennes n'avait ni prévu ni désiré la Révolution. Il n'en fut cependant ni trop mé-

1. Mademoiselle Alix de Vergennes a épousé quelques années plus tard le général de Nansouty.

content, ni trop effrayé. Ses amis et lui-même faisaient partie de cette bourgeoisie, ennoblie par les emplois publics, qui semblait être la nation même, et il ne devait point se trouver trop déplacé parmi ceux qu'on appelait les électeurs de 89. Aussi fut-il élu chef de bataillon dans la garde nationale et membre du conseil de la commune. M. de Lafayette, dont son petit-fils devait quarante ans plus tard épouser la petite-fille, M. Royer-Collard, que ce petit-fils devait remplacer à l'Académie française, le traitaient comme un des leurs. Ses opinions suivirent plutôt celles du second de ces politiques que du premier, et la Révolution l'eut bientôt dépassé. Il ne se sentit pourtant nul penchant à émigrer. Son patriotisme, autant que son attachement à Louis XVI, le portaient à rester en France. Aussi ne put-il éviter le sort qui menaçait en 1793 ceux qui avaient la même situation et les mêmes sentiments que lui. Très faussement accusé d'émigration par l'administration du département de Saône-et-Loire, qui mit le séquestre sur ses biens, il fut arrêté à Paris rue Saint-Eustache où il habitait depuis 1788. Celui qui l'arrêta n'avait d'ordre du comité de sûreté générale que pour son père. Il se saisit du fils parce que celui-ci vivait avec le père, et tous deux moururent sur le même échafaud, le 6 thermidor an II (24 juillet 1794), trois jours avant la chute de Robespierre [1].

1. Voici le texte de l'arrêt du père et du fils :

« Du sixième jour de thermidor de l'an second de la République française une et indivisible.

» Par jugement rendu ledit jour en audience publique à laquelle siégeaient : Sellier, vice-président, Foucault, Garnier, Launay et Barbier, juges, qui ont signé la minute du jugement avec Tavernier, commis greffier.

» Sur la déclaration du jury de jugement, portant que Jean Gravier, dit Vergennes, père, ex-comte, âgé de soixante-quinze ans, né à Dijon, département de la Côte-d'Or, demeurant à Paris, rue Neuve-Eustache, n° 4, Charles Gravier, dit Vergennes, âgé de quarante-deux ans, ex-noble, né à Dijon, département de la Côte-d'Or, demeurant chez son père, et autres, sont convaincus de s'être rendus les ennemis du peuple et d'avoir conspiré contre sa souveraineté en entretenant des intelligences et correspondances avec les ennemis de l'intérieur et de l'extérieur de la République, en leur fournissant des secours en hommes et en argent pour favoriser le succès de leurs armes sur le territoire français, en participant aux complots, trames et assassinats du tyran et de sa femme contre le peuple français, notamment dans les jour-

PRÉFACE.

M. de Vergennes, en mourant, quittait sa femme et ses deux filles malheureuses, isolées, et même gênées d'argent; car il avait, peu de temps auparavant, vendu son domaine de Bourgogne, dont le prix fut touché par la nation. Il leur laissait pourtant un protecteur, sans puissance, mais de bonne volonté et de bonne grâce. Dans les premiers temps de la Révolution, il avait fait connaissance avec un jeune homme dont la famille avait eu autrefois quelque importance dans le commerce et l'échevi-

nées du 28 février 1791 et du 10 août 1792, en conspirant dans la maison d'arrêt, dite Lazare, à l'effet de s'évader et ensuite dissoudre par le meurtre et l'assassinat des représentants du peuple, et notamment des membres des comités de salut public et de sûreté générale, le gouvernement républicain, et rétablir la royauté, enfin, en voulant rompre l'unité et l'indivisibilité de la République.

» L'accusateur public entendu sur l'application de la loi, appert le tribunal avoir condamné à la peine de mort Jean Gravier, dit Vergennes, père, et Charles Gravier, dit Vergennes, fils, conformément aux articles 4, 5 et 7 de la loi du 22 prairial dernier, et déclaré leurs biens acquis à la République.

» De l'acte d'accusation dressé par l'accusateur public le 5 thermidor, présent mois, contre les nommés Vergennes, père et fils, et autres, a été littéralement extrait ce qui suit :

» Qu'examen fait des pièces adressées à l'accusateur public, il en résulte que Dillon, Roussin, Chaumette et Hébert avaient des

nat de Marseille, de sorte que les enfants commençaient à entrer dans la magistrature et dans l'armée, parmi les privilégiés en un mot. Ce jeune homme, Augustin-Laurent de Rémusat, était né à Valensoles en Provence, le 28 août 1762. Après avoir fait d'excellentes études à Juilly, ancien collège d'oratoriens qui existe encore près de Paris, il avait été nommé, à vingt ans, avocat général à la cour des aides et chambre des comptes réunies de Provence. Mon père a retracé le portrait de ce jeune homme, son arrivée à Paris, sa vie au milieu

agents et des complices de leurs conspirations et perfidies dans toutes les maisons d'arrêt, pour y suivre leurs trames et en préparer l'exécution. Depuis que le glaive de la loi a frappé ces grands coupables, leurs agents, devenus chefs à leur tour, ont tout tenté pour parvenir à leurs fins et exécuter leurs trames liberticides.

» Vergennes, père et fils, ont toujours été les instruments serviles du tyran et de son comité autrichien, et n'ont paru se couvrir du masque du patriotisme que pour diriger dans les places qu'ils occupaient la Révolution au profit du despotisme et de la tyrannie. Ils étaient d'ailleurs en relation avec Audiffret, complice de la conspiration de Lusignan; des pièces trouvées chez ce dernier établissent leurs intelligences criminelles et liberticides.

» Pour extraits conformes délivrés gratis par moi dépositaire archiviste soussigné,
» DERRY OU ARRY? »

de la société nouvelle. Cette note explique mieux que je ne le saurais faire comment M. de Rémusat a aimé et épousé mademoiselle Claire de Vergennes:

« La société d'Aix, ville de noblesse et de
» parlement, était assez brillante. Mon père y
» vécut beaucoup dans le monde. Il avait une
» figure agréable, une certaine finesse dans
» l'esprit, de la gaieté, des manières douces et
» polies, une galanterie assez distinguée. Il y
» chercha et y obtint les succès qu'un jeune
» homme peut le plus désirer. Cependant il
» s'occupa de son état qu'il aimait, et il épousa
» mademoiselle de Sannes, fille du procureur
» général de sa compagnie (1783). Ce mariage
» fut de courte durée, et donna naissance à
» une petite fille qui, je crois, mourut en nais-
» sant, et que sa mère suivit de près.

» La Révolution éclata. Les cours souve-
» raines furent supprimées. Le rembourse-
» ment de leurs charges fut pour elles une
» assez grande affaire, et, pour cette grande

» affaire, la cour des aides députa à Paris.
» Mon père fut un de ces délégués. Il m'a
» souvent dit qu'il eut alors occasion de voir
» pour son affaire M. de Mirabeau, député
» d'Aix, et, malgré ses préventions de parle-
» mentaire, il fut charmé de sa politesse un
» peu pompeuse. Jamais il ne m'a raconté en
» détail la manière dont il vivait. J'ignore
» encore quelle circonstance le conduisit chez
» mon grand-père Vergennes. Seul et inconnu
» dans Paris, il y passa sans inquiétude person-
» nelle les mauvaises années de la Révolution.
» La société n'existait plus. Son commerce
» n'en fut que plus agréable et même plus utile
» à ma grand'mère (madame de Vergennes)
» au milieu de ses anxiétés, et bientôt de ses
» malheurs. Mon père m'a souvent dit que
» mon grand-père était un homme assez ordi-
» naire, mais il apprécia bientôt ma grand'-
» mère, qui prit de son côté un certain goût
» pour lui. Ma grand'mère était une femme
» raisonnable, sage, sans illusions, sans pré-

» jugés, sans entraînement, défiante de tout
» ce qui était exagéré, détestant l'affectation,
» mais touchée des qualités solides, des senti-
» ments vrais, et préservée par la clairvoyance
» d'un esprit pénétrant, positif et moqueur,
» de tout ce qui n'était ni prudent ni moral.
» Son esprit ne fut jamais la dupe de son
» cœur; mais, ayant un peu souffert de quel-
» ques négligences d'un mari à qui elle était
» supérieure, elle avait du penchant à prendre
» l'inclination et le choix pour la règle des
» mariages.

» Lors donc qu'après la mort de mon grand-
» père un décret enjoignit aux nobles de quit-
» ter Paris, elle se retira à Saint-Gratien, dans
» la vallée de Montmorency, avec ses deux
» filles, Claire et Alix, et permit à mon père de
» la suivre. Sa présence leur était précieuse.
» Mon père était d'une humeur égale, d'un
» caractère facile, attentif et soigneux pour
» ceux qu'il aimait. Il avait du goût pour la
» vie intime et calme, pour la campagne, pour

» la retraite, et son esprit cultivé était une
» ressource pour un intérieur composé de per-
» sonnes intelligentes, et où se poursuivaient
» deux éducations. Je regarde comme difficile
» que ma grand'mère n'eût pas prévu de bonne
» heure et accepté par avance ce qui allait
» arriver, en supposant même qu'il n'y eût dès
» lors rien à lire dans le cœur de sa fille. Ce
» qui est certain (ma mère le dit dans plu-
» sieurs de ses lettres), c'est que, bien qu'elle
» fût une enfant, son esprit sérieux avant le
» temps, son cœur prompt à l'émotion, son
» imagination vive, enfin la solitude, l'intimité
» et le malheur, toutes ces causes réunies lui
» inspirèrent pour mon père un intérêt qui eut
» dès l'abord tous les caractères d'un senti-
» ment exalté et durable. Je ne crois pas avoir
» rencontré de femme qui réunît plus que ma
» mère la sévérité morale à la sensibilité ro-
» manesque. Sa jeunesse, son extrême jeu-
» nesse, fut comme prise entre d'heureuses
» circonstances qui l'enchaînèrent au devoir

» par la passion, et lui assurèrent l'union sin-
» gulière et touchante de la paix de l'âme avec
» l'agitation du cœur.

» Elle n'était pas très grande, mais bien
» faite et bien proportionnée. Elle était fraîche
» et grasse, et l'on craignait qu'elle ne tournât
» trop à l'embonpoint. Ses yeux étaient beaux
» et expressifs, noirs comme ses cheveux, ses
» traits réguliers, mais un peu trop forts. Sa
» physionomie était sérieuse, presque impo-
» sante, quoique son regard animé d'une bien-
» veillance intelligente tempérât cette gravité
» avec beaucoup d'agrément. Son esprit droit,
» appliqué, fécond même, avait quelques qua-
» lités viriles fort combattues par l'extrême
» vivacité de son imagination. Elle avait du
» jugement, de l'observation, du naturel sur-
» tout dans les manières et même dans l'ex-
» pression, quoiqu'elle ne fût pas étrangère à
» une certaine subtilité dans les idées. Elle
» était foncièrement raisonnable, avec une
» assez mauvaise tête. Son esprit était plus

» raisonnable qu'elle. Jeune, elle manquait de
» gaieté, et probablement de laisser aller. Elle
» put paraître pédante parce qu'elle était sé-
» rieuse, affectée parce qu'elle était silen-
» cieuse, distraite, et indifférente à presque
» toutes les petites choses de la vie courante.
» Mais avec sa mère, dont elle embarrassait
» parfois l'humeur enjouée, avec son mari,
» dont elle n'inquiéta jamais le goût simple et
» l'esprit facile, elle n'était ni sans mouve-
» ment, ni sans abandon. Elle avait même son
» genre de gaieté, qui se développa avec l'âge.
» Dans sa jeunesse, elle était un peu absorbée;
» en avançant dans la vie, elle prit plus de
» ressemblance avec sa mère. J'ai souvent
» pensé que, si elle avait assez vécu pour res-
» pirer dans l'intérieur où j'écris aujourd'hui,
» elle eût été la plus gaie de nous tous. »

Mon père écrivait cette note en 1857 à Lafitte (Haute-Garonne), où tous ceux qu'il aimait étaient alors près de lui, heureux et gais. Cette citation devance d'ailleurs les temps, car il parle de sa mère comme d'une femme et non comme d'une jeune fille, et c'était une très jeune fille que Claire de Vergennes, lorsqu'elle se mariait au commencement de l'année 1796, ayant seize ans à peine.

Mon grand-père et ma grand'mère, ou plutôt M. et Mme de Rémusat, car les termes de parenté uniquement employés donneraient quelque obscurité au récit, demeuraient tantôt à Paris, tantôt à Saint-Gratien dans une maison de campagne fort modeste. Les environs en étaient agréables, et par la beauté du site, et par le charme du voisinage. Les plus proches et les plus aimables des voisins étaient les hôtes de Sannois avec lesquels madame de Vergennes était fort liée. Les *Confessions* de Jean-Jacques Rousseau, les *Mémoires* de madame d'Épinay, et cent écrits du siècle dernier ont fait connaître les lieux et les personnes. Madame d'Houdetot (Sophie de Lalive) avait paisiblement traversé la Révolution dans cette maison de campagne où elle réunissait sur ses vieux jours son mari,

M. d'Houdetot, et M. de Saint-Lambert[1]. La célébrité de ce lien et sa durée permettent de prendre ici les libertés de l'ancien régime. Entre les habitants de Sannois et ceux de Saint-Gra-

[1]. Voici comment madame d'Épinay s'exprime d'abord sur le mari de sa belle-sœur, puis sur M. de Saint-Lambert :

« Mimi se marie, c'est une chose décidée. Elle épouse M. le comte d'Houdetot, jeune homme de qualité, mais sans fortune, âgé de vingt-deux ans, joueur de profession, laid comme le diable et peu avancé dans le service ; en un mot ignoré, et, suivant toute apparence, fait pour l'être. Mais les circonstances de cette affaire sont trop singulières, trop au-dessus de toute croyance pour ne pas tenir une place dans ce journal. Je ne pourrais m'empêcher d'en rire si je ne craignais que le résultat de cette ridicule histoire ne fût de rendre ma pauvre Mimi malheureuse. Son âme est si belle, si franche, si sensible... C'est aussi ce qui me rassure, il faudrait être un monstre pour se résoudre à la tourmenter. » — « Le marquis de Croismare, qui nous est arrivé hier (par parenthèse plus gai, plus aimable, plus *lui* que jamais), a fait tête à tête une promenade avec la comtesse (d'Houdetot), qui n'a fait que l'entretenir à mots couverts, plus clairs que le jour, de sa passion pour le marquis de Saint-Lambert. M. de Croismare l'a mise fort à son aise, et, au bout d'un quart d'heure, elle lui a confié que Rousseau avait pensé se brouiller avec elle dès l'instant qu'elle lui avait parlé sans détour de ses sentiments pour Saint-Lambert. La comtesse y met un héroïsme qui n'a pu rendre Rousseau indulgent sur sa faiblesse. Il a épuisé toute son éloquence pour lui faire naître des scrupules sur cette liaison qu'il nomme criminelle elle est très loin de l'envisager ainsi ; elle en fait gloire et ne s'en estime que davantage. Le marquis m'a fait un narré très plaisant de cette effusion de cœur. » *Mémoires et Correspondance de madame d'Épinay*, tome I, page 112, et tome III, page 82.

tien, l'intimité fut bientôt complète, au point que, cette dernière propriété ayant été vendue, mes grands-parents louèrent une maison plus rapprochée de leurs amis, et les jardins communiquaient par une entrée particulière. Pourtant, de plus en plus, M. de Rémusat venait à Paris, et, les temps devenant plus tranquilles, il songeait à sortir de l'obscurité, et, pourquoi ne le dirait-on pas? de la gêne où la confiscation des biens de M. de Vergennes plaçait la femme, et où la privation de son emploi dans la magistrature réduisait le mari. Naturellement, comme il arrive toujours dans notre pays, c'est aux fonctions publiques que l'on pensa. Sans avoir nul rapport avec le gouvernement, ni même avec M. de Talleyrand, alors ministre des relations extérieures, c'est à ce département qu'il fut attaché. Il y obtint sinon une place, du moins une occupation devant donner lieu à une place, dans le contentieux du ministère.

A côté de la relation purement agréable et intellectuelle de Sannois, les habitants de

Saint-Gratien avaient noué des liens moins intimes, mais qui devaient avoir une plus grande influence sur leur destinée, avec madame de Beauharnais, qui, en 1796, devenait madame Bonaparte. Lorsque celle-ci devint puissante par la toute-puissance de son mari, madame de Vergennes lui demanda son appui pour son gendre, qui désirait entrer au conseil d'État, ou dans l'administration. Mais le premier consul, ou sa femme, eurent une autre idée : la considération dont jouissait madame de Vergennes, sa situation sociale, son nom qui appartenait à la fois à l'ancien régime et aux idées nouvelles, donnaient alors un certain prix à la relation du palais consulaire avec sa famille. On y avait en ce temps peu de rapports avec la société de Paris, et, tout à l'improviste, M. de Rémusat fut nommé, en 1802, préfet du palais. Peu après, madame de Rémusat devenait *dame pour accompagner* madame Bonaparte, ce qui s'appela bientôt *dame du palais*.

III.

On n'avait nul sacrifice à faire, quand on pensait comme M. et Mme de Rémusat, pour se rallier au nouveau régime. Ils n'avaient ni les sentiments exaltés des royalistes, ni l'austérité républicaine. Sans doute ils étaient plus proches de la première opinion que de la seconde; mais leur royalisme se réduisait à une vénération pleine de piété pour le roi Louis XVI. Les malheurs de ce prince rendaient son souvenir touchant et sacré, et sa personne était dans la famille de M. de Vergennes l'objet d'un respect particulier; mais on n'avait pas encore inventé la légitimité, et ceux qui déploraient le plus vivement la chute de l'ancien régime, ou plutôt de l'ancienne dynastie, ne se sentaient nulle obligation de penser que ce qui se faisait en France sans les Bourbons fût nul en soi. On avait une admiration sans nuages pour le jeune général, revenu tout couvert de gloire, qui rétablissait avec éclat l'ordre matériel, sinon moral, dans une société tout autrement troublée qu'elle n'a été plus tard lorsque tant de sauveurs indignes se sont présentés. Les fonctionnaires d'ailleurs avaient conservé cette opinion, très naturelle dans l'ancien régime, qu'un fonctionnaire n'est responsable que de ce qu'il fait, et non point de l'origine ni des actes du gouvernement. Le sentiment de la solidarité n'existe pas dans les monarchies absolues. Le régime parlementaire nous a rendus heureusement plus délicats, et les honnêtes gens admettent qu'une responsabilité collective existe entre tous les agents d'un pouvoir. On ne saurait servir qu'un gouvernement dont on approuve la tendance et la politique générale. Il en était autrement en ce temps-là, et voici comment mon père, plus libre que personne d'être sévère en ces matières, et qui devait peut-être quelque peu de son exquise délicatesse politique à la situation difficile où il avait vu ses parents dans son enfance, entre leurs impressions et leurs devoirs officiels, voici, dis-je, comment il a expliqué ces nuances dans une lettre inédite, écrite par lui à M. Sainte-Beuve auquel il voulait donner quelques détails biographiques pour une étude de la *Revue des Deux Mondes* :

« Ce ne fut point par pis aller, nécessité,
» faiblesse, tentation ou expédient provisoire
» que mes parents s'attachèrent au nouveau
» régime. Ce fut librement et avec confiance
» qu'ils crurent lier leur fortune à la sienne.
» Si vous y ajoutez tous les agréments d'une
» position facile et en évidence, au sortir d'un
» état de gêne ou d'obscurité, la curiosité et
» l'amusement de cette cour d'une nouvelle
» sorte, enfin l'intérêt incomparable du spec-
» tacle d'un homme comme l'empereur, à une
» époque où il était irréprochable, jeune et
» encore aimable, vous concevrez aisément
» l'attrait qui fit oublier à mes parents ce que
» cette nouvelle situation pouvait avoir au fond
» de peu conforme à leurs goûts, à leur raison,

» et même à leurs vrais intérêts. Au bout de
» deux ou trois ans, ils connurent bien qu'une
» cour est toujours une cour, et que tout n'est
» pas plaisir dans le service personnel d'un
» maître absolu, lors même qu'il plaît et qu'il
» éblouit. Mais cela n'empêcha pas que pen-
» dant assez longtemps ils ne fussent satisfaits
» de leur sort. Ma mère surtout s'amusait
» extrêmement de ce qu'elle voyait; ses rap-
» ports étaient doux avec l'impératrice, dont
» la bonté était extrêmement gracieuse, et
» elle s'exaltait sur l'empereur, qui d'ailleurs
» la distinguait. Elle était à peu près la seule
» femme avec qui il causât. Ma mère disait
» quelquefois à la fin de l'Empire :

« Va, je t'ai trop aimé pour ne point te haïr! »

Les impressions que la nouvelle dame du palais recevait de la nouvelle cour ne nous sont pas parvenues. On se défiait fort de la discrétion de la poste, madame de Vergennes brûlait toutes les lettres de sa fille, et la correspondance de celle-ci avec son mari ne commence que quelques années plus tard, pendant les voyages de l'empereur en Italie et en Allemagne. On voit cependant dans les Mémoires, quoique peu abondants en détails personnels, combien tout était nouveau et curieux pour une très jeune femme, transplantée tout à coup dans ce palais, et assistant de près à la vie intime du chef glorieux d'un gouvernement inconnu. Elle était sérieuse comme on l'est dans la jeunesse, quand on n'est pas très frivole, et disposée à beaucoup regarder, à beaucoup réfléchir. Elle ne paraît avoir nul amour-propre sur les choses du dehors, nul goût de dénigrement, nul empressement à briller ou à parler. Que pensait-on d'elle en ce temps-là? Nous ne le savons guère, quoiqu'on ait la preuve, par quelques passages de lettres ou de mémoires, qu'on lui trouvait de l'esprit, et qu'on la craignait un peu. Il est probable pourtant que ses amies ou ses compagnes devaient la croire plutôt pédante que dangereuse. Elle réussit bien, surtout dans les premiers temps, la cour étant alors peu nombreuse, les distinctions ou les faveurs à briguer presque nulles, les rivalités peu ardentes. Mais peu à peu cette société devint une cour véritable. Or les courtisans craignent fort l'esprit, et surtout cette disposition des gens d'esprit qu'ils ne comprennent guère, à s'intéresser d'une manière désintéressée, pour ainsi dire, à savoir les choses et à juger les caractères, sans même chercher un emploi profitable de cette science. Ils sont disposés à toujours soupçonner un but caché à tout jugement. Les personnes distinguées sont très vivement prises par le spectacle des choses humaines, même lorsqu'elles ne veulent que regarder. Elles aiment à se mêler même de ce qui ne les regarde pas, comme on dit en mauvaise part, et on a bien tort. Cette faculté est la moins comprise de toutes par ceux qui en sont dépourvus, et qui en attribuent les effets à quelque arrière-pensée personnelle, à quelque calcul d'intérêt. Ils supposent un dessein, ils soupçonnent l'intrigue ou le ressentiment toutes les fois qu'ils aperçoivent du mouvement quelque part, et ne savent ce que c'est que l'activité spontanée et gratuite de l'esprit. Tout le monde a été exposé aux défiances de ce genre, plus redoutables lorsqu'il s'agit d'une femme douée d'une faculté un peu maladive d'imagination, entraînée à participer par l'intelligence aux choses qui ne sont pas de son ressort. Beaucoup de gens, surtout dans ce monde un peu grossier, devaient trouver au moins de la prétention et de l'amour-propre dans sa conversation et dans sa vie, et parfois l'accuser indûment d'ambition.

D'intrigue ou d'ambition, son mari en devait paraître tout à fait exempt. La situation que lui donnait la faveur du premier consul ne lui convenait guère, et il eût sans doute préféré quelque fonction laborieuse et administrative. Il ne trouvait là l'emploi que de sa bonne grâce et de sa douceur. Tel que le représentent ses lettres, les Mémoires, et les récits de mon père, il avait de la bonhomie et de la finesse, de l'esprit de conduite et de l'égalité d'humeur, assez du moins pour ne se point faire d'ennemis. Il n'en aurait jamais eu, si une certaine sauvagerie, qui paraît s'allier si mal avec l'agrément de la conversation et des relations, et qui ne l'exclut pas toujours, le goût du repos, et un fond de paresse et de timidité ne l'eussent de plus en plus porté à la retraite et à l'isolement. Lorsqu'on ne leur déplaît pas précisément par des côtés rudes et inaccessibles, les hommes ne pardonnent pas la négligence ou l'indifférence. Il avait un mélange de modestie et d'amour-propre qui, sans le rendre insensible aux honneurs du rang qu'il avait obtenu, le portait quelquefois à rougir des vétilles solennelles auxquelles ce rang même dévouait sa vie. Il croyait mériter mieux que cela, et n'aimait pas à poursuivre péniblement ce qui ne lui venait pas de soi-même. Il prenait peu de plaisir à faire usage de l'art, qui peut-être ne lui était pas refusé par le sort, de traiter avec les hommes. Il n'aimait pas à se mettre en avant, et le laisser aller convenait à son indolence. Il a été plus tard un préfet laborieux, mais c'était un courtisan négligent et inactif. Il n'employa son savoir-faire qu'à éviter les collisions, à remplir ses fonctions avec goût et avec mesure. Après avoir eu beaucoup d'amis et de relations, il laissa tomber ses amitiés, ou du moins ne parut rien faire pour les retenir. Si l'on n'en prend grand soin, les liens se relâchent, les souvenirs s'effacent, les rivalités se forment, et toutes les chances d'ambition s'échappent. Il n'avait aucun goût à jouer un rôle, à former des liaisons, à ménager des rapprochements, à faire naître les occasions de fortune ou de succès. Il ne paraît pas l'avoir jamais regretté. Je pourrais très aisément en développer les causes, et peindre en détail ce caractère, ses défauts, ses ennuis, et même ses souffrances. C'était mon grand-père.

La première épreuve très cruelle qui attendait M. et Mme de Rémusat dans leur nouvelle situation est le meurtre du duc d'Enghien. Voir tout à coup se couvrir d'un sang innocent celui que l'on admirait et que l'on s'efforçait d'aimer comme la plus pure image du pouvoir et du génie, comprendre qu'une telle action n'était que le résultat d'un calcul froid et inhumain, devait causer une douleur profonde dont on verra les témoignages dans ce récit. Il est même remarquable que l'impression qu'en ressentirent les honnêtes gens de la cour dépassa ce qu'on éprouva au dehors. Il semble qu'on fût un peu blasé sur les crimes de ce genre. Même chez les royalistes absolument ennemis du gouvernement, cet événement causa plus de douleur que d'indignation, tant en matière de justice politique et de raison d'État les idées étaient perverties! Où les contemporains en eussent-ils appris les principes? Est-ce la Terreur ou l'ancien régime qui les eussent instruits? Peu de temps après, le souverain pontife venait à Paris, et, parmi les raisons qui le faisaient hésiter à sacrer le nouveau Charlemagne, il est fort douteux que ce motif ait été un moment mis dans la balance. La presse était muette, et, même pour s'indigner, les hommes ont besoin qu'on les prévienne. Espérons que la civilisation a fait tant de progrès, que le retour de pareils événements soit impossible. Ce que nous avons vu de nos jours nous défend d'être, sur ce point, trop optimistes.

Les Mémoires qui suivent retracent précisément la vie de l'auteur en ce temps-là et l'histoire des premières années de ce siècle. Il n'y faut donc pas insister. On y verra quels changements l'établissement de l'Empire apporta à la cour, et combien la vie et les relations y devinrent plus difficiles, combien peu à peu diminuait le prestige de l'empereur, à mesure qu'il abusait de ses dons, de ses forces, de ses chances. Les mécomptes, les revers, les défaillances se multiplient. En même temps l'adhésion des premiers admirateurs devient moins précieuse, et la manière de servir se ressent de la manière de penser. Par leurs sentiments naturels, par leur famille, par leurs relations, M. et Mme de Rémusat, entre les deux partis qui se disputaient la faveur du maître, les Beauharnais et les Bonaparte, étaient comptés comme appartenant au premier. Leur situation se ressentit par conséquent de la disgrâce et du départ de l'impératrice Joséphine. Mais déjà tout était bien changé, et, lorsque sa dame du palais la suivit dans sa retraite, l'empereur paraît avoir fait peu d'instances pour la retenir. Peut-être était-il aise d'avoir auprès de sa délaissée, et un peu imprudente épouse, une personne de sens et d'esprit; mais aussi, depuis longtemps, la mauvaise santé de ma grand'mère, le goût du repos et le dégoût des fêtes, l'avaient rendue presque étrangère à la vie de la cour.

Son mari, dégoûté, ennuyé, cédait davantage chaque jour à son humeur, à sa répugnance à se produire, à se ménager auprès des grandeurs froides ou hostiles. Il se désintéressa surtout de ses fonctions de chambellan pour se renfermer dans ses devoirs d'administrateur des théâtres, qu'il mena singulièrement bien. Une grande part des règlements actuels du Théâtre-Français lui est due. Mon père, né en 1797, et bien jeune assurément quand son père était chambellan, mais dont la curiosité et la raison étaient dès l'enfance très éveillées, avait un souvenir très précis de ces temps de découragement et d'ennui. Il m'a raconté qu'il voyait souvent son père revenir de Saint-Cloud accablé, excédé du joug que la puissance et l'humeur de l'empereur faisaient peser sur tout ce qui l'approchait. Ses plaintes s'exhalaient devant son enfant dans ces moments où la sincérité est manifeste; car, reprenant son sang-froid, il tentait à d'autres jours de se représenter comme satisfait de son maître et de son service, et de laisser son fils dans l'ignorance de ses mécomptes. Peut-être était-il plus fait pour servir le Bonaparte simple, serein, sobre, spirituel, et encore nouveau aux plaisirs de la souveraineté, que le Napoléon blasé, enivré, qui apporta plus de mauvais goût dans sa représentation, et se montrait chaque jour plus exigeant en fait de cérémonial et de démonstrations adulatrices.

Une circonstance, futile en apparence, dont les intéressés ne comprirent pas tout de suite la gravité, augmenta les difficultés de cette situation et hâta un éclat inévitable. Quoique l'histoire en soit un peu puérile, on ne la lira pas sans intérêt, et sans mieux connaître ce temps, heureusement loin de nous, et que les Français ne verront pas renaître, s'ils ont quelque mémoire.

L'illustre Lavoisier était fort lié avec M. de Vergennes. Il mourut, comme on sait, sur l'échafaud, le 19 floréal an II (9 mai 1794). Sa veuve, mariée en secondes noces avec M. de Rumford, savant allemand ou du moins industriel visant à la science, inventeur des cheminées à la prussienne et du thermomètre qui porte son nom, était restée dans les relations les plus étroites avec madame de Vergennes et

PRÉFACE.

ses enfants. Ce second mariage n'avait pas été heureux, et c'est du côté de la femme que, très justement, se tourna la compassion du monde. Elle eut besoin d'invoquer l'autorité pour échapper à des tyrannies, à des exigences tout au moins intolérables. M. de Rumford étant étranger, la police pouvait prendre des renseignements sur lui dans son pays, lui adresser des remontrances sévères, même l'obliger à quitter la France. C'est, je crois, ce qui fut fait. M. de Talleyrand et M. Fouché s'y étaient employés à la demande de ma grand'mère. Madame de Rumford voulut remercier les deux premiers, et voici comment mon père raconte les résultats de cette reconnaissance :

« Ma mère consentit à donner à dîner à
» madame de Rumford avec M. de Talleyrand
» et M. Fouché. Ce n'était pas un acte d'oppo-
» sition que d'avoir à sa table le grand cham-
» bellan et le ministre de la police. C'est ce-
» pendant cette rencontre assez naturelle,
» assez insignifiante par son motif, mais qui,

» j'en conviens, était insolite et ne s'est point
» renouvelée, qui fut représentée à l'empereur,
» dans les rapports qu'il reçut jusqu'en Es-
» pagne, comme une conférence politique, et
» la preuve d'une importante coalition. Que
» Talleyrand ou Fouché s'y soient prêtés avec
» un empressement qu'ils n'auraient pas eu
» dans un autre temps, qu'ils aient profité de
» l'occasion pour causer ensemble, que même
» ma mère, entrevoyant la disposition respec-
» tive de ces deux personnages, ou mise sur
» la voie par quelque propos de M. de Talley-
» rand, ait cru l'occasion plus favorable pour
» provoquer une entrevue qui l'amusait, et
» qui était en même temps utile à une de ses
» amies, je ne le contesterai pas comme im-
» possible, quoique je n'aie aucune raison de
» le supposer. Je suis au contraire parfaite-
» ment sûr d'avoir entendu mon père et ma
» mère, revenant sur cet incident après quel-
» ques années, le citer comme un exemple de
» l'importance inattendue que pouvait prendre

» une chose insignifiante et fortuite, et dire
» en souriant que madame de Rumford ne
» savait pas ce qu'elle leur avait coûté.

» Ils ajoutaient qu'on avait prononcé à cette
» occasion, autant par haine que par dérision,
» le mot de *triumvirat*, et ma mère disait en
» riant : « Mon ami, j'en suis fâchée, mais votre
» lot ne pouvait être que celui de Lépide. »
» Mon père disait encore que des personnes
» de la cour, point ennemies, lui en avaient
» quelquefois parlé comme d'une chose posi-
» tive, et lui avaient dit sans hostilité : « Enfin,
» maintenant que cela est passé, dites-moi
» donc ce qui en était, et que prétendiez-vous
» faire? »

Ce récit donne un exemple des tracasseries des cours, et fait connaître l'intimité de mes grands-parents avec M. de Talleyrand. Quoique l'ancien évêque d'Autun ne semble pas avoir apporté dans cette intimité le genre de préoccupation qui lui était le plus ordinaire avec les femmes, il avait beaucoup de goût, d'admiration même pour celle dont je publie les Mémoires, et j'en trouve une preuve assez piquante dans le portrait qu'il a tracé d'elle, sur le papier officiel du Sénat, pendant l'oisiveté d'une séance de scrutin qu'il présidait en qualité de vice-grand-électeur, probablement en 1811 :

SÉNAT CONSERVATEUR.

« Luxembourg, le 29 avril.

» J'ai envie de commencer le portrait de
» Clari. — Clari n'est point ce que l'on nomme
» une beauté; tout le monde s'accorde à dire
» qu'elle est une femme agréable. Elle a vingt-
» huit ou vingt-neuf ans; elle n'est ni plus ni
» moins fraîche qu'on ne doit l'être à vingt-
» huit ans. Sa taille est bien, sa démarche est
» simple et gracieuse. Clari n'est point maigre;
» elle n'est faible que ce qu'il faut pour être
» délicate. Son teint n'est point éclatant; mais
» elle a l'avantage particulier de paraître plus
» blanche à proportion de ce qu'elle est éclai-

» rée d'un jour plus brillant. Serait-ce l'em-
» blème de Clari tout entière, qui, plus connue,
» paraît toujours meilleure et plus aimable?

» Clari a de grands yeux noirs; de longues
» paupières lui donnent un mélange de ten-
» dresse et de vivacité, qui est sensible même
» quand son âme se repose et ne veut rien ex-
» primer. Mais ces moments sont rares. Beau-
» coup d'idées, une perception vive, une ima-
» gination mobile, une sensibilité exquise, une
» bienveillance constante sont exprimées dans
» son regard. Pour en donner une idée, il fau-
» drait peindre l'âme qui s'y peint elle-même,
» et alors Clari serait la plus belle personne
» que l'on pût connaître. Je ne suis pas assez
» versé dans les règles du dessin pour assurer
» si les traits de Clari sont tous réguliers. Je
» crois que son nez est trop gros; mais je sais
» qu'elle a de beaux yeux, de belles lèvres et
» de belles dents. Ses cheveux cachent ordi-
» nairement une grande partie de son front,
» et c'est dommage. Deux fossettes formées

» par son sourire le rendent aussi piquant
» qu'il est doux. Sa toilette est souvent négli-
» gée ; jamais elle n'est de mauvais goût, et
» toujours elle est d'une grande propreté. Cette
» propreté fait partie du système d'ordre ou
» de décence dont Clari ne s'écarte jamais.
» Clari n'est point riche ; mais, modérée dans
» ses goûts, supérieure aux fantaisies, elle
» méprise la dépense ; jamais elle ne s'est
» aperçue des bornes de sa fortune que par
» l'obligation de mettre des restrictions à sa
» bienfaisance. Mais, outre l'art de donner,
» elle a mille autres moyens d'obliger. Tou-
» jours prête à relever les bonnes actions, à
» excuser les torts, tout son esprit est employé
» en bienveillance. Personne autant que Clari
» ne montre combien la bienveillance spiri-
» tuelle est supérieure à tout l'esprit et à tout
» le talent de ceux qui ne produisent que sévé-
» rité, critique et moquerie. Clari est plus
» ingénieuse, plus piquante dans sa manière
» favorable de juger, que la malignité ne peut

» l'être dans l'art savant des insinuations et
» des réticences. Clari justifie toujours celui
» qu'elle défend, sans offenser jamais celui
» qu'elle réfute. L'esprit de Clari est fort
» étendu et fort orné; je ne connais à per-
» sonne une meilleure conversation; lors-
» qu'elle veut bien paraître instruite, elle
» donne une marque de confiance et d'amitié.
» — Le mari de Clari sait qu'il a à lui un
» trésor, et il a le bon esprit d'en savoir jouir.
» Clari est une bonne mère, c'est la récom-
» pense de sa vie... La séance est finie; la
» suite aux élections de l'année prochaine. »

L'empereur voyait avec déplaisir cette intimité entre le grand chambellan et le premier chambellan, et l'on trouvera dans ces Mémoires la preuve qu'il chercha plus d'une fois à les désunir. Il réussit même assez longtemps à les mettre en défiance l'un de l'autre. Mais l'intimité était parfaite précisément au moment où M. de Talleyrand tombait en disgrâce. On sait quels motifs honorables pour celui-ci avaient amené entre lui et son maître une scène violente en janvier 1809, au moment de la guerre d'Espagne, commencement des malheurs de l'Empire, et conséquence des fautes de l'empereur. MM. de Talleyrand et Fouché avaient exprimé, ou du moins fait pressentir, l'opinion publique en voie de désapprobation et de défiance : « Dans tout l'Empire, a dit M. Thiers [1], la haine commençait à remplacer l'amour. » Ce changement s'opérait dans l'âme des fonctionnaires comme dans celle des citoyens. M. de Montesquiou d'ailleurs, membre du Corps législatif, qui succédait à M. de Talleyrand dans sa place de cour, était un personnage moins considérable que celui-ci, lequel laissait au premier chambellan ce que ses fonctions avaient de pénible, mais aussi d'agréable ou d'honorifique. C'était une diminution de position que de perdre un supérieur dont la grande importance relevait celui qui venait après lui. En vérité, cette époque est étrange!

1. *Histoire du Consulat et de l'Empire*, t. XI, p. 312.

Ce même Talleyrand, disgracié comme ministre et comme titulaire d'une des grandes charges de cour, n'avait pas perdu la confiance de l'empereur. Celui-ci l'appelait par accès auprès de lui, lui livrant avec sincérité le secret de la question ou de la circonstance sur laquelle il voulait ses conseils. Ces consultations se renouvelèrent jusqu'à la fin, même aux époques où il parlait de le mettre à Vincennes. En revanche, M. de Talleyrand, entrant dans ses vues, le conseillait loyalement, et tout se passait entre eux comme si de rien n'était.

La politique et la grandeur de sa situation donnaient à M. de Talleyrand des privilèges et des consolations que ne pouvaient avoir un chambellan et une dame du palais. En s'attachant au pouvoir absolu d'une façon si étroite, on ne prévoit pas qu'un jour viendra où les sentiments entreront en lutte avec les intérêts, et les devoirs avec les devoirs. On oublie qu'il y a des principes de gouvernement, et que des garanties constitutionnelles doivent les proléger; on cède au désir naturel d'être quelque chose dans l'État, de servir le pouvoir établi; on ne regarde pas à la nature et aux conditions de ce pouvoir. Pourvu qu'il n'exige rien de contraire à la conscience, on le sert dans la sphère où l'on est par lui placé. Mais il arrive un moment où, sans qu'il exige de vous rien de neuf, il a poussé si loin l'extravagance, la violence et l'injustice, qu'il en coûte de le servir, même en choses innocentes, et qu'on reste obligé aux devoirs de l'obéissance, en ayant dans l'âme l'indignation, la douleur, et bientôt peut-être le désir de sa chute. Il y a, dira-t-on, un parti fort simple à prendre : qu'on donne sa démission. Mais on craint d'étonner, de scandaliser, de n'être ni compris ni approuvé par l'opinion. D'ailleurs nulle solidarité ne lie le serviteur de l'État à la conduite du chef de l'État. N'ayant point de droits, il semble qu'on n'ait point de devoirs. On ne saurait rien empêcher, on ne craint pas d'avoir rien à expier. C'est ainsi qu'on pensait sous

Louis XIV et qu'on pense dans une grande partie de l'Europe; c'est ainsi qu'on pensait sous Napoléon, qu'on penserait encore peut-être... Honte et malheur au pouvoir absolu! Il retranche de vrais scrupules et de vrais devoirs aux honnêtes gens.

IV.

On entrevoit, en germe tout au moins, dans la correspondance de M. et de Mme de Rémusat, une partie de ces sentiments, et tout contribuait à leur ouvrir les yeux. Les rapports directs avec l'empereur devenaient de plus en plus rares, et sa séduction, encore puissante, atténuait moins les impressions que donnait sa politique. Le divorce rendit aussi à madame de Rémusat une partie de la liberté de son temps et de son jugement. Elle suivait l'impératrice Joséphine dans sa disgrâce, ce qui n'était point fait pour relever son crédit à la cour. Son mari même quitta bientôt une de ses places, celle de grand-maître de la garde-robe, dans une circonstance que ces Mémoires racontent, et la froideur s'en accrut. J'emploie à dessein ce mot de *froideur;* car on a allégué, dans des libelles écrits contre mon père, que sa famille eut alors des torts sérieux dont l'empereur fut très irrité. Il n'en est rien, et la meilleure preuve est que, cessant d'être grand-maître, M. de Rémusat resta chambellan et surintendant des théâtres. Il n'abandonnait que la plus minutieuse et la plus assujettissante de ses charges. Il est vrai qu'il perdait ainsi la confiance et l'intimité qu'amène la vie commune de tous les jours. Mais il y gagnait d'être plus libre, de vivre davantage dans le monde et dans sa famille, et cette vie nouvelle, moins renfermée dans les salons des Tuileries et de Saint-Cloud, donna à la femme et au mari plus de clairvoyance et d'indépendance pour juger la politique de leur souverain. Il leur devint plus facile, avant les derniers désastres, les conseils et les pronostics de M. de Talleyrand ai** , de prévoir la chute de l'Empire, et de choisir par la pensée entre les solutions possibles du problème posé par les faits. On ne pouvait espérer que l'empereur se contenterait d'une paix humiliante pour lui plus que pour la France; l'Europe n'était même plus d'humeur à lui accorder la faveur d'un pareil affront. On songeait donc naturellement à la rentrée des Bourbons, malgré les inconvénients dont on se rendait imparfaitement compte. Les salons de Paris n'étaient pas précisément royalistes, mais contre-révolutionnaires. En ce temps-là, on n'avait pas encore inventé de faire des Bonaparte les chefs du parti conservateur et catholique. C'était assurément prendre une bien grande résolution que de revenir aux Bourbons, et on ne le faisait pas sans des déchirements, des inquiétudes, des anxiétés de toute espèce. Mon père avait gardé du spectacle que présentait en 1814 sa famille si simple, si honnête, si modeste au fond, un souvenir cruel qu'il considérait comme la plus grande leçon politique, et cet enseignement a contribué, autant que ses propres réflexions, à le décider en faveur des situations simples et des convictions fondées sur le droit.

Voici d'ailleurs comment il a décrit et jugé les sentiments qu'il trouvait autour de lui au moment de la chute de l'Empire :

« C'était la pure politique qui avait amené
» ma famille à la Restauration. Mon père,
» entre autres, ne me parut pas un seul mo-
» ment dans une autre disposition que celle
» d'un homme qui fait une chose nécessaire,
» et qui en accepte volontairement les consé-
» quences. Ces conséquences, il eût été puéril
» de se les dissimuler et de prétendre les éviter
» entièrement ; seulement on aurait pu les
» mieux combattre, ou tâcher de les atténuer
» davantage. Ma mère, un peu plus émue en
» sa qualité de femme, un peu plus accessible
» au sentimentalisme bourbonien, se laissait
» plus aller au mouvement du moment. Il y a,
» dans tout grand mouvement politique, quel-

» que chose d'entraînant qui commande la
» sympathie, à moins qu'on n'en soit préservé
» par une inimitié de parti. Cette sympathie
» désintéressée, jointe au goût de la déclama-
» tion, est pour une bonne part dans les plati-
» tudes qui déshonorent tous les changements
» de gouvernement. Cette même sympathie fut
» cependant, dès l'origine, combattue chez
» ma mère par le spectacle de l'exagération
» des sentiments, des opinions et des paroles...
» Le côté humiliant, insolent, de la Restaura-
» tion, et de toute restauration, est ce qui
» m'en choque le plus; mais, si les royalistes
» n'en avaient abusé, on le leur aurait passé
» en grande partie. Ce qu'en ce genre ont sup-
» porté de très honnêtes gens est étrange. Je
» sais encore bon gré à mon père d'avoir, dès
» les premiers jours, relevé assez vivement une
» personne qui, dans notre salon, soutenait
» dans toute son âpreté la pure doctrine de la
» légitimité. Cependant il fallait bien l'ac-
» cepter, au moins sous une forme plus poli-

» tique. Le mot même fut, je crois, accrédité,
» surtout par M. de Talleyrand, et de là un
» cortège inévitable de conséquences qui ne
» tardèrent pas à se dérouler. »

Ce n'est pas là seulement de la part de mon père un jugement historique; il commençait dès lors, tout jeune qu'il était, à penser par lui-même et à diriger, tout au moins à éclairer les opinions de ses parents. Il me sera donné de publier bientôt les souvenirs de sa jeunesse, de sorte qu'il n'est pas nécessaire d'y insister ici. Il faut pourtant un peu parler de lui à propos des Mémoires de sa mère, auxquels il n'a pas été si étranger qu'on le pourrait croire. Dans ce bref récit, je n'ai point parlé d'un des traits caractéristiques et touchants de celle dont je raconte la vie. Elle était une mère admirable, soigneuse et tendre. Son fils Charles, né le 24 ventôse an V (14 mars 1797), paraît lui avoir donné dès le premier jour les espérances qu'il a tenues, et lui inspirait le goût qu'il ressentit lui-même, à mesure que l'âge et la raison lui venaient. Elle avait eu un second fils, Albert, né cinq ans plus tard, mort en 1830, et dont le développement et les facultés ont toujours été incomplets. Il est resté enfant jusqu'à sa fin. Elle avait pour celui-ci une tendre pitié, et ces soins constants qu'on doit admirer, même chez une mère. Mais la vraie passion était pour l'aîné, et jamais affection filiale ou maternelle n'a été fondée sur des analogies plus évidentes dans la nature de l'esprit et la façon de sentir. Ses lettres sont remplies des expressions de la plus ingénieuse et de la plus spirituelle tendresse. Il n'est pas inutile, pour expliquer ce qui va suivre, de donner ici une des lettres qu'elle écrivait à ce fils, alors âgé de seize ans. Il me semble qu'on en concevra une opinion favorable à tous deux :

« Vichy, 15 juillet 1813.

» J'ai été assez souffrante d'un violent mal » de gorge depuis quelques jours, et je me suis » fort ennuyée, mon enfant; aujourd'hui, je

» me trouve un peu mieux, et je vais m'amuser
» à vous écrire. Aussi bien vous me grondez
» de mon silence, et vous me jetez à la tête vos
» quatre lettres depuis trop longtemps. Je ne
» veux plus être en reste avec vous, et celle-ci,
» je crois, me mettra en état de vous gronder
» à mon tour, si l'occasion s'en présente.

» Mon cher ami, je vous suis pas à pas dans
» vos travaux, et je vous vois bien occupé dans
» ce mois de juillet, tandis que je mène une
» vie si monotone. Je sais aussi à peu près
» tout ce que vous dites et faites les jeudis et
» les dimanches. Madame de Grasse[1] me ra-
» conte ses petites causeries avec vous, et m'a-
» muse de tout cela. Par exemple, elle m'a
» conté que, l'autre jour, vous lui aviez dit du
» bien de moi, et que, lorsque nous causons
» ensemble, vous êtes quelquefois tenté de me

1. Madame de Grasse était la veuve d'un émigré qui demeurait dans la maison de ma grand'mère, et qui était fort liée avec elle. Son fils, le comte Gustave de Grasse, a été lieutenant-colonel dans la garde royale, et a toujours vécu dans la plus étroite intimité avec mon père jusqu'à sa mort en 1859, malgré de grandes différences dans les opinions et les habitudes.

PRÉFACE.

» trouver trop d'esprit. En vérité, ce n'est pas
» cette crainte qui doit vous arrêter, parce que
» vous avez assurément au moins, mon cher
» enfant, autant d'esprit que moi; je vous le
» dis franchement, parce que cet avantage,
» tout avantage qu'il est, a besoin ordinaire-
» ment d'être appuyé sur beaucoup d'autres
» choses, et que, dans ce cas, en vous le disant,
» c'est plutôt vous avertir que vous louer. Si
» ma conversation tourne souvent avec vous
» un peu gravement, prenez-vous-en à mon
» métier de mère, que j'achève encore avec
» vous; à quelques bonnes pensées que je crois
» découvrir dans ma tête, et que je veux faire
» passer dans la vôtre; au bon emploi que je
» veux faire du temps que je vois courir, et
» prêt à vous emporter loin de moi. Quand je
» croirai être arrivée au moment de l'abdica-
» tion de tous les avertissements, alors nous
» causerons mieux ensemble l'un et l'autre
» pour notre plaisir, échangeant nos réflexions,
» nos remarques, nos opinions sur les uns et les

» autres, et cela franchement, sans craindre
» de se fâcher mutuellement, enfin dans toutes
» les formes d'une amitié fort sincère et tout
» unie de part et d'autre; car je me figure
» qu'elle peut très bien exister entre une mère
» et son fils. Il n'y a pas entre votre âge et le
» mien un assez long espace pour que je ne
» comprenne votre jeunesse, et que je ne
» partage quelques-unes de vos impressions.
» Les têtes de femme demeurent longtemps
» jeunes, et dans celles des mères il y a tou-
» jours un côté qui se trouve avoir justement
» l'âge de leur enfant.

» Madame de Grasse m'a dit aussi que vous
» aviez quelque envie pendant ces vacances de
» vous amuser à écrire quelques-unes de vos
» impressions sur bien des choses. Je trouve
» que vous avez raison; cela vous divertira à
» revoir dans quelques années. Votre père dira
» que je veux vous rendre *écrivassier* comme
» moi, car il est sans façon, monsieur votre
» père; mais cela m'est égal. Il me semble qu'il

» n'y a nul mal à s'accoutumer à rédiger ses
» idées, à écrire seulement pour soi, et que le
» goût et le style se forment de cette manière.
» Parce qu'il est, lui, un maudit paresseux qui
» n'écrit qu'une lettre en huit jours..., il est
» vrai qu'elle est bien aimable, mais enfin c'est
» peu,... suffit! qu'il ne me fasse pas parler.

» Dans ma retraite, j'ai eu, moi, la fantaisie
» de faire votre portrait, et, si je n'avais pas
» eu mal à la gorge, je l'aurais essayé. Je crois
» qu'en y pensant, et en trouvant que, pour
» n'être point fade, et enfin pour être vraie, il
» fallait bien indiquer quelques défauts, le
» mal que j'étais obligée de dire de vous m'a
» prise au gosier, et que c'est là ce qui m'a
» donné une esquinancie, parce que je n'ai
» jamais pu le mettre au dehors. En attendant
» ce portrait, et en vous dévidant avec soin, je
» vous ai trouvé bien des qualités tout établies,
» quelques-unes qui commencent à poindre,
» et puis de petits engorgements qui empê-
» chent certains biens de paraître. Je vous

» demande pardon de me servir d'un style de
» médecine : c'est que je suis dans un pays où
» il n'est question que d'engorgements, et du
» moyen de les faire passer. Je vous défilerai
» tout cela un jour que je serai en train, et
» seulement aujourd'hui je ne toucherai qu'à
» un point. Voici ce qu'il me semble par rap-
» port avec ce que vous êtes vis-à-vis des au-
» tres : Vous avez de la politesse, même plus
» qu'on n'en a souvent à votre âge, et beau-
» coup de bonne grâce dans l'accueil, dans les
» formes, dans la manière d'écouter. Conservez
» cela. Madame de Sévigné dit que le silence
» approbatif annonce toujours beaucoup d'es-
» prit dans la jeunesse. « Mais, ma mère,
» où en voulez-vous venir? Vous m'avez pro-
» mis un défaut, et, jusqu'à présent, je ne vois
» rien qui y ressemble. Tout père frappe à
» côté. Allons donc, ma mère, au fait! » En
» un moment, mon fils, m'y voici : Vous ou-
» bliez que j'ai mal à la gorge, et que je ne
» puis parler que doucement. Enfin, vous êtes

» donc poli. Si on vous *invite* à saisir l'occa-
» sion de faire quelque chose qui doive plaire
» à ceux que vous aimez, vous y consentez
» volontiers. Si on vous *montre* cette occasion,
» une certaine paresse, un certain amour de
» vous-même vous fait un peu balancer, et
» enfin *à vous tout seul* vous ne cherchez guère
» cette occasion, parce que vous craignez de
» vous gêner. Entendez-vous bien ces subti-
» lités? Tant que vous êtes un peu sous ma
» main, je vous pousse, je vous parle; mais
» bientôt il faudra que vous parliez tout seul,
» et je voudrais que vous parlassiez un peu des
» autres, malgré le bruit que vous fait votre
» jeunesse, qui, en effet, a bien le droit de
» crier un peu haut. Je ne sais si ce que je vous
» ai dit est clair. Comme mes idées passent au
» travers d'un mal de tête, de trois cataplasmes
» dont je suis entourée, et que je n'ai point
» aiguisé mon esprit avec Albert depuis quatre
» jours, il se pourrait qu'il y eût un peu d'es-
» quinancie dans mes discours. Vous vous en

» tirerez comme vous pourrez. Enfin, le fait est
» que vous êtes fort poli extérieurement, et que
» je voudrais que vous le fussiez aussi *intérieu-*
» *rement*, c'est-à-dire bienveillant. La bien-
» veillance est la politesse du cœur. Mais en
» voilà assez. . . . .
. . . .

» Votre petit frère figure joliment au bal. Il
» devient tout champêtre ici. Il pêche le matin,
» se promène, connaît mieux que vous les
» arbres et les différentes cultures, et, le soir,
» il figure avec de grosses bergères d'Au-
» vergne auxquelles il fait toutes les petites
» mines que vous savez.

» Adieu, cher enfant; je vous quitte parce
» que mon papier finit, car je m'amusais de
» toutes ces pauvretés qui me tirent un peu
» de mon ennui; mais il faut cependant ne
» pas vous assommer en vous en donnant
» trop à la fois. Veuillez bien présenter mes
» hommages respectueux à Griffon[1]; faites

1. Griffon est un petit chien. — M. Leclerc est le membre de

» bien tous mes compliments à M. Leclerc. »

C'est sur ce ton de confiance, de tendresse et de goût que s'écrivaient la mère et le fils, bien jeune encore. Un an plus tard, en 1814, celui-ci sortait du collège, tenait ce que son jeune âge avait promis, et prenait naturellement une plus grande place dans la vie et les occupations de ses parents. Ses opinions mêmes devaient de plus en plus agir sur les leurs, et d'autant mieux que rien ne les séparait d'une manière absolue.

Il était seulement plus positif et plus hardi qu'eux, moins gêné par des souvenirs ou des affections. Il ne regrettait pas l'empereur, et, si touché qu'il fût par les souffrances de l'armée française, il voyait la chute de l'Empire avec indifférence, sinon avec joie. C'était pour lui, comme pour la plupart des jeunes gens distingués de sa génération, une délivrance. Il saisissait avec avidité les premières idées d'ordre constitutionnel qui faisaient leur rentrée avec

l'Institut, doyen de la faculté des lettres, mort il y a peu d'années. Il était alors professeur au lycée Napoléon, et donnait des répétitions à mon père.

les Bourbons. Mais l'apparition des royalistes de salon le frappait par le ridicule; beaucoup de choses et de mots qu'on remettait en honneur[1] lui semblaient des niaiseries; les injures contre l'empereur et les hommes de l'Empire le révoltaient, mais ni ses parents ni lui, en-

[1]. Dans une autre publication, les impressions et les sentiments de mon père seront décrits par lui-même, de sorte qu'il est inutile d'insister ici. On me permettra toutefois de donner, comme exemple de ce qu'il pensait alors, de ce qu'il a pensé toujours, une des chansons qu'il faisait en ce temps-là, car ce n'est un secret pour personne qu'il écrivait et chantait de jolies chansons qui avaient grand succès dans le monde. Ceux qui ont l'habitude ou le talent de ces compositions savent combien les auteurs en sont sincères, et plus qu'en tout autre écrit peut-être, on voit là sous une forme piquante, le fond même des idées d'un écrivain. Mon père a lui-même écrit quelque part que l'on retrouverait dans le recueil de ses chansons le germe, sinon le développement, de la plupart de ses idées. Il en est qui répondaient à un sentiment si intime, qu'il ne les chantait qu'à lui-même, et ne les montrait à personne. La poésie, légère ou sérieuse, est une confidente à laquelle on ne peut rien cacher quand l'habitude est prise de se confier à elle. Voici donc une de ses chansons politiques du commencement de la Restauration. Je ne la donne point comme une des meilleures au point de vue de l'art, mais comme un renseignement. Et pourtant il est difficile de n'en pas remarquer le tour aisé et la finesse, rares pour un jeune homme de dix-huit ans :

LA MARQUISE OU L'ANCIEN RÉGIME

AIR : *Croyez-moi, buvons à longs traits.*

« Vous n'avez pas vu le bon temps;
Que je vous plains d'avoir vingt ans! »

core qu'un peu défiants du nouveau régime, n'avaient une malveillance systématique contre ce qui se passait. Les malheurs, ou du moins les ennuis personnels qui en étaient

> Ainsi parlait une marquise,
> Une marquise d'autrefois,
> Qui fit sa première sottise
> En mil sept cent cinquante-trois.
> « Ah ! disait-elle, quand j'y pense,
> Je voudrais m'y revoir encor :
> C'était vraiment le siècle d'or,
> Moins le costume et l'innocence.
>
> Croyez-moi, c'était le bon temps :
> Que je vous plains d'avoir vingt ans!
>
> Mise au couvent selon l'usage,
> Grâce aux leçons du tentateur,
> De mes questions avant l'âge
> J'effrayais notre directeur.
> Un frère de sœur Cunégonde,
> Le marquis, venait au parloir.
> Il m'apprit ce qu'il faut savoir
> Pour se présenter dans le monde.
>
> Croyez-moi, c'était le bon temps :
> Que je vous plains d'avoir vingt ans!
>
> Il fit tant que, par convenance,
> A m'épouser il fut réduit.
> Je n'ai pas gardé souvenance
> D'avoir vu son bonnet de nuit.

PRÉFACE.

la conséquence : la privation des emplois, la nécessité de vendre, et fort mal, une bibliothèque qui était la joie de mon grand-père, et qui a laissé une trace dans la mémoire

> C'était un seigneur à la mode.
> Pour lui je n'avais aucun goût,
> Et lui ne m'aimait pas du tout...
> Je n'ai rien vu de si commode.
>
> Mes enfants, c'était le bon temps :
> Que je vous plains d'avoir vingt ans!
>
> Ce que j'ai vu ne peut se rendre.
> Ah! les hommes sont bien tombés.
> Tenez, je ne puis pas comprendre
> Comment on se passe d'abbés.
> Que j'ai vu d'âmes bien conduites
> Par leur galante piété!
> Sans eux j'aurais bien regretté
> Qu'on ait supprimé les jésuites.
>
> Mes enfants, c'était le bon temps :
> Que je vous plains d'avoir vingt ans!
>
> C'est un sot métier, sur mon âme,
> Que d'être jolie aujourd'hui.
> Je vois plus d'une jeune femme
> Sécher de sagesse et d'ennui.
> Plus d'un grand mois après la noce,
> J'ai vu, certes j'en ai bien ri,
> J'ai vu ma nièce et son mari
> Tous deux dans le même carrosse!

des amateurs, mille autres contrariétés, ne les empêchaient point de se sentir délivrés. Ils étaient tout près de réaliser une parole célèbre de l'empereur. Celui-ci, en pleine puissance, demandait aux personnes qui se trouvaient au-

> Vous n'avez pas vu le bon temps :
> Que je vous plains d'avoir vingt ans!
>
> Hélas! des plaisirs domestiques
> Ignorant la solidité,
> Petits esprits démocratiques,
> Vous radotez de liberté.
> Cette liberté qu'on encense
> N'est rien qu'un rêve dangereux.
> Ah! de mon temps, pour être heureux
> C'était assez de la licence.
>
> Croyez-moi, c'était le bon temps :
> Que je vous plains d'avoir vingt ans!
>
> Mais, sous un règne légitime,
> Dédaignant de vaines clameurs,
> Reprenez à l'ancien régime
> Ses lois, afin d'avoir ses mœurs.
> Alors, comme dans ma jeunesse,
> Un chacun sera bon chrétien.
> Vous voyez, je m'amusais bien,
> Et n'ai jamais manqué la messe.
>
> Croyez-moi, c'était le bon temps!
> Que je vous plains d'avoir vingt ans! »

tour de lui ce qu'on dirait après sa mort; et chacun s'empressait à un compliment ou à une flatterie. Il les interrompit en disant : « Comment! vous êtes embarrassés pour savoir ce qu'on dira? On dira : « Ouf! »

V.

Il était difficile de songer aux intérêts personnels, et de ne pas être occupé ou distrait uniquement par le spectacle que donnaient la France et l'Europe. La curiosité devait prévaloir sur l'ambition dans la famille telle qu'on la peut concevoir. Mon grand-père pensait pourtant à entrer dans l'administration, et reprenait ses projets, toujours déçus, du conseil d'État; mais il y mettait la même négligence ou indifférence. S'il y fût entré, il n'aurait fait qu'imiter la plupart des anciens fonctionnaires de l'Empire, car l'opposition bonapartiste n'a commencé que vers la fin. Les membres mêmes de la famille impériale avaient des relations suivies et amicales avec le nouveau régime, ou plutôt avec l'ancien régime restauré. L'impératrice Joséphine fut traitée avec égards, et l'empereur Alexandre la venait voir souvent à la Malmaison. Elle désirait se faire une situation digne et convenable, confiait à sa dame du palais qu'elle voulait demander pour son fils Eugène le titre de connétable, ce qui était peu connaître l'esprit de la Restauration. La reine Hortense, qui devait plus tard être l'ennemie acharnée des Bourbons, et entrer dans de nombreuses conspirations, obtint le duché de Saint-Leu, dont elle voulut remercier le roi Louis XVIII. Tous les projets de ce genre d'ailleurs furent bientôt abandonnés; car l'impératrice Joséphine fut subitement enlevée par un mal de gorge gangreneux en mai 1814, et le dernier lien qui rattachait les miens à la famille Bonaparte fut à jamais rompu.

Les Bourbons toutefois semblèrent prendre à tâche d'irriter, de décourager ceux que leur gouvernement aurait dû rallier, et peu à peu s'établissait l'opinion que leur règne serait peu durable, et que la France, alors surtout plus passionnée pour l'égalité que pour la liberté, demanderait à reprendre ce joug que l'on croyait brisé, et que les jours reviendraient d'éclat et de misère. Ce ne fut donc pas avec autant d'étonnement qu'on le pourrait croire que mon grand-père revint un jour chez lui, annonçant qu'il venait d'apprendre d'un de ses amis que l'empereur, échappé de l'île d'Elbe, avait débarqué à Cannes. Les événements historiques étonnent plus ceux qui en entendent le récit que les témoins. Il semble qu'une sorte de pressentiment s'ajoute à toutes les inductions de la logique. Ceux-là surtout qui avaient vu de près ce grand homme le devaient croire capable de venir mettre de nouveau en péril, par une égoïste et grandiose fantaisie, et les Français et la France. C'était pourtant une grande aventure, et qui obligeait chacun à songer non seulement à l'avenir poltique, mais encore à l'avenir personnel. Même ceux qui n'avaient, comme M. de Rémusat, témoigné d'aucune façon publique de leurs sentiments, et qui ne demandaient que le repos et l'obscurité, pouvaient avoir tout à craindre, et devaient tout prévoir. L'incertitude ne fut pas longue, et, avant même que l'empereur fût entré dans Paris, M. Réal venait annoncer à M. de Rémusat qu'il était exilé avec douze ou quinze personnes, au nombre desquelles se trouvait M. Pasquier.

Un événement plus grave que l'exil, et qui a laissé dans le souvenir de mon père une trace plus profonde, s'était passé entre la nouvelle du débarquement de Napoléon et son arrivée aux Tuileries. Le lendemain même du jour où ce débarquement était public, madame de Nansouty était accourue chez sa sœur, tout effrayée et troublée des récits qu'on lui faisait, des persécutions auxquelles seraient exposés les ennemis de l'empereur, vindicatif et tout-puissant. Elle lui dit qu'on allait exercer toutes les inquisitions d'une police rigoureuse, que M. Pasquier craignait d'être inquiété, et qu'il fallait se débarrasser de tout ce que la maison pouvait contenir de suspect. Ma grand'mère, qui d'elle-même peut-être n'y eût pas pensé, se troubla en songeant que chez elle on trouverait un manuscrit tout fait pour compromettre son mari, sa sœur, son beau-frère, ses amis. Elle poursuivait en effet dans le plus grand secret depuis bien des années, peut-être depuis son entrée à la cour, des Mémoires écrits chaque jour sous l'impression des événements et des conversations. Elle y racontait presque tout ce qu'elle avait vu et entendu. A Paris, à Saint-Cloud, à la Malmaison, elle avait pris, depuis douze ans, l'habitude de tracer des éphémérides où, mêlés avec les événements, les mouvements du caractère et de l'esprit tenaient la plus grande place. Ce journal avait la forme d'une correspondance intime. C'était une série de lettres écrites de la cour à une amie à laquelle on ne cachait rien. L'auteur sentait tout le prix de cet ouvrage, ou plutôt ces lettres fictives lui rappelaient sa vie tout entière, ses plus chers et ses plus douloureux souvenirs. Comment risquer, pour ce qui pouvait ne paraître qu'un amour-propre littéraire ou sentimental, le repos, la liberté, la vie même de tous les siens? Personne ne connaissait l'existence de cet écrit, sauf son mari et madame Chéron, femme du préfet de ce nom, très ancienne et fidèle amie. Elle songea à celle-ci, qui avait déjà gardé ce dangereux manuscrit, et courut la chercher. Malheureusement madame Chéron était absente, et ne devait de longtemps rentrer. Que faire? Ma grand'mère rentra tout émue et, sans réflexion ni délai, jeta dans le feu tous ses cahiers. Mon père entra dans la chambre tandis qu'elle brûlait les dernières feuilles avec quelque lenteur afin que la flamme ne fût pas trop vive. Il avait alors dix-sept ans, et m'a souvent raconté cette scène, dont le souvenir lui était très pénible. Il crut d'abord que ce n'était là qu'une copie des

Mémoires qu'il n'avait point lus, et que l'original précieux restait caché quelque part. Il lança lui-même le dernier cahier dans les flammes sans y attacher une grande importance : « Peu de gestes, me disait-il, quand j'ai su la vérité, ont laissé de plus cruels regrets dans une âme. »

Ces regrets dès le premier moment furent si vifs chez l'auteur et chez son fils, car ils comprirent immédiatement que ce sacrifice cruel était inutile, que, durant des années, ils n'en purent parler même entre eux, ni surtout à mon grand-père. Celui-ci prit très philosophiquement son exil, qui ne lui interdisait pas le séjour de la France, mais seulement Paris et les environs. Il décida que tous iraient passer l'orage en Languedoc. Il avait là une terre rachetée par lui aux héritiers de M. de Bastard, aïeul de sa femme, et dont l'administration était depuis longtemps négligée. Ils partirent donc tous pour Lafitte, où mon père devait vivre plus tard tant de mois, tant d'années, tantôt au milieu de l'agitation politique, tantôt y retrouvant une vie laborieuse et douce, tantôt s'y reposant d'un nouvel exil, car le mal que devait faire le pouvoir absolu aux bons citoyens ne devait point se borner à cette année 1815, et les Napoléon sont revenus en France de plus loin que de l'Ile d'Elbe.

Mon grand-père partit le 13 mars pour Lafitte, où sa famille le rejoignit peu de jours après. C'est là qu'ils passèrent les trois mois de ce règne plus court, mais plus funeste encore que l'autre, et que l'on a appelé les *Cent-Jours;* c'est là que mon père a commencé sa carrière d'écrivain, ne composant pas encore des œuvres personnelles, mais traduisant Pope, Cicéron et Tacite. Ses seuls écrits originaux étaient ses chansons. Ils vivaient tranquilles, unis, presque heureux, attendant la fin de cette tragédie dont le dénouement était prévu, et la nouvelle de la bataille de Waterloo vint les y trouver. En même temps que l'abdication de Napoléon, ils apprenaient que M. de Rémusat était nommé préfet de la Haute-Garonne, par ordonnance du 12 juillet 1815. Cet emploi convenait parfaitement au mari, en le faisant rentrer dans l'administration qu'il aimait, sans l'obliger à la parade des cours, mais plaisait moins à la femme, qui regrettait Paris et ses amitiés, et redoutait les agitations de la ville de Toulouse livrée à la violence du royalisme du Midi, à la terreur blanche, comme on disait alors. Le nouveau préfet s'y rendit aussitôt, et y apprit en arrivant l'assassinat du général Ramel, qui avait pourtant arboré le drapeau blanc au Capitole. Tant est grande l'injustice et la violence des partis, même triomphants, surtout triomphants! Mais, si intéressant que soit cet épisode de nos troubles civils, il n'est pas nécessaire d'y insister. Il s'agit ici non du préfet, mais surtout de madame de Rémusat. Celle-ci, un peu inquiète des événements, et, peut-être, craignant la vivacité des opinions de son fils, médiocrement compatibles avec une situation officielle, permit à celui-ci de revenir à Paris, ce qui lui convenait fort. Alors commença entre eux une correspondance qui les fera tous deux mieux connaître, et en apprendra peut-être plus sur l'auteur de ces Mémoires que ces Mémoires mêmes.

C'est pourtant de cet ouvrage seulement qu'il s'agit ici, et il n'est pas nécessaire de raconter en détail les mois, même les années qui suivirent cette année 1815. Inaugurée dans un jour sanglant, l'administration du département fut très difficile pendant dix-neuf mois. Tandis qu'à Paris, le fils, vivant dans une société très libérale, arrivait à un royalisme constitutionnel très avancé, qui n'était plus guère que tolérant envers les Bourbons, le père subissait d'une société fort différente un effet tout semblable, et, par ses actes et ses propos, se plaçait au premier rang parmi les fonctionnaires les moins royalistes, les plus libéraux, du gouvernement royal. Il était modéré, ami des lois, équitable, point déclamateur, point aristocrate, point dévot. La ville de Toulouse était à peu près le contraire de tout cela; il y réussit cependant, et y a laissé de bons souvenirs qui disparaissent peu à peu avec les hommes, mais dont mon père a plus d'une fois retrouvé la trace. Ces premiers temps de liberté constitutionnelle, même en une province peu destinée à en pratiquer hardiment les théories, sont curieux. A la lueur de cette liberté s'éclairait ce que l'Empire avait laissé dans l'ombre. Tout renaissait : les opinions, les sentiments, les rancunes, les passions, la vie enfin. Le gouvernement des Bourbons était représenté par un prêtre marié, M. de Talleyrand, et un jacobin régicide, M. Fouché, mais ce n'était pas encore assez pour résister à la faction réactionnaire de ce temps-là, et la politique libérale ne triompha que par l'avènement du ministère de MM. Decazes, Pasquier, Molé et Royer-Collard, et par l'ordonnance célèbre du 5 septembre. Cette politique nouvelle devait naturellement profiter à ceux qui l'avaient pratiquée d'avance, et l'on ne sut pas mauvais gré au préfet de l'échec des libéraux dans les élections de la Haute-Garonne. Dès que le ministère se fut consolidé, et que M. Lainé eut succédé à M. de Vaublanc, mon grand-père fut nommé préfet de Lille, et voici comment mon père, dans une lettre déjà citée, rapporte les effets de ces événements sur les opinions de ma grand'mère :

« La nomination de mon père à Lille ramena
» ma mère au sein du grand mouvement de
» l'esprit public, mouvement qui allait bientôt
» se prononcer comme il ne l'avait point fait
» peut-être depuis 1789. Son esprit, sa raison,
» tous ses sentiments et toutes ses croyances
» allaient faire un grand pas. L'Empire, après
» lui avoir donné d'abord la curiosité et l'intel-
» ligence des grandes affaires de ce monde, lui
» avait donné plus tard le principe d'un mou-
» vement propre vers un but moral, en lui
» inspirant l'horreur de la tyrannie. De là un
» goût vague pour un gouvernement régulier
» fondé sur la loi, la raison et l'esprit national;

» de là une certaine acceptation des formes de
» la constitution d'Angleterre. Son séjour à
» Toulouse et la réaction de 1815 lui donnèrent
» une connaissance des réalités sociales qu'on
» n'acquiert jamais dans les salons de Paris,
» l'intelligence des résultats et même des
» causes de la Révolution, l'instinct des be-
» soins et des sentiments de la nation. Elle
» comprit d'une manière générale où étaient
» l'appui solide, la force, la vie, le droit. Elle
» sut qu'il existait une France nouvelle, et
» quelle elle était, et que c'était pour cette
» France et par elle qu'il fallait gouverner. »

VI.

Le séjour à Lille fut interrompu par quelques voyages à Paris, où ma grand'mère retrouvait son fils, qui préludait par des plaisirs de société aux succès plus littéraires qu'il devait obtenir quelques mois plus tard. C'était d'ailleurs déjà écrire et composer que d'envoyer sans cesse à sa mère des lettres de politique et de littérature. Celle-ci avait plus de loisirs à Lille qu'à Paris, et, quoique sa santé fût toujours faible, elle reprit le goût des travaux de l'esprit. Jusque-là, elle n'avait guère écrit que ses Mémoires brûlés, et à peine s'était-elle essayée à quelques courtes nouvelles ou petits articles. Elle tenta, dans l'oisiveté de la province, un roman par lettres intitulé : *les Lettres espagnoles, ou l'Ambitieux*. Tandis qu'elle y travaillait avec goût et succès, en 1818, parurent les *Considérations sur la révolution française*, ouvrage posthume de madame de Staël, et elle en ressentit la plus vive impression. Après soixante ans écoulés, on se rend mal raison de l'effet extraordinaire d'un tel ouvrage, conversation éloquente sur les principes de la Révolution. Les opinions de l'auteur, très nouvelles alors, ne sont plus pour nous que d'excellents et nobles lieux communs, dont la vérité est partout admise. Il n'en était pas de même au lendemain de l'Empire. Tout était nouveau alors, et les fils, troublés par vingt ans de tyrannie, avaient besoin d'apprendre ce que savaient si bien leurs pères de 1789. Ce qui frappa surtout ma grand'mère, ce sont les pages véhémentes où l'auteur se livre à sa haine un peu déclamatoire contre Napoléon. Elle éprouvait bien quelques sentiments analogues; mais elle ne pouvait oublier qu'elle avait pensé d'une façon tant soit peu différente. Les personnes qui aiment à écrire sont bien aisément tentées d'expliquer sur le papier leur conduite et leurs sentiments. C'est une manière de les mieux comprendre. Elle fut prise du désir de porter le jour dans ses souvenirs, d'exposer ce qu'avait été l'Empire pour elle, comment elle l'avait aimé et admiré, puis jugé et redouté, puis suspecté et haï, puis enfin abandonné. Les Mémoires qu'elle avait détruits en 1815 auraient été la plus naïve et la plus exacte exposition de cette succession de faits, de situations et de sentiments. On ne pouvait songer à les reproduire; mais il était possible d'en faire d'autres auxquels une mémoire fidèle et une conscience honnête pouvaient donner autant de sincérité. Tout animée à ce projet, elle écrivait à son fils, le 27 mai 1818 :

« J'ai été prise hier d'une lubie nouvelle.
» Vous saurez maintenant que je m'éveille tous
» les jours à six heures, et que j'écris depuis
» lors très exactement jusqu'à neuf heures et
» demie. J'étais donc sur mon séant, avec tous
» les cahiers de mon *Ambitieux* autour de moi.
» Mais quelques chapitres de madame de Staël
» me trottaient par l'esprit. Tout à coup je
» jette le roman de côté, je prends un papier
» blanc; me voilà mordue du besoin de parler
» de Bonaparte; me voilà contant la mort du
» duc d'Enghien, cette terrible semaine que j'ai
» passée à la Malmaison; et, comme je suis
» une personne d'émotion, au bout de quel-
» ques lignes, il me semble que je suis encore
» à ce temps; les faits et les paroles me re-
» viennent comme d'eux-mêmes; j'ai écrit vingt
» pages entre hier et aujourd'hui, cela m'a
» assez fortement remuée. »

fils, troublés par vingt ans de tyrannie, avaient besoin d'apprendre ce que savaient si bien leurs pères de 1789. Ce qui frappa surtout ma grand'mère, ce sont les pages véhémentes où l'auteur se livre à sa haine un peu déclamatoire contre Napoléon. Elle éprouvait bien quelques sentiments analogues; mais elle ne pouvait oublier qu'elle avait pensé d'une façon tant soit peu différente. Les personnes qui aiment à écrire sont bien aisément tentées d'expliquer sur le papier leur conduite et leurs sentiments. C'est une manière de les mieux comprendre. Elle fut prise du désir de porter le jour dans ses souvenirs, d'exposer ce qu'avait été l'Empire pour elle, comment elle l'avait aimé et admiré, puis jugé et redouté, puis suspecté et haï, puis enfin abandonné. Les Mémoires qu'elle avait détruits en 1815 auraient été la plus naïve et la plus exacte exposition de cette succession de faits, de situations et de sentiments. On ne pouvait songer à les reproduire; mais il était possible d'en faire d'autres auxquels une mémoire fidèle et une conscience honnête pouvaient donner autant de sincérité. Tout animée à ce projet, elle écrivait à son fils, le 27 mai 1818 :

« J'ai été prise hier d'une lubie nouvelle.
» Vous saurez maintenant que je m'éveille tous
» les jours à six heures, et que j'écris depuis
» lors très exactement jusqu'à neuf heures et
» demie. J'étais donc sur mon séant, avec tous
» les cahiers de mon *Ambitieux* autour de moi.
» Mais quelques chapitres de madame de Staël
» me trottaient par l'esprit. Tout à coup je
» jette le roman de côté, je prends un papier
» blanc; me voilà mordue du besoin de parler
» de Bonaparte; me voilà contant la mort du
» duc d'Enghien, cette terrible semaine que j'ai
» passée à la Malmaison; et, comme je suis
» une personne d'émotion, au bout de quel-
» ques lignes, il me semble que je suis encore
» à ce temps; les faits et les paroles me re-
» viennent comme d'eux-mêmes; j'ai écrit vingt
» pages entre hier et aujourd'hui, cela m'a
» assez fortement remuée. »

La même occasion qui réveillait les impressions de la mère, éveillait les opinions et les goûts littéraires du fils, et, tandis qu'il publiait dans les *Archives* [1] un article sur le livre de madame de Staël, le premier qu'il ait imprimé, il écrivait à sa mère les lignes qui suivent, le même jour 27 mai 1818. Les deux lettres se sont croisées en route, comme on dit.

« Honneur aux gens de bonne foi ! Ce livre,
» ma mère, a réveillé très vivement mon regret
» que vous ayez brûlé vos Mémoires; mais je
» me suis dit aussi qu'il faut y suppléer. Vous
» le devez, à vous, à nous, à la vérité. Relisez
» d'anciens almanachs, prenez le *Moniteur* page
» à page, relisez et redemandez vos anciennes
» lettres écrites à vos amis, et surtout à mon
» père. Tâchez de retrouver, non pas les détails
» des événements, mais surtout vos impressions
» à propos des événements. Replacez-vous dans

---

1. *Archives philosophiques, politiques et littéraires*, t. V. Paris, 1818. Mon père a réimprimé cet article dans le recueil intitulé : *Critiques et Études littéraires, ou Passé et Présent*, par Ch. de Rémusat, 2 vol. in-18. Paris, 1857.

» les opinions que vous n'avez plus, dans les
» illusions que vous avez perdues; retrouvez vos
» erreurs mêmes. Montrez-vous, comme tant
» de personnes honorables et raisonnables, in-
» dignée et dégoûtée des horreurs de la Révo-
» lution, entraînée par une aversion naturelle
» mais peu raisonnée, séduite par un enthou-
» siasme, au fond très patriotique, pour un
» homme. Dites que nous étions tous alors de-
» venus comme étrangers à la politique. Nous
» ne redoutions nullement l'empire d'un seul,
» nous courions au-devant. Montrez ensuite
» l'homme de ce temps-là se corrompant, ou
» se découvrant, à mesure qu'il croissait en
» puissance. Faites voir par quelle triste néces-
» sité, à mesure que vous perdiez une illusion
» sur lui, vous tombiez davantage dans sa dé-
» pendance, et comment moins vous lui obéis-
» siez de cœur, plus il a fallu lui obéir de fait;
» comment enfin, après avoir cru à la justesse
» de sa politique parce que vous vous trompiez
» sur sa personne, une fois désabusée sur son

» caractère, vous avez commencé à l'être sur
» son système, et comment l'indignation morale
» vous a conduite peu à peu à ce que j'appel-
» lerai une haine politique. Voilà ce que je vous
» demande en grâce de faire, ma mère. Vous
» m'entendrez, n'est-ce pas? et vous le ferez. »

Deux jours après, le 30 mai, ma grand'mère répondait à son fils :

« N'admirez-vous pas comme nous nous en-
» tendons? Je lis donc ce livre; je suis frappée
» comme vous; je regrette ces pauvres Mé-
» moires sur nouveaux frais, et je me mets à
» écrire sans trop savoir où cela me mènera;
» car, mon cher enfant, c'est une entreprise
» réellement un peu forte que celle qui me
» tente, et que vous me prescrivez. Je vais donc
» voir cependant à me rappeler certaines épo-
» ques, d'abord sans ordre ni suite, comme les
» choses me reviendront. Vous pouvez vous fier
» à moi pour être vraie. Hier, j'étais seule de-
» vant mon secrétaire. Je cherchais dans mon
» souvenir les premiers moments de mon arrivée

» près de ce malheureux homme. Je sentais de
» nouveau une foule de choses, et ce que vous
» appelez si bien *ma haine politique* était toute
» prête à s'effacer pour faire place à mes illu-
» sions premières. »

Quelques jours plus tard, le 8 juin 1818, elle insistait sur les difficultés de sa tâche :

« Savez-vous que j'ai besoin de tout mon
» courage pour faire ce que vous m'avez pres-
» crit? Je ressemble un peu à une personne qui
» aurait passé dix ans aux galères, et à qui on
» demanderait le journal de la manière dont
» elle y employait son temps. Aujourd'hui,
» mon imagination se flétrit quand elle revient
» sur tous ces souvenirs. J'éprouve quelque
» chose de pénible et de mes illusions passées,
» et de mes sentiments présents. Vous avez rai-
» son de dire que j'ai l'âme vraie; mais il s'en-
» suit que je ne sens pas impunément comme
» tant d'autres, et je vous assure que, depuis
» huit jours, je sors toute mélancolique de ce
» bureau où vous et madame de Staël m'avez

» placée. Je ne pourrais, du reste, dire à un autre
» que vous mes secrètes impressions. On ne
» m'entendrait pas, et on se moquerait de moi. »

Enfin, le 28 septembre et le 8 octobre de la même année, elle écrivait à son fils :

« Si j'étais homme, bien certainement je
» donnerais une part de ma vie à étudier *la*
» *Ligue;* mais, comme je ne suis qu'une femme,
» je me borne à brocher des paroles sur celui
» que vous savez. Quel homme ! quel homme,
» mon fils ! Il m'épouvante à retracer ; c'est un
» malheur pour moi que d'avoir été trop jeune,
» quand je vivais auprès de lui. Je ne pensais
» pas assez sur ce que je voyais, et, aujourd'hui
» que nous avons marché, mon temps et moi,
» mes souvenirs me remuent davantage que ne
» faisaient les événements. — Si vous venez...
» vous trouverez, je crois, que je n'ai pas trop
» perdu mon temps cet été. J'ai bien écrit déjà
» près de cinq cents pages, et j'en écrirai bien
» davantage ; la besogne s'allonge à mesure que
» je m'y mets. Il faudrait ensuite beaucoup de

» temps et de patience pour ordonner tout cela ;
» je n'aurai jamais peut-être ni l'un ni l'autre ;
» ce sera votre affaire quand je ne serai plus
» de ce monde... »

« Votre père, écrivait-elle encore, dit qu'il
» ne connaît personne à qui je puisse montrer
» ce que j'écris. Il prétend que personne ne
» pousse plus loin que moi le talent d'être *vraie*,
» c'est son expression. Or donc, je n'écris pour
» personne. Un jour, vous trouverez cela dans
» mon inventaire, et vous en ferez ce que vous
» voudrez. » — « Mais savez-vous (8 octobre
» 1818) une réflexion qui me travaille quelque-
» fois ? Je me dis : « S'il arrivait qu'un jour
» mon fils publiât tout cela, que penserait-on
» de moi ? » Il me prend une inquiétude qu'on ne
» me crût mauvaise, ou du moins malveillante.
» Je sue à chercher des occasions de louer.
» Mais cet homme a été si *assommateur* de la
» vertu, et nous, nous étions si abaissés, que
» bien souvent le découragement prend à mon
» âme, et le cri de la vérité me presse. »

On voit, par ces fragments de lettres, sous l'empire de quels sentiments les Mémoires ont été conçus et écrits. Ce n'a été ni un passe-temps littéraire, ni un plaisir d'imagination, ni l'effet d'une prétention d'écrivain, ni l'essai d'une apologie intéressée; mais la passion de la vérité, le spectacle politique que l'auteur avait sous les yeux, l'influence d'un fils chaque jour mieux affermi dans les opinions libérales qui devaient faire le charme et l'honneur de sa vie, lui ont donné le courage de poursuivre cette œuvre pendant plus de deux années. Elle avait compris cette noble politique qui place les droits des hommes au-dessus des droits de l'État. Ce n'est pas tout. Comme il arrive aux personnes fortement attachées à une œuvre intellectuelle, tout s'animait et s'éclairait à ses yeux, et jamais elle n'avait mené une vie si active. A travers les maux d'une santé chancelante, elle venait sans cesse de Lille à Paris, jouait le rôle d'Elmire, du *Tartufe*, à Champlâtreux chez M. Molé, s'occupait d'un ouvrage sur les femmes du xviie siècle, qui est devenu son *Essai sur l'éducation des femmes*, donnait des notes à Dupuytren pour un éloge de Corvisart, publiait même une nouvelle dans le *Lycée français* [1].

Au milieu du bonheur complet que lui donnaient le repos de la vie et l'activité d'esprit, les succès administratifs de son mari, et les succès littéraires de son fils, sa santé fut gravement atteinte, d'abord par une maladie des yeux, qui, sans menacer absolument la vue, devint pénible et gênante, puis par une irritation générale dont la muqueuse de l'estomac était le principal siège; après quelques alternatives de crises et de bien-être, son fils la ramena à Paris le 28 novembre 1821, très troublée, très souffrante, dans un état inquiétant pour ceux qui l'aimaient, mais qui ne paraissait pas aux médecins présenter un danger prochain. Broussais seul était sombre

1. *Lycée français ou Mélange de littérature et de critique*, t. III, p. 281 (1820).

sur l'avenir, et frappa dès ce jour mon père par cette puissance d'induction à laquelle il a dû ses découvertes et ses erreurs. Les premiers temps de son retour furent pourtant occupés par elle aux travaux de littérature et d'histoire, aux conversations politiques qui réunissaient près d'elle un grand nombre d'hommes d'État. Elle put encore s'intéresser à la chute du ministère du duc Decazes, et prévoir que l'arrivée aux affaires de M. de Villèle, c'est-à-dire des ultras, des réactionnaires, comme on dirait aujourd'hui, rendrait impossible à son mari de conserver la préfecture de Lille. Celui-ci fut en effet révoqué le 9 janvier 1822. Mais, avant ce jour, elle était morte subitement dans la nuit du 16 décembre 1821, à l'âge de quarante et un ans.

Elle a laissé à son fils une douleur qui ne s'est jamais effacée, à ses amis le souvenir d'une femme très distinguée et très bonne. Nul d'entre eux ne survit aujourd'hui, et nous avons vu disparaître les derniers : M. Pasquier,

M. Molé, M. Guizot, M. Leclerc. En me conformant au désir, à la volonté de mon père, je lui rends aujourd'hui le meilleur hommage, par la publication de ces Mémoires inachevés, qu'à l'exception de quelques chapitres elle n'a pu revoir ni corriger. L'ouvrage devait se diviser en cinq parties correspondant à cinq époques. Elle n'en a traité que trois, qui remplissent l'intervalle de 1802 au commencement de 1808, c'est-à-dire depuis son entrée à la cour jusqu'au début de la guerre d'Espagne. Les parties qui manquent auraient décrit le temps qui s'écoula entre cette guerre et le divorce (1808-1809), et enfin les cinq années suivantes, terminées par la chute de l'empereur. Il serait puéril de ne pas prévoir qu'une telle publication peut attirer à l'auteur et à l'éditeur des insinuations, des désobligeances, ou des violences politiques. Au lieu de s'intéresser à l'analogie des opinions de trois générations qui s'y peuvent retrouver, et de remarquer la différence des temps, on relèvera les contradictions apparentes. On s'étonnera qu'on puisse être chambellan, ou dame du palais, et si peu servile, si libéral et si peu froissé par le 18 brumaire, si patriote et si peu bonapartiste, si séduit par le génie et si sévère pour ses fautes, si clairvoyant sur la plupart des membres de la famille impériale, si indulgent ou si aveugle pour d'autres qui n'ont pourtant pas laissé une trace moins funeste dans notre histoire nationale. Il sera difficile pourtant de ne pas rendre justice à la sincérité, à l'honnêteté, à l'esprit de l'auteur. Il sera impossible de ne pas devenir en le lisant plus sévère pour le pouvoir absolu, moins dupe de ses sophismes et de son apparente prospérité! C'est, quant à moi, ce que j'en veux surtout retenir, et il aurait suffi pour toute préface à ce récit d'écrire ces mots que disait mon père, il y a soixante ans, lorsqu'il lisait madame de Staël, et demandait à sa mère de raconter ces années cruelles : « Honneur aux gens de bonne foi! »

PAUL DE RÉMUSAT.

MÉMOIRES
DE
MADAME DE RÉMUSAT

INTRODUCTION

PORTRAITS ET ANECDOTES.

Au moment où je commence ces Mémoires, je crois devoir les faire précéder de quelques observations sur le caractère de l'empereur et des différents personnages de sa famille. Il me semble qu'elles m'aideront dans la tâche assez difficile que j'entreprends, et qu'elles me serviront à me retrouver au milieu de tant d'impressions si diverses que j'ai reçues depuis l'espace de douze années. Je commencerai par Bonaparte lui-même. Je suis loin de l'avoir toujours vu sous le même aspect où il m'apparaît aujourd'hui : mes opinions *ont fait route* avec lui; mais je sens mon esprit si loin des atteintes d'une récrimination personnelle, qu'il ne me paraît pas possible de m'écarter de la mesure que doit toujours garder la vérité.

NAPOLÉON BONAPARTE.

Bonaparte est de petite taille, assez mal proportionné, parce que son buste trop long raccourcit le reste de son corps. Il a les cheveux rares et châtains, les yeux gris bleu; son teint, jaune tant qu'il fut maigre, devint plus tard d'un blanc mat et sans aucune couleur. Le trait de son front, l'enchâssement de son œil, la ligne du nez, tout cela est beau et rappelle assez les médailles antiques. Sa bouche, un peu plate, devient agréable quand il rit, ses dents sont régulièrement rangées; son menton est un peu court et sa mâchoire lourde et carrée; il a le pied et la main jolis; je le remarque, parce qu'il y apportait une grande prétention.

Son attitude le porte toujours un peu en avant; ses yeux, habituellement ternes, donnent à son visage, quand il est en repos, une expression mélancolique et méditative. Quand il s'anime par la colère, son regard devient facilement farouche et menaçant. Le rire lui va bien, il désarme et rajeunit toute sa personne. Il était alors difficile de ne pas s'y laisser prendre, tant il embellissait et changeait sa physionomie. Sa toilette a toujours été fort simple, il portait habituellement l'un des uniformes de sa garde. Il avait de la propreté plus par système que par goût ; il se baignait souvent, quelquefois au milieu de la nuit, parce qu'il croyait cette habitude utile à sa santé. Mais, hors de là, la précipitation avec laquelle il faisait toute chose ne permettait guère que ses vêtements fussent placés sur lui avec soin, et, dans les jours de gala et de grand costume, il fallait que ses valets de chambre s'entendissent entre eux pour saisir le moment de lui ajuster quelque chose. Il ne savait bien porter aucun ornement ; la moindre gêne lui a toujours paru insupportable. Il arrachait ou brisait tout ce qui lui causait le plus léger malaise, et quelquefois le pauvre valet de chambre qui lui avait attiré cette passagère contrariété recevait une preuve violente et positive de sa colère.

J'ai dit qu'il y avait une sorte de séduction dans le sourire de Bonaparte ; mais, durant tout le temps que je l'ai vu, il ne l'employait pas fréquemment. La gravité était le fond de son caractère ; non celle qui vient de la noblesse et de la dignité des habitudes, mais celle que donne la profondeur des méditations. Dans sa jeunesse, il était rêveur; plus tard, il devint triste, et, plus tard encore, tout cela se changea en mauvaise humeur presque continuelle. Quand je commençai à le connaître, il aimait fort tout ce qui porte à la rêverie : Ossian, le demi-jour, la musique mélancolique. Je l'ai vu se passionner au murmure du vent, parler avec enthousiasme des mugissements de la mer, être tenté quelquefois de ne pas croire hors de toute vraisemblance les apparitions nocturnes; enfin, avoir du penchant pour certaines superstitions. Lorsque, en quittant son cabinet, il rentrait le soir dans le salon de madame Bonaparte, il lui arrivait quelquefois de faire couvrir les bougies d'une gaze blanche ; il nous prescrivait un profond silence, et se plaisait à nous faire ou à nous entendre conter des histoires de revenants; ou bien il écoutait des morceaux de musique lents et doux, exécutés par des chanteurs italiens, accompagnés seulement d'un petit nombre d'instruments légèrement ébranlés. On le voyait alors tomber dans une rêverie que chacun respectait, n'osant ni faire un mouvement, ni bouger de sa place. Au sortir de cet état qui semblait lui avoir procuré une sorte de détente, il était ordinairement plus serein et plus communicatif. Il aimait alors assez à rendre compte des sensations qu'il avait reçues. Il expliquait l'effet de la musique sur lui, préférant toujours celle de Paesiello, « parce que, disait-il, elle est monotone, et que les impressions qui se répètent sont les seules qui sachent s'emparer de nous ». Les habitudes géométriques de son esprit l'ont toujours porté à analyser jusqu'à ses émotions. Bonaparte est l'homme qui a le plus médité sur les *pourquoi* qui régissent les actions humaines. Incessamment tendu dans les moindres actions de sa vie, se découvrant toujours un secret motif pour chacun de ses mouvements, il n'a jamais expliqué ni conçu cette nonchalance naturelle qui fait qu'on agit parfois sans projet et sans but. C'est ainsi que, jugeant toujours les autres d'après lui, il s'est si souvent trompé, et que ses conclusions et les actions qui s'ensuivaient ont donné à faux plus d'une fois.

Bonaparte manque d'éducation et de formes; il semble qu'il ait été irrévocablement destiné à vivre sous une tente, où tout est égal, ou sur un trône, où tout est permis. Il ne sait ni entrer ni sortir d'une chambre; il ignore comment on salue, comment on se lève ou s'asseoit. Ses gestes sont courts et cassants, de même sa manière de dire et de prononcer. Dans sa bouche, j'ai vu l'italien perdre toute sa grâce. Quelle que fût la langue qu'il parlât, elle paraissait toujours ne lui être pas familière; il semblait avoir besoin de la forcer pour exprimer sa pensée. D'ailleurs, toute règle continue lui devient une gêne insupportable, toute liberté qu'il prend lui plaît comme une victoire, et jamais il n'eût voulu céder quelque chose même à la grammaire.

Il racontait que, dans sa jeunesse, il avait aimé les romans, en même temps que les sciences exactes. Peut-être que son esprit se ressentait de ce premier mélange. Mais il paraît qu'il est malheureusement tombé sur les plus mauvais de ces sortes de livres, et il a gardé un tel souvenir du plaisir qu'ils lui ont fait, que, lorsqu'il eut épousé l'archiduchesse, il lui donna *Hippolyte, comte de Douglas* et *les Contemporaines*[1], « pour qu'elle prît

---

1. *Les Contemporaines* sont un roman ou plutôt une série de petits romans ou de portraits par Rétif de la Bretonne. Je ne sais quel est ce *Comte de Douglas*. (P. R.)

une idée, disait-il, de la délicatesse des sentiments et des usages de la société ».

Quand on veut essayer de peindre Bonaparte, il faudrait, en suivant les formes analytiques pour lesquelles il a tant de goût, pouvoir séparer en trois parts fort distinctes son âme, son cœur et son esprit, qui ne se fondaient presque jamais les uns avec les autres.

Quoique très remarquable par certaines qualités intellectuelles, rien de si rabaissé, il faut en convenir, que son âme. Nulle générosité, point de vraie grandeur. Je ne l'ai jamais vu admirer, je ne l'ai jamais vu comprendre une belle action. Toujours il se défiait des apparences d'un bon sentiment; il ne fait nul cas de la sincérité et n'a pas craint de dire qu'il reconnaissait la supériorité d'un homme au plus ou moins d'habileté avec laquelle il savait manier le mensonge; et, à cette occasion, il se plaisait à rappeler que l'un de ses oncles, dès son enfance, avait prédit qu'il gouvernerait le monde, parce qu'il avait coutume de toujours mentir. « M. de Metternich, disait-il encore, est tout près d'être un homme d'État, il ment très bien. »

Tous les moyens de gouverner les hommes ont

été pris par Bonaparte parmi ceux qui tendent à les rabaisser. Il redoutait les liens d'affection, il s'efforçait d'isoler chacun, il n'a vendu ses faveurs qu'en éveillant l'inquiétude, pensant que la vraie manière de s'attacher les individus est de les compromettre, et souvent même de les flétrir dans l'opinion. Il ne pardonnait à la vertu que lorsqu'il avait pu l'atteindre par le ridicule.

On ne peut pas dire qu'il ait vraiment aimé la gloire, il n'a pas hésité à lui préférer toujours le succès; aussi, véritablement audacieux dans la fortune, et la poussant aussi loin qu'elle peut aller, on l'a vu constamment timide et troublé quand le malheur a pesé sur sa tête. Tout courage généreux semble lui être étranger, et, sur ce point, on n'oserait pas le dévoiler autant qu'il l'a fait lui-même par l'un de ses aveux, consacré dans une anecdote que je n'ai jamais oubliée.

Un jour, — c'était après sa défaite de Leipzig et lorsque, de retour à Paris, il s'occupait à rassembler les débris de son armée pour défendre nos frontières, — il parlait à M. de Talleyrand du mauvais succès de la guerre d'Espagne et des embarras où elle le plongeait à cette époque. Il s'ouvrait sur sa propre situation, non pas avec ce noble abandon qui ne craint pas de convenir d'une faute, mais avec ce sentiment hautain de la supériorité qui permet de ne rien dissimuler. C'est même dans cet entretien qu'au milieu de ses épanchements, M. de Talleyrand lui disant tout à coup : « Mais, à propos, vous me consultez comme si nous n'étions plus brouillés? » Bonaparte lui répondit : « Ah! aux circonstances, les circonstances. Laissons le passé et l'avenir, et voyons votre avis sur le moment présent.

— Eh bien, reprit M. de Talleyrand, il ne vous reste qu'un parti à prendre : vous vous êtes trompé. Il faut le dire, et tâcher de le dire noblement. Proclamez donc que, roi par le choix des peuples, élu des nations, votre dessein n'a jamais été de vous dresser contre elles; que, lorsque vous avez commencé la guerre d'Espagne, vous avez cru seulement délivrer les peuples du joug d'un ministre odieux, encouragé par la faiblesse de son prince; mais que, en y regardant de plus près, vous vous apercevez que les Espagnols, quoique éclairés sur les torts de leur roi, n'en sont pas moins attachés à sa dynastie; que vous allez donc la leur rendre, pour qu'il ne soit pas dit que vous vous soyez opposé à aucun vœu national. Après cette proclamation, rendez la liberté au roi Ferdinand, et retirez vos troupes. Un pareil aveu pris de si haut et quand les étrangers sont encore hésitants sur notre frontière, ne peut que vous faire honneur, et vous êtes encore trop fort pour qu'il soit pris pour une lâcheté.

— Une lâcheté ? reprit Bonaparte ; eh ! que m'importe ; sachez que je ne craindrais nullement d'en faire une, si elle m'était utile. Tenez, au fond, il n'y a rien de noble ni de bas dans ce monde ; j'ai dans mon caractère tout ce qui peut contribuer à affermir le pouvoir, et à tromper ceux qui prétendent me connaître. Franchement, *je suis lâche, moi, essentiellement lâche;* je vous donne ma parole que je n'éprouverais aucune répugnance à commettre ce qu'ils appellent dans le monde une action déshonorante. Mes penchants secrets, qui sont après tout ceux de la nature, opposés à certaines affectations de grandeur dont il faut que je me décore, me donnent des ressources infinies pour déjouer les croyances de tout le monde. Il s'agit donc seulement aujourd'hui de voir si ce que vous me conseillez s'accorde avec ma politique présente, et de chercher encore (ajouta-t-il avec un sourire de Satan, disait M. de Talleyrand) si

PORTRAITS ET ANECDOTES.

vous n'avez point quelque intérêt secret à m'entraîner dans cette démarche. »

Dussé-je prolonger ce portrait au delà des bornes ordinaires, je ne me refuserai point à y insérer les différentes anecdotes que je ne saurais rattacher ailleurs, et qui doivent servir à prouver ce que j'avance. En voici une autre qui ne me paraît point déplacée en cet endroit. Bonaparte était sur le point de partir pour l'Égypte; il alla voir M. de Talleyrand, alors ministre des affaires étrangères du Directoire. « J'étais dans mon lit assez malade (disait M. de Talleyrand); Bonaparte s'assit près de moi, m'abandonna les rêveries de sa jeune imagination, et m'intéressa par l'activité de son esprit, et aussi par les obstacles qu'il devait rencontrer dans les ennemis secrets que je lui connaissais. Il me parla de l'embarras où il se trouvait faute d'argent, et me dit qu'il ne savait où en prendre. « Tenez, lui dis-je, ouvrez mon secré-
» taire, vous y trouverez cent mille francs qui m'ap-
» partiennent; ils sont à vous pour ce moment,
» vous me les rendrez à votre retour. » Bonaparte me sauta au col, et j'éprouvai réellement un sentiment doux de sa joie. Quand il fut consul, il me rendit l'argent que je lui avais prêté; puis il me

demanda un jour : « Quel intérêt pouviez-vous
» donc avoir à me prêter cet argent ? Je l'ai cent
» fois cherché dans ma tête alors, et je ne me suis
» jamais bien expliqué quel avait pu être votre
» but.—C'est, lui répondis-je, que je n'en avais
» point. Je me sentais très malade ; je pouvais
» fort bien ne vous revoir jamais ; mais vous étiez
» jeune, vous me causâtes une impression vive
» et pénétrante, et je fus entraîné à vous rendre ce
» service sans la moindre arrière-pensée. — Dans
» ce cas, reprit Bonaparte, et si c'était réelle-
» ment sans prévision, vous faisiez une action de
» dupe. »

En adoptant l'ordre que j'ai indiqué, je devrais
parler maintenant du cœur de Bonaparte. Mais,
s'il était possible de croire qu'un être, sur tout
autre point semblable à nous, fût cependant privé
de cette portion de notre organisation qui nous
donne le besoin d'aimer et d'être aimés, je dirais
qu'à l'instant de sa création, son cœur pourrait
fort bien avoir été oublié, ou bien peut-être était-
il venu à bout de le comprimer complètement. Il
s'est toujours fait trop de bruit à lui-même pour
être arrêté par un sentiment affectueux, quel
qu'il fût. Il ignore à peu près les liens du sang,

les droits de la nature; je ne sais même si la paternité n'eût pas échoué devant lui. Il semblerait du moins qu'elle ne lui apparaissait point comme la première de ses relations avec son fils.

Un jour, à son déjeuner, pendant lequel il avait admis Talma, ce qui lui arrivait assez fréquemment, on lui amena le jeune Napoléon. L'empereur le prend sur ses genoux, et, loin de lui faire aucune caresse, il s'amuse à le frapper, mais à la vérité légèrement; puis, se retournant vers Talma : « Talma, lui dit-il, dites-moi ce que je fais là. » Talma, comme on le pense bien, était un peu embarrassé de sa réponse. « Vous ne le voyez pas? reprend l'empereur; je fouette un roi! »

Malgré cette sécheresse habituelle, Bonaparte n'est pas cependant sans avoir quelquefois éprouvé de l'amour. Mais quelle manière de le sentir, bon Dieu! D'ailleurs, comme la dévotion, on sait que l'amour prend toutes les nuances du caractère. Chez un être sensible, il se transforme presque entièrement dans l'objet aimé, tandis que, chez un homme de la trempe de Bonaparte, il ne tend qu'à exercer un despotisme de plus.

L'empereur méprise les femmes; ce n'est pas le moyen d'apprendre à les aimer. Leur faiblesse lui apparaît une preuve sans réplique de leur infériorité, et le pouvoir qu'elles ont acquis dans la société lui semble une usurpation insupportable, suite et abus des progrès de cette civilisation, toujours un peu *son ennemie personnelle*, selon l'expression de M. de Talleyrand. Par ce côté, Bonaparte a éprouvé toute sa vie une sorte de gêne avec les femmes; et, comme toute espèce de gêne lui donne de l'humeur, il les a toujours abordées de mauvaise grâce, ne sachant guère comment il faut leur parler. A la vérité, il n'a vu qu'un bien petit nombre de celles qui auraient pu redresser ses idées. On peut présumer de quelle nature furent ses liaisons dans sa première jeunesse; il a trouvé en Italie cet abandon complet des mœurs dont la présence de l'armée française augmentait la licence, et, quand il revint en France, la société se trouvait entièrement dispersée. Le cercle corrompu qui environnait le Directoire, ces femmes vaines et frivoles des gens d'affaires et des fournisseurs : voilà quelles Parisiennes il fut admis à connaître, et, quand il parvint au consulat et qu'il fit marier les généraux et les aides de camp, ou qu'il appela leurs épouses à la cour, il ne vit près de lui que de très jeunes personnes craintives et silencieuses, ou bien les femmes de ses compagnons d'armes, tirées tout à coup de leur très obscur réduit par la fortune de leurs maris, fortune un peu trop subite pour qu'elles en pussent supporter l'évidence.

Je serais tentée de croire que Bonaparte, presque toujours exclusivement occupé de politique, n'a guère été éveillé sur l'amour que par la vanité. Il ne faisait cas d'une femme que lorsqu'elle était belle, ou au moins jeune. Il aurait peut-être assez volontiers opiné pour que, dans un pays bien organisé, on nous tuât comme certains insectes voués à une mort prompte par la nature, lorsqu'ils ont accompli l'œuvre de la maternité. Et cependant Bonaparte a eu quelque affection pour sa première femme; et, en effet, s'il s'est ému quelquefois, nul doute que ce n'ait été et pour elle et par elle. On a beau être Bonaparte, on ne peut pas échapper complètement à toutes les influences, et le caractère se compose, non de ce qu'on est toujours, mais de ce que l'on est le plus souvent.

Bonaparte était jeune quand il connut madame de Beauharnais; elle avait, par le nom qu'elle portait et l'extrême élégance de ses manières, une grande supériorité sur le cercle où il la démêla. Elle s'attacha à lui, flatta son orgueil; elle lui valut un grade élevé; il s'accoutuma à joindre l'idée de son influence à ce qui lui arrivait d'heureux. Cette superstition, qu'elle entretenait fort habilement, a eu longtemps un grand pouvoir sur lui; elle a même retardé plus d'une fois l'exécution de ses projets de divorce. En épousant madame de Beauharnais, Bonaparte crut s'être allié à une très grande dame; c'était donc une conquête de plus. Je parlerai avec plus de détail du charme qu'elle sut exercer sur lui, quand je traiterai plus particulièrement d'elle.

Malgré la préférence qu'il lui accordait, je l'ai pourtant vu amoureux deux ou trois fois; et c'est alors qu'il donnait la mesure du despotisme de son caractère. Combien il s'irritait du moindre obstacle! Comme il repoussait rudement les jalouses inquiétudes de sa femme! « Vous devez, lui disait-il, vous soumettre à toutes mes fantaisies, et trouver tout simple que je me donne de pareilles distractions. J'ai le droit de répondre à toutes vos plaintes par un éternel *moi*. Je suis à part de tout le monde, je n'accepte les conditions de personne. » Mais cette même autorité dont il accablait ainsi celle qu'il dédaignait momentanément, il s'en fallait de bien peu qu'il ne voulût encore l'exercer sur l'objet de sa préférence passagère. Étonné de l'ascendant qui semblait vouloir le dominer, il s'irritait, ne se soumettait qu'en passant, brusquait sa victoire autant qu'il lui était possible, et, promptement distrait après l'avoir obtenue, il s'en affranchissait en livrant au public la confidence de son succès.

L'esprit de l'empereur est la partie de lui-même la plus singulièrement remarquable. Il serait difficile, je pense, d'en avoir un plus étendu. L'instruction n'y avait guère ajouté; car, au fond, il est ignorant, n'ayant que très peu lu, et toujours avec précipitation. Mais il s'est emparé vivement du peu qu'il a appris, et son imagination le développe d'une manière qui a pu en imposer souvent.

La capacité de sa tête semble immense par le nombre de choses qui peuvent y entrer et s'y classer facilement, sans qu'il se fatigue. Chez lui, une seule idée en enfante mille autres, et le moindre mot transporte sa conversation dans des régions toujours élevées, où la saine logique ne l'accompagne pas toujours, mais où l'esprit ne cesse de se faire remarquer.

C'était toujours pour moi un grand plaisir que de l'entendre causer, ou plutôt parler, car son entretien se composait le plus souvent de longs monologues; non qu'il ne permît la réplique, quand il était en bonne humeur, mais on comprendra que, pour quantité de raisons, il n'était pas toujours très facile de la donner. Sa cour, pendant si longtemps toujours militaire, avait coutume d'écouter ses moindres discours avec la déférence que l'on doit à la consigne, et, plus tard, elle devint trop nombreuse pour qu'on se souciât de se donner en spectacle, en entreprenant de le réfuter, ou de lui servir comme de compère.

J'ai dit qu'il parlait mal, mais son langage est ordinairement animé et brillant; ses irrégularités grammaticales lui donnent même souvent une force inattendue, parfaitement soutenue par l'originalité de ses idées. Il n'a pas besoin de second pour s'échauffer. Dès le moment où il entre en matière, il part rapidement pour aller très loin, attentif cependant à regarder s'il est suivi, et sachant gré à qui le comprend et l'applaudit. Autrefois, savoir l'écouter était un moyen assez sûr et fort commode de lui plaire. A peu près semblable à un acteur qui s'anime par l'effet qu'il produit, Bonaparte jouissait de l'approbation qu'il cherchait avec soin dans les regards de son auditoire. Je me souviens que, par la raison qu'il m'intéressait fort lorsqu'il parlait, et que je l'écoutais avec plaisir, il me proclama une femme d'esprit, que je ne lui avais pas encore adressé peut-être deux phrases qui eussent un peu de suite.

Il aimait beaucoup à parler de lui, se racontait lui-même et se jugeait sur quelques points comme un autre aurait pu le juger. Pour tirer parti de tout son caractère, il semblait quelquefois qu'il n'eût pas craint de le soumettre à la plus exacte analyse. Il disait souvent que l'homme vraiment politique sait calculer jusqu'aux moindres profits qu'il peut faire de ses défauts; et M. de Talleyrand poussait encore plus loin cette réflexion. Je l'ai entendu, un jour, s'écrier avec une sorte d'humeur : « Ce diable d'homme trompe sur tous les points. Ses passions mêmes vous échappent; car il trouve encore le moyen de les feindre, quoiqu'elles existent réellement. »

Il me revient à la pensée une scène qui montrera en effet à quel point, quand il le croyait utile, il savait passer du plus grand calme à la plus grande colère.

Peu de temps avant notre dernière rupture avec l'Angleterre, le bruit se répandit fortement tout à coup que la guerre allait se renouveler, que l'ambassadeur, lord Withworth, se préparait à partir. Une fois par mois, le premier consul avait coutume de recevoir le matin, chez madame Bonaparte, les ambassadeurs et leurs femmes. Cette audience se donnait avec beaucoup de pompe. Les étrangers se rangeaient dans un salon, et, lorsqu'ils y étaient réunis, on avertissait le premier consul, qui paraissait accompagné de sa femme, tous deux suivis d'un préfet et d'une dame du palais. On leur nommait à l'un et à l'autre les ambassadeurs et leurs femmes, madame Bonaparte s'asseyait un moment, le premier consul soutenait la conversation plus ou moins longtemps, et se retirait ensuite après une légère révérence.

Peu de jours avant la rupture de la paix, le corps diplomatique fut donc réuni aux Tuileries comme de coutume. Pendant qu'il attendait, j'arrivai jusqu'à l'intérieur de l'appartement de madame Bonaparte, et j'entrai dans le cabinet où elle achevait sa toilette. Le premier consul, assis à terre, se jouait fort gaiement avec le petit Napoléon, fils aîné de son frère Louis.

En même temps, il s'amusait à contrôler la parure de sa femme et la mienne, nous donnant son avis sur chacune des parties de notre ajustement : Il semblait de la meilleure humeur du monde ; je le remarquai, et je lui dis que vraisemblablement les lettres des ambassadeurs expédiées après cette audience s'accorderaient pour ne parler que de paix et de concorde, tant il allait leur paraître serein. Bonaparte se mit à rire, et continua ses jeux avec l'enfant.

Tout à coup, on vint l'avertir que le cercle était formé. Alors, se relevant brusquement et la gaieté disparaissant de ses lèvres, je fus frappée de l'expression sévère qui la remplaça subitement son teint parut presque pâlir à sa volonté ses traits se contractèrent, et tout cela en moins de temps que je ne mets à le conter. En prononçan d'une voix émue ces seuls mots : « Allons, mesdames ! » il marcha précipitamment, entra dans le salon, et, ne saluant personne, il s'avança vers l'ambassadeur d'Angleterre. Alors il commença à se plaindre amèrement des procédés de son gouvernement. Sa colère semblait s'accroître de moment en moment; elle fut bientôt portée à un point qui terrifia l'assemblée : les paroles les plus dures, les menaces les plus violentes sortaient entre-choquées de ses lèvres tremblantes. On n'osait faire un mouvement. Madame Bonaparte et moi, nous nous regardions muettes d'étonnement, et chacun réellement frémissait plus ou moins autour de lui. Le flegme de l'Anglais en fut même déconcerté, et il eut beaucoup de peine à trouver des paroles pour lui répondre.

Une autre anecdote, assez étrange à raconter, mais très caractéristique, peut encore prouver à quel point, lorsqu'il le voulait, il savait se rendre maître de lui [1].

Quand il faisait quelque voyage ou même quelque campagne, il lui arrivait de ne point négliger

---

1. L'abbé de Pradt racontait qu'une fois, après une scène violente, l'empereur s'approcha de lui et lui dit : « Vous m'avez cru bien en colère? Détrompez-vous : chez moi, la colère n'a jamais passé ça. » Et il fit glisser sa main devant son cou, indiquant par là que les mouvements de sa bile n'arrivaient jamais jusqu'à troubler sa tête. (P. R.)

un genre de distraction qu'il plaçait dans les courts répits de ses affaires ou de ses batailles. Son beau-frère Murat, ou son grand maréchal Duroc étaient chargés de s'informer pour lui des moyens de satisfaire ces fantaisies passagères. Lors de la première entrée en Pologne, Murat, qui l'avait précédé à Varsovie, reçut l'ordre de chercher pour l'empereur, qui allait arriver, une femme jeune et jolie, et de la prendre de préférence dans la noblesse. Il s'acquitta adroitement de cette commission, et détermina à cet acte de complaisance une jeune et noble Polonaise, mariée à un vieux mari. On ne sait quels moyens il employa et quelles furent ses promesses; mais enfin elle consentit à tout arrangement, et même à partir un soir pour le château voisin de Varsovie où l'empereur s'était arrêté.

Voilà donc cette belle personne expédiée et arrivant assez tard au lieu de sa destination. Elle a conté elle-même cette aventure, avouant (ce que l'on croira facilement) qu'elle arriva émue et tremblante. L'empereur était renfermé dans son cabinet. On lui annonça la nouvelle venue; sans se déranger, il ordonne qu'on la conduise à l'appartement qui lui est destiné, et qu'on lui propose un bain et à souper, ajoutant qu'après elle sera libre de se mettre au lit. Cependant il continue son travail jusqu'à une heure assez avancée dans la nuit.

Enfin, ses affaires étant terminées, il se rend à l'appartement où il était attendu depuis longtemps, et se présente tout à coup avec toutes les apparences d'un maître qui dédaigne l'inutile des préparations ; puis, sans perdre un seul instant, il entame la plus singulière conversation sur la situation politique de la Pologne, interrogeant cette jeune femme comme il eût fait d'un agent de police, et lui demandant des notes fort circonstanciées sur tous les grands seigneurs polonais qui se trouvaient alors à Varsovie. Il s'informa soigneusement de leurs opinions, de leurs intérêts présents, et prolongea longtemps ce bizarre interrogatoire.

On se figure l'étonnement d'une femme de vingt ans qui ne s'était point préparée à un semblable début. Elle satisfit à tout de son mieux, et, lorsqu'elle n'eut plus rien à répondre, alors seulement il parut se souvenir que Murat avait au moins promis en son nom quelques paroles d'un genre plus doux.

Quoi qu'il en soit, apparemment que cette façon d'agir n'empêcha point la jeune Polonaise de s'attacher à lui, car cette liaison s'est prolongée pendant plusieurs campagnes. Plus tard, elle est venue à Paris; elle y mit au monde un fils, objet des espérances des Polonais qui plaçaient sur sa tête l'espoir de leur indépendance future. J'ai vu la mère présentée à la cour impériale, exciter d'abord la jalousie de madame Bonaparte, et, après le divorce, devenir au contraire à la Malmaison la compagne assez intime de l'impératrice répudiée à qui elle amenait souvent son fils.

On a assuré que, fidèle à l'empereur dans son malheur, elle le visita plus d'une fois à l'île d'Elbe; il la retrouva en France quand il fit sa dernière et funeste apparition. Mais, après sa seconde chute (je ne sais à quelle époque elle était devenue veuve), elle se maria et elle est morte à Paris cette année même 1818. Je tiens ces détails de M. de Talleyrand.

Achevons ce portrait commencé.

Bonaparte pousse à un tel point la personnalité qu'il n'est pas facile de l'émouvoir sur ce qui ne le regarde point. Cependant, quelquefois, on l'a vu comme surpris par certains mouvements de sensibilité, mais ils étaient fort passagers et finissaient toujours par lui donner de l'humeur. Il n'est pas rare de le voir ému jusqu'à répandre quelques larmes; il semble qu'elles soient le résultat d'une sorte d'irritation nerveuse dont alors elles deviennent la crise. « J'ai, disait-il, des nerfs fort intraitables, et, dans cette disposition, si mon sang ne battait avec une continuelle lenteur, je courrais risque de devenir fou. » Je tiens, en effet, de Corvisart que ses artères donnent un peu moins de pulsations que le terme moyen ordinaire chez les hommes. Bonaparte n'a jamais éprouvé ce qu'on appelle vulgairement un étourdissement, et il prétendait ne pouvoir attacher aucune idée à cette expression, *la tête me tourne.*

Non seulement, par la complaisance avec laquelle il cédait à ses premiers mouvements, il laissait échapper souvent des paroles dures et embarrassantes pour ceux à qui elles étaient adressées, mais encore il a paru toujours trouver un secret plaisir à exciter la crainte et à froisser les individus plus ou moins tremblants devant lui. Il pense que l'inquiétude stimule le zèle; aussi a-t-il souvent évité de se montrer content des choses et des personnes. Admirablement servi, toujours obéi à la minute, il se plaignait encore, et laissait volontairement planer une petite terreur de détail dans l'intérieur le plus intime de son palais. Si l'entraînement de sa conversation établissait momentanément une aisance modérée, on s'apercevait tout à coup qu'il en craignait l'abus, et, par un mot dur et impérieux, il remettait à sa place, c'est-à-dire dans sa crainte, celui qu'il avait accueilli et encouragé. Il a l'air de haïr sans cesse le repos, et pour lui et pour les autres. Quand M. de Rémusat lui avait donné quelqu'une de ces fêtes magnifiques où tous les arts étaient appelés pour contribuer à ses plaisirs, il ne m'arrivait jamais de demander si l'empereur était content, mais s'il avait plus ou moins grondé. Son service était la chose la plus pénible du monde ; aussi lui est-il arrivé de dire dans un de ces moments où la puissance de la conviction apparemment le pressait fortement : « L'homme vraiment heureux est celui qui se cache de moi au fond d'une province, et, quand je mourrai, l'univers fera un grand *ouf!* »

J'ai dit que Bonaparte est étranger à toute générosité ; et cependant ses dons ont été immenses, et les récompenses qu'il a accordées gigantesques.

Mais, quand il payait un service, il faisait trop sentir qu'il croyait en acheter un autre, et on demeurait toujours dans une inquiétude vague sur les conditions du marché. Il y avait bien aussi quelquefois de la fantaisie dans ses largesses; aussi est-il rare que ses bienfaits aient enchaîné la reconnaissance. D'ailleurs, il exigeait que l'argent qu'il distribuait fût exactement dépensé; il aimait assez qu'on fît des dettes, parce qu'elles entretenaient la dépendance. Sa femme lui donnait une satisfaction étendue sur cet article; il n'a jamais voulu remettre ses affaires en ordre, afin de conserver des occasions de l'inquiéter.

A une certaine époque, il assura à M. de Rémusat un revenu considérable, en exigeant que nous eussions ce qu'on appelle *une maison*, et que nous réunissions beaucoup d'étrangers. Nous fîmes très exactement les premières dépenses que demande un grand établissement. Peu de temps après, j'eus le malheur de perdre ma mère, et je fus forcée de fermer ma maison. L'empereur alors nous retira subitement tous ses dons, puisque, disait-il, nous ne pouvions tenir l'engagement que nous avions pris, et nous laissa durement dans un véritable état de gêne, que ses largesses passagères et onéreuses avaient seules causé.

Je m'arrête ici. Si j'exécute le projet que j'ai formé, peu à peu ma mémoire attentivement consultée me fournira d'autres anecdotes qui compléteront cette ébauche. Elle doit suffire à donner une idée du caractère de celui auprès duquel les circonstances ont attaché les plus belles années de ma vie.

LA MÈRE DE BONAPARTE.

Madame Bonaparte, la mère (Ramolini de son nom), avait épousé, en 1767, Charles Bonaparte, dont la famille était comptée, ou fut inscrite, au rang des familles nobles de l'île de Corse. On a prétendu qu'il avait existé une liaison entre elle et M. de Marbeuf, gouverneur de cette île, et même on allait jusqu'à dire que Napoléon en était le fruit. Il est bien certain qu'il a toujours eu des égards pour la famille Marbeuf. Quoi qu'il en soit, le gouverneur fit comprendre Napoléon Bonaparte dans le nombre des enfants nobles qui devaient être envoyés de Corse en France pour être élevés à l'école militaire. Il fut placé à celle de Brienne.

Les Anglais s'étant rendus maîtres de la Corse, en 1793, madame Bonaparte, veuve et riche, se retira à Marseille avec ses autres enfants. Leur éducation avait été fort négligée, et, s'il en faut croire les souvenirs des Marseillais, les jeunes filles n'y montrèrent point qu'elles eussent été élevées dans la sévérité d'une morale fort scrupuleuse. L'empereur, au reste, n'a jamais pardonné à la ville de Marseille d'avoir été témoin du peu d'importance que les siens y avaient à cette époque, et des anecdotes fâcheuses, imprudemment rappelées par quelques Provençaux, ont constamment nui près de lui aux intérêts de toute la Provence.

Madame Bonaparte, la mère, s'établit à Paris lors de l'élévation de son fils. Elle vivait assez à l'écart, amassant de l'argent autant qu'elle le pouvait ; elle ne se mêlait nullement des affaires, n'avait ni ne cherchait aucun crédit. Son fils lui imposait à elle comme à tout le monde. C'est une femme d'un esprit fort médiocre, et qui, malgré le rang où les événements l'ont portée, n'a pu prêter à aucun éloge. Depuis la chute de son fils, elle s'est retirée à Rome, où elle vit avec son frère, le cardinal Fesch.

On assure que celui-ci, lors de la première campagne d'Italie, se montra fort avide de profiter des chances qui se présentaient pour fonder sa fortune. Il acquit, reçut, ou prit même, dit-on, une assez grande quantité de tableaux, statues et choses précieuses qui, depuis, ont servi à décorer ses différentes résidences. Plus tard, devenu archevêque de Lyon et cardinal, il eut le bon esprit de se pénétrer des devoirs de ses deux dignités, et il finit par acquérir dans le clergé une réputation assez honorable. Il résista souvent à l'empereur, quand ses différends avec le pape éclatèrent, et ne fut pas un des moindres obstacles à l'exécution de ses volontés, lors de l'essai maladroit que l'on fit d'un concile à Paris. Soit par politique, soit par esprit de religion, il apporta quelque résistance au divorce, du moins madame Joséphine Bonaparte le croyait ainsi. J'entrerai plus tard dans quelques détails à ce sujet. Le cardinal a trouvé, depuis sa retraite à Rome, une protection utile et soutenue auprès du pape [1].

1. Madame Bonaparte, née en 1750, est morte en 1839. Le cardinal Fesch, né à Ajaccio le 3 janvier 1763, est mort à Rome le 13 mai 1839. (P R.)

JOSEPH BONAPARTE.

Joseph, né en 1768, avec une jolie figure et un goût décidé pour les femmes, a toujours été distingué par des manières plus douces que celles de ses frères. Mais il a comme eux la même affectation de fausseté ; son ambition, quoique moins développée que celle de Napoléon, s'est fait voir aussi dans quelques circonstances ; son esprit a toujours été au-dessous des situations, difficiles à la vérité, où on l'a porté. En 1805, Bonaparte voulut faire Joseph roi d'Italie, en exigeant qu'il se déclarât étranger à la succession au trône de France : il s'y refusa. Il a toujours montré une grande ténacité à conserver ce qu'il appelait ses droits, il se croyait appelé à reposer les Français de l'agitation où les mettait l'activité de son frère ; il entendait mieux que lui la manière de réussir par des formes affables, mais il ne savait point inspirer de confiance. Il a de la facilité dans la vie intime ; il n'a eu d'habileté ni sur le trône de Naples, ni sur celui d'Espagne. Il est vrai qu'il ne lui était permis de régner qu'à la façon d'un lieutenant de Napoléon.

Dans ces deux pays, il n'a inspiré ni estime ni animosité qui lui fût personnelle[1].

Sa femme, fille d'un négociant de Marseille nommé Clary, est la plus simple et la meilleure personne du monde. Laide, chétive, timide et silencieuse, elle n'a joué aucun rôle soit à la cour de l'empereur, soit lorsqu'elle a successivement porté deux couronnes que vraisemblablement elle a perdues sans regrets. De cette union sont nées deux filles. Toute cette famille est établie maintenant dans l'Amérique septentrionale.

La sœur de madame Joseph Bonaparte avait épousé le général Bernadotte, aujourd'hui roi de Suède. Celle-ci, dont le caractère avait quelque originalité, s'étant prise, avant son mariage, d'un sentiment très vif pour Napoléon, parut en conserver toujours le souvenir. On a cru que les restes de cette passion mal éteinte furent la cause de son refus obstiné de quitter la France. Elle demeure encore à Paris dans ce moment, où elle vit très incognito[2].

1. Joseph Bonaparte est mort à Florence le 28 juillet 1844. (P. R.).
2. La reine de Suède est morte il y a peu d'années, après avoir longtemps habité à Paris, rue d'Anjou-Saint-Honoré. (P. R.)

LUCIEN BONAPARTE.

Lucien Bonaparte a beaucoup d'esprit. Le goût des arts et d'une certaine littérature se développa chez lui de bonne heure. Député de la Corse, quelques-uns de ses discours au conseil des Cinq-Cents furent alors remarqués, entre autres celui qu'il prononça le 22 septembre 1798, anniversaire de la fondation de la République. Il y proclama le vœu que chacun des membres du conseil devait former : de conserver le dépôt de la constitution et de la liberté, et proféra un violent anathème contre tout Français qui tâcherait de rétablir la royauté. Le général Jourdan, exprimant alors quelques craintes relatives aux bruits qui circulaient d'un bouleversement prochain dont les conseils étaient menacés, Lucien rappela qu'il existait un décret qui prononçait *la mise hors la loi* de quiconque oserait porter atteinte à l'inviolabilité de la représentation nationale. Toutefois il est plus que probable que, d'accord avec son frère, il surveillait déjà le moment où ils pourraient tous deux jeter les fondements de l'élévation de leur famille. Il y avait pourtant quelques idées constitutionnelles dans la tête de Lucien, et peut-être que, s'il eût conservé de l'influence sur son frère, il eût mis des obstacles à l'accroissement indéfini de son pouvoir arbitraire. Cependant il parvint à lui faire arriver jusqu'en Égypte des nouvelles de la situation des choses en France, pressa ainsi son retour, et l'aida ensuite fortement, comme chacun sait, dans la révolution du 18 brumaire 1799.

Depuis cette époque, Lucien fut d'abord ministre de l'intérieur, puis ambassadeur en Espagne, et devint partout un objet d'ombrage pour le premier consul. Bonaparte n'aimait guère le souvenir des services qu'on lui avait rendus, et Lucien avait coutume de les rappeler avec humeur dans leurs fréquentes altercations.

Durant son séjour en Espagne, il se lia intimement avec le prince de la Paix, et contribua au traité de Badajoz [1], qui, pour cette fois, sauva le Portugal de l'invasion. Il reçut en récompense des sommes considérables, soit en argent, soit en diamants, que l'on a portées jusqu'à cinq cents millions. Il eut aussi à cette époque le projet de marier Bonaparte à une infante d'Espagne; mais

---

1. Le 6 juin 1801. (P. R.)

celui-ci, soit par affection pour sa femme, soit dans la crainte de se rendre suspect aux républicains qu'il ménageait encore, repoussa l'idée de ce mariage qu'on eût conclu au moyen du prince de la Paix.

En 1790, Lucien, garde-magasin des subsistances militaires près de Toulon, avait épousé la fille d'un aubergiste qui lui donna deux filles et mourut au bout de quelques années. L'aînée de ses deux filles fut rappelée en France plus tard par l'empereur qui, lorsqu'il vit ses affaires se gâter en Espagne, eut envie de traiter de la paix avec le prince des Asturies, et de lui faire épouser cette fille de Lucien. Mais cette jeune personne, logée chez sa grand'mère, écrivit trop franchement à son père les impressions qu'elle recevait à la cour de son oncle ; elle se moqua des personnages les plus importants, et ses lettres ayant été ouvertes, elles irritèrent l'empereur, qui la renvoya en Italie.

En 1803, Lucien, veuf, et livré à une vie de galanterie qui pourrait même recevoir un autre nom, devint tout à coup amoureux de madame Jouberthou, femme d'un agent de change qu'on envoya à Saint-Domingue, où il mourut. Cette femme, belle et adroite, parvint à se faire épouser, malgré l'opposition du premier consul. La mésintelligence des deux frères éclata à ce dernier événement, et Lucien quitta la France au printemps de 1804, et s'établit à Rome.

On a su comment, depuis, il s'attacha aux intérêts du pape et sut adroitement s'assurer sa protection ; si bien qu'aujourd'hui même encore, après avoir été rappelé ici lors de la funeste entreprise de 1815, après le second retour du roi, il put encore retourner dans les États romains, et vivre tranquille avec la portion de sa famille qui s'y est retirée. Lucien est né en 1775[1].

LOUIS BONAPARTE.

Louis Bonaparte, né en 1778, est un homme sur lequel les opinions ont été fort diverses. Une certaine hypocrisie de quelques vertus, des mœurs plus régulières que celles de sa famille, des opinions bizarres, appuyées plutôt cependant sur des théories hasardées que sur des principes solides, ont abusé beaucoup de monde, et séparé sa réputation de celle de ses frères.

1. Lucien Bonaparte est mort à Viterbe le 29 juin 1810. (P. R.)

Avec beaucoup moins d'esprit que Napoléon et Lucien, il a pourtant quelque chose de romanesque dans l'imagination qu'il a su allier à une complète sécheresse de cœur. Les habitudes d'une mauvaise santé ont flétri sa jeunesse et ajouté à la tristesse âcre de son caractère. Je ne sais si, livré à lui-même, cette ambition si naturelle à toute sa famille se fût aussi développée en lui, mais il a montré dans plusieurs occasions qu'il croyait devoir profiter des chances que les circonstances lui ont offertes.

On lui a su gré d'avoir voulu gouverner la Hollande dans les intérêts de ce pays, au mépris des volontés de son frère, et son abdication, causée par un caprice plutôt que par un sentiment généreux, lui a cependant fait honneur. Elle est au fond la meilleure action de sa vie.

Louis Bonaparte est essentiellement égoïste et défiant. La suite de ces Mémoires servira à le faire mieux connaître. Bonaparte disait un jour de lui : « Ses feintes vertus me donnent autant d'embarras que les vices de Lucien. » Il s'est retiré à Rome depuis la chute de sa famille.

MADAME JOSÉPHINE BONAPARTE ET SA FAMILLE.

Le marquis de Beauharnais, père du général premier époux de madame Bonaparte, avait été employé militairement à la Martinique. Il s'y attacha à une tante de cette même madame Bonaparte avec laquelle il revint en France et qu'il épousa dans sa vieillesse. Cette tante fit venir en France sa nièce, Joséphine de la Pagerie. Elle la fit élever, et profita de l'ascendant qu'elle avait sur un vieux mari pour la marier à l'âge de quinze ans au jeune Beauharnais, son beau-fils. Celui-ci se maria malgré lui; cependant il est à croire qu'à une certaine époque il conçut quelque attachement pour sa femme, car j'ai lu de lui des lettres fort tendres, qu'il avait écrites lorsqu'il était en garnison, et qu'elle conservait avec soin.

De ce mariage naquirent Eugène et Hortense. Quand la Révolution commença, je crois que l'intimité de ce mariage était refroidie. Dans le commencement de la Terreur, M. de Beauharnais commandait encore les armées françaises, et n'avait plus guère de relations avec sa femme.

J'ignore quelles circonstances la lièrent avec

certains députés de la Convention, mais elle avait quelque crédit sur eux, et, comme elle était bonne et obligeante, elle s'employait à rendre autant de services qu'il lui était possible. Dès lors, sa réputation de conduite était fort compromise; mais celle de sa bonté, de la grâce et de la douceur de ses manières ne se contestait point. Elle fut plus d'une fois utile à mon père, auprès de Barrère et de Tallien, et ce fut ce qui mit ma mère en relation avec elle. En 1793, un hasard la plaça dans un village des environs de Paris où, comme elle, nous passâmes l'été. Ce voisinage de campagne amena quelque intimité. Je me souviens encore que la jeune Hortense, moins âgée que moi de trois ou quatre ans, venait me rendre visite dans ma chambre, et, s'amusant à faire l'inventaire de quelques petits bijoux que je possédais, me témoignait souvent que toute son ambition pour l'avenir se bornerait à être maîtresse d'un pareil trésor. Cette malheureuse femme a été depuis surchargée de bijoux et de diamants, et combien n'a-t-elle pas gémi sous le poids du brillant diadème qui semblait l'écraser!

Dans ces temps où chacun fut forcé de chercher une retraite pour échapper à la persécution qui poursuivit toutes les classes de la société, nous perdîmes de vue madame de Beauharnais. Son mari, étant devenu suspect aux jacobins, fut amené dans les prisons de Paris, et condamné à mort par le tribunal révolutionnaire. Incarcérée aussi, elle échappa cependant à la hache qui frappait tout le monde sans aucune distinction. Liée avec la belle madame Tallien, elle fut introduite dans la société du Directoire et protégée particulièrement par Barras. Madame de Beauharnais avait peu de fortune, et son goût pour la parure et le luxe la rendit dépendante de ceux qui pouvaient l'aider à le satisfaire; sans être précisément jolie, toute sa personne possédait un charme particulier. Il y avait de la finesse et de l'accord dans ses traits; son regard était doux; sa bouche, fort petite, cachait habilement de mauvaises dents; son teint, un peu brun, se dissimulait à l'aide du rouge et du blanc qu'elle employait habilement; sa taille était parfaite, tous ses membres souples et délicats; le moindre de ses mouvements était aisé et élégant; on n'eût jamais mieux appliqué qu'à elle ce vers de la Fontaine :

> Et la grâce plus belle encor que la beauté.

Elle se mettait avec un goût extrême, embellissait ce qu'elle portait; et, avec ces avantages et la recherche constante de sa parure, elle a toujours trouvé le moyen de n'être point effacée par la beauté et la jeunesse d'un si grand nombre de femmes dont elle s'est entourée.

A tous ces avantages, j'ai déjà dit qu'elle joignait une extrême bonté; de plus, une égalité d'humeur remarquable, beaucoup de bienveillance, et de la facilité pour oublier le mal qu'on avait voulu lui faire.

Ce n'était point une personne d'un esprit transcendant. Créole et coquette, son éducation avait été assez négligée; mais elle sentait ce qui lui manquait, et ne compromettait point sa conversation. Elle possédait un tact naturel assez fin, elle trouvait aisément à dire les choses qui plaisent; sa mémoire était obligeante, c'est une qualité utile pour ceux qui sont placés dans les hauts rangs. Malheureusement, elle manquait de gravité dans les sentiments, et d'élévation d'âme. Elle a préféré exercer sur son mari le charme de ses agréments à l'empire de quelques vertus. Elle a poussé pour lui la complaisance à l'excès, et n'assurait son crédit que par des facilités qui contribuaient peut-être à fortifier cette sorte de mépris que les femmes lui inspiraient. Elle eût pu lui donner parfois d'utiles leçons; mais elle le craignait, et recevait au contraire de lui la plupart de ses impressions. D'ailleurs, légère, mobile, facile à émouvoir et à calmer, incapable d'une émotion prolongée, d'une attention soutenue, d'une réflexion sérieuse, si la grandeur ne lui tourna pas la tête, elle ne l'instruisit pas non plus. Le penchant de son caractère la portait à consoler les malheureux; mais elle ne sut porter ses regards que sur des peines particulières, et ne pensa point aux maux de la France. Le génie de Bonaparte d'ailleurs lui imposait; elle ne le jugeait que dans ce qui la regardait personnellement, et, sur tout le reste, respectait ce qu'il avait appelé lui-même l'entraînement de sa destinée. Il eut sur elle quelques influences funestes; car il lui inspira le mépris d'une certaine morale, une assez grande défiance, et l'habitude du mensonge que tous deux employaient habilement tour à tour.

On a dit qu'elle avait été le prix du commandement de l'armée d'Italie; elle m'a assuré qu'à cette époque Bonaparte était réellement amoureux d'elle. Elle hésita entre lui, le général Hoche et

M. de Caulaincourt, qui l'aimaient aussi. L'ascendant de Bonaparte l'emporta. Je sais que ma mère, retirée alors à la campagne, s'étonna dans sa retraite que la veuve de M. de Beauharnais eût épousé un homme si peu connu.

Quand je l'interrogeais sur les manières d'être de Bonaparte dans sa jeunesse, elle me contait qu'il était alors rêveur, silencieux, embarrassé avec les femmes, mais passionné et entraînant, quoique assez étrange dans toute sa personne. Elle accusait fort le voyage d'Égypte d'avoir changé son humeur, et développé ce despotisme journalier dont elle a tant souffert depuis.

J'ai vu des lettres de Napoléon à madame Bonaparte, lors de la première campagne d'Italie. Elle l'y avait suivi; mais quelquefois il la laissait sur les derrières de l'armée, jusqu'à ce que la sûreté du chemin eût été assurée par la victoire. Ces lettres sont très singulières : une écriture presque indéchiffrable, une orthographe fautive, un style bizarre et confus. Mais il y règne un ton si passionné, on y trouve des sentiments si forts, des expressions si animées et en même temps si poétiques, un amour si à part de tous les amours, qu'il n'y a point de femme qui ne mît du prix à avoir reçu de pareilles lettres. Elles formaient un contraste piquant avec la bonne grâce élégante et mesurée de celles de M. de Beauharnais. D'ailleurs, quelle circonstance pour une femme que de se trouver (dans un temps où la politique décidait des actions des hommes) comme un des mobiles de la marche triomphante de toute une armée! A la veille d'une de ses plus grandes batailles, Bonaparte écrivait : « Me voici loin de toi! Il semble que je sois tombé dans les plus épaisses ténèbres; j'ai besoin des funestes clartés de ces foudres que nous allons lancer sur nos ennemis, pour sortir de cette obscurité où m'a jeté ton absence. Joséphine, tu pleurais quand je t'ai quittée. Tu pleurais! A cette idée, tout mon être frémit; va, calme-toi; Wurmser payera cher les larmes que je t'ai vue répandre. » Et, le lendemain, Wurmser était battu.

L'enthousiasme avec lequel le général Bonaparte fut reçu dans cette belle Italie, la magnificence des fêtes, l'éclat des victoires, la richesse des trésors que chaque officier y put acquérir, le luxe sans mesure qui en fut la suite, accoutumèrent dès lors madame Bonaparte à toutes les pompes dont elle a été environnée, et, de son aveu, rien n'a pu égaler pour elle les impressions qu'elle reçut à cette époque, où l'amour venait, ou semblait venir déposer journellement à ses pieds, une conquête de plus sur un peuple enivré de son vainqueur. Cependant on peut conclure de ces lettres mêmes que, malgré ce prestige de gloire et d'amour, madame Bonaparte, dans cette vie de triomphes, de victoires et de licence, donna quelquefois des inquiétudes à cet époux vainqueur. Elles décèlent les agitations d'une jalousie tantôt sombre, tantôt menaçante. Alors on y trouve des réflexions mélancoliques, une sorte de dégoût des illusions si passagères de la vie. Peut-être que ces mécomptes qui froissèrent les premiers sentiments un peu vifs que Bonaparte se fût encore avisé d'éprouver, eurent sur lui quelque influence qui parvint à le dessécher peu à peu. Peut-être qu'il eût valu davantage s'il eût été plus et surtout mieux aimé.

Lorsque, au retour de cette brillante campagne, le général vainqueur fut obligé de s'exiler en Égypte, pour échapper à l'inquiétude du Directoire, la situation de madame Bonaparte devint précaire et difficile. Son époux emportait contre elle des soupçons alimentés par Joseph et Lucien, qui craignaient l'empire que sa femme pouvait

prendre. Madame Bonaparte, isolée, privée de son
fils, qui avait suivi Bonaparte, entraînée par ses
goûts à des dépenses désordonnées, tourmentée
par des dettes, se rapprocha de Barras au moyen
de madame Tallien, son amie, et chercha des appuis auprès des directeurs, et de Rewbel surtout.
Bonaparte lui avait enjoint, en partant, d'acheter
une terre; le voisinage de Saint-Germain, où on
élevait sa fille, la détermina pour la Malmaison.
Ce fut là que nous la retrouvâmes, parce que nous
habitions pour quelques mois le château de l'un
de nos amis[1], situé à peu de distance de celui
qu'elle venait d'acquérir. Madame Bonaparte, naturellement expansive et même souvent un peu
indiscrète, n'eut pas plus tôt retrouvé ma mère,
qu'elle lui livra un grand nombre de confidences
sur son époux absent, sur ses beaux-frères, enfin
sur tout un monde qui nous était absolument
étranger. On croyait presque Bonaparte perdu
pour la France; on négligeait sa femme; ma mère

---

1. Madame de Vergennes était très liée avec M. Chanorier, qui habitait à Croissy sur les bords de la Seine, homme riche et intelligent qui a introduit en France un des premiers troupeaux de moutons mérinos. C'est de là qu'elle fit, avec ses filles, quelques visites de voisinage à la Malmaison, et renoua avec madame Bonaparte sa liaison avec madame de Beauharnais. (P. R.)

eut pitié d'elle, nous lui donnâmes quelques soins, elle n'en a jamais perdu le souvenir. A cette époque, j'avais dix-sept ans, et j'étais mariée depuis un an.

Ce fut à la Malmaison que madame Bonaparte nous montra cette prodigieuse quantité de perles, de diamants et de camées qui composaient dès lors son écrin, digne déjà de figurer dans les contes des *Mille et une Nuits*, et qui pourtant devait tant s'augmenter depuis. L'Italie, envahie et reconnaissante, avait concouru à toutes ces richesses, et particulièrement le pape, touché des égards que lui témoigna le vainqueur, en se refusant au plaisir de planter ses drapeaux sur les murs de Rome. Les salons de la Malmaison étaient somptueusement décorés de tableaux, de statues, de mosaïques, dépouilles de l'Italie, et chacun des généraux qui figurèrent dans cette campagne pouvait étaler un pareil butin.

A côté de toutes ces richesses, madame Bonaparte manquait souvent des moyens de payer ses moindres dépenses, et, pour se tirer d'affaire, elle cherchait à vendre le crédit qu'elle avait sur les gens puissants de cette époque, et se compromettait par d'imprudentes relations. Rongée de soucis, plus mal que jamais avec ses beaux-frères, ne prêtant que trop à leurs accusations contre elle, ne comptant plus sur le retour de son époux, elle fut tentée de donner sa fille au fils du directeur Rewbel; mais cette jeune personne n'y voulut point consentir, et, par sa résistance, rompit un projet dont l'exécution eût sans doute déplu fortement à Bonaparte.

Cependant, tout à coup, le bruit de son arrivée à Fréjus se répand. Il revient l'âme bourrelée des rapports que Lucien lui a faits dans ses lettres. Sa femme, dès qu'elle apprend son débarquement, prend la poste pour le joindre; elle le manque, retourne sur ses pas et revient dans sa maison de la rue Chantereine, quelques heures après lui. Elle descend de voiture avec empressement, suivie de sa fille et de son fils, qu'elle a retrouvés; elle monte l'escalier qui conduit à sa chambre; mais quelle est sa surprise d'en voir la porte fermée! Elle appelle Bonaparte, le presse d'ouvrir; il lui répond au travers de cette porte qu'elle ne s'ouvrira plus pour elle. Alors elle pleure, tombe à genoux, supplie en son nom et en celui de ses deux enfants; mais tout garde un profond silence autour d'elle, et plusieurs heures de la nuit se passent dans cette terrible anxiété. Enfin, vaincu par ses cris et sa persévérance, vers quatre heures du matin, Bonaparte ouvre cette porte, et paraît, je le tiens de madame Bonaparte elle-même, avec un visage sévère, et qui montrait cependant qu'il avait beaucoup pleuré. Il lui reproche amèrement sa conduite, son oubli, tous les torts réels ou inventés dont Lucien avait surchargé ses récits, et finit par annoncer une séparation éternelle. Puis, se retournant vers Eugène de Beauharnais, qui pouvait bien avoir vingt ans à cette époque : « Quant à vous, lui dit-il, vous ne porterez point le poids des torts de votre mère. Vous serez toujours mon fils, je vous garderai près de moi. — Non, mon général, répond Eugène, je dois partager la triste fortune de ma mère, et, dès ce moment, je vous fais mes adieux. »

Ces paroles commencèrent à ébranler la fermeté de Bonaparte; il ouvrit ses bras à Eugène en pleurant; sa femme et Hortense embrassaient ses genoux, et peu après tout fut pardonné. Dans l'explication, madame Bonaparte parvint à se justifier des accusations envenimées de son beau-frère, et Bonaparte, voulant alors la venger, envoya chercher Lucien dès sept heures du matin;

et, sans l'avoir prévenu, il ordonna qu'il fût introduit dans la chambre où les deux époux, entièrement raccommodés, occupaient dans ce moment le même lit.

Depuis ce temps, Bonaparte exigea que sa femme rompît avec madame Tallien et toute la société directoriale. Le 18 brumaire détruisit encore mieux ces relations. Elle m'a raconté que, la veille de cette journée importante, elle avait vu avec surprise Bonaparte charger deux pistolets et les mettre auprès de son lit. Sur ses questions, il lui répondit qu'il pouvait arriver dans la nuit tel événement qui rendît cette précaution nécessaire, et, après cette seule parole, il se coucha et s'endormit profondément jusqu'au lendemain matin.

Parvenu au consulat, il tira un grand parti des qualités douces et gracieuses de sa femme, pour attirer à sa cour ceux que sa rudesse naturelle aurait effarouchés; il lui laissa le soin du retour des émigrés. Presque toutes les radiations passèrent par les mains de madame Bonaparte; elle fut le premier lien qui rapprocha la noblesse française du gouvernement consulaire. Nous le verrons avec plus de détail dans plusieurs chapitres de ces Mémoires.

Eugène de Beauharnais, né en 1780, a traversé toutes les phases d'une vie tantôt orageuse et tantôt brillante, en ne cessant de conserver des droits à l'estime générale. Sa conduite prouva que c'est moins l'étendue de l'esprit qui donne de l'aplomb aux actions et qui les coordonne entre elles, qu'un certain accord dans les qualités du caractère. Le prince Eugène, tantôt à l'armée près de son père, tantôt dans l'intérieur oisif et élégant de sa mère, n'a, à vrai dire, été élevé nulle part ; son instinct naturel qui le porte vers ce qui est droit, l'école de Bonaparte qui le façonna sans l'égarer, les leçons des événements, voilà ce qui le forma. Madame Bonaparte était incapable de donner un conseil fort ; aussi son fils, qui l'aimait beaucoup, s'aperçut de bonne heure qu'il ne devait jamais la consulter. Il y a des caractères qui vont naturellement à la raison.

La figure du prince Eugène ne manque point d'agréments. Sa tournure a de l'élégance ; très adroit dans tous les exercices du corps, il tient de son père cette bonne grâce de l'ancien gentilhomme français dont M. de Beauharnais a pu lui donner les premières leçons. Il joint à cet avantage de la simplicité et de la bonhomie ; il n'a ni vanité ni présomption; il est sincère sans indiscrétion, silencieux quand il le faut; il a peu d'esprit naturel, son imagination est ténue, et son cœur a quelque sécheresse. Il a toujours montré une grande soumission à son beau-père, et quoiqu'il l'appréciât fort bien, et qu'il fût sans illusion sur son compte, jamais il n'hésita à lui garder, même contre ses propres intérêts, une fidélité religieuse. On ne lui surprit en aucune occasion la moindre marque de mécontentement, soit lorsque l'empereur, comblant d'honneurs sa propre famille, semblait l'oublier comme à dessein, soit lorsqu'il répudiait sa mère. A l'époque du divorce, Eugène eut une attitude fort noble.

Eugène, colonel d'un régiment, se fit aimer de ses soldats. En Italie, aux armées, on le distingua partout. Les souverains de l'Europe l'estiment, et tout le monde a vu avec plaisir que sa fortune avait survécu à celle de sa famille.

Il a eu le bonheur d'épouser une princesse charmante qui n'a pas cessé de l'adorer, et qu'il a rendue heureuse. Il possède parfaitement toutes les qualités qui font le bonheur de la vie intime : de l'égalité dans l'humeur, de la douceur, une gaieté naturelle qui survit à tout. Peut-être est-ce bien un peu parce qu'il ne s'émeut profondément de rien; mais, quand cette sorte d'indifférence pour tout ce qui intéresse les autres se retrouve encore dans les tribulations qui nous sont personnelles, on peut bien prétendre à ce qu'elle soit décorée du nom de philosophie.

La sœur du prince Eugène, plus jeune que lui de trois ans (née en 1783), a été, je crois, la plus malheureuse personne de ce temps et la moins faite pour l'être. Indignement calomniée par la haine des Bonapartes, enveloppée dans les accusations que le public se plaisait à intenter contre tout ce qui tenait à cette famille, elle ne s'est pas trouvée assez forte pour lutter avec avantage, et résister à l'effet des mensonges qui ont flétri sa vie[1].

Madame Louis Bonaparte n'a pas, non plus que

1. On sera peut-être surpris en lisant dans ces Mémoires les pages relatives à la reine Hortense. Ma grand'mère a vécu et est morte dans la conviction qu'en parlant ainsi, elle rendait hommage à la vérité. L'opinion contraire a pourtant prévalu, et semble consacrée par son fils l'empereur Napoléon III, qui a rendu de grands honneurs à M. le duc de Morny. Il est possible, comme il arrive souvent, que tout soit vrai suivant les époques. Dans la jeunesse, l'innocence et la douleur, un peu plus tard, la consolation. Il n'est pas nécessaire de dire que je ne modifie pas le texte des Mémoires, tels qu'ils sont écrits de la main même de l'auteur. J'ai cru seulement devoir, et dans cet avant-propos et dans quel-

sa mère et son frère, un esprit remarquable ; mais, comme eux, elle possède un tact droit, et son âme a quelque chose de plus élevé, ou, si l'on veut, de plus exalté que la leur. Livrée à elle-même dans sa jeunesse, elle échappa aux exemples dangereux dont elle était entourée. Dans la pension élégante de madame Campan, elle acquit plus de talents que d'instruction. Dans sa jeunesse, une grande fraîcheur, des cheveux d'une couleur charmante, une fort belle taille la rendaient agréable ; ses dents se sont gâtées de bonne heure, et la maladie et les chagrins ont altéré ses traits.

ques chapitres, retrancher des observations d'une nature toute contraire sur quelques femmes de la cour. Mon père tenait à ce que le texte des Mémoires de sa mère fût absolument respecté. Il m'a paru cependant que, sur ce point, je devais manquer au devoir d'un éditeur austère. Les habitudes, les goûts, les convenances se modifient avec le temps, et ce qu'il semblait très naturel d'écrire à une femme d'esprit et de bonne compagnie, pourrait causer aujourd'hui une sorte de scandale. Elle pensait bien que son ouvrage serait imprimé, mon père n'a jamais été maintenu dans sa réserve par ce trait qui nous paraît scabreux. Et pourtant j'ai cru remarquer que quelques lecteurs étaient choqués par des détails que l'on trouvait autrefois aussi naturels à écrire qu'à savoir. Y a-t-il là quelque habitude d'ancien régime, ou notre temps est-il devenu plus prude? On ne le croirait guère à lire les romans et les journaux. Mais peut-être la licence des productions légères nous a-t-elle rendus plus sévères pour les œuvres sérieuses. J'ai dû respecter cette disposition, et ne pas user de tous les privilèges de l'historien. (P. R.)

Son penchant naturel la porte vers la vertu; mais, absolument ignorante du monde, trop étrangère à cette partie de la morale qui s'applique aux usages de la société, pure et sage pour elle-même seulement, livrée presque entièrement à des opinions idéales prises dans une sphère qu'elle s'est créée, elle n'a pas su rattacher sa vie à ces convenances sociales qui ne préservent pas la vertu des femmes, mais qui, lorsqu'elles sont accusées, leur procurent un appui dont on ne peut guère se passer dans le monde, et que l'approbation de la conscience ne remplace pas; car, au milieu des hommes, il ne suffit pas de se bien conduire pour paraître vertueuse, il faut encore se conduire dans les règles qu'ils ont imposées. Madame Louis, aux prises avec des situations difficiles, s'est toujours trouvée sans guide; elle jugeait parfaitement sa mère, et n'osait avoir confiance en elle. Sévère dans les principes qu'elle s'était faits, ou, si l'on veut, dans les sentiments que lui créait son imagination, elle fut d'abord très surprise des écarts qu'elle découvrit chez les femmes dont elle était environnée, et plus surprise encore que ces mêmes écarts ne fussent pas toujours la suite des tendresses du cœur. Dépendante par son mariage du plus tyran des maris, victime résignée et découragée d'une persécution continuelle et outrageante, son âme se flétrit sous le poids de ses peines; elle s'y abandonna sans oser se plaindre, et il fallut qu'elle fût sur le point d'en mourir, pour qu'on les devinât. J'ai vu madame Louis Bonaparte de très près, j'ai fini par connaître tous les secrets de son intérieur, et elle m'a toujours apparu la plus pure comme la plus infortunée des femmes.

La seule consolation qui lui ait été accordée fut dans la tendre amitié qu'elle a pour son frère. Elle jouissait de son bonheur, de ses succès, de son aimable humeur. Combien de fois lui ai-je entendu dire ces touchantes paroles : « Je ne vis que de la vie d'Eugène. »

Elle refusa le fils de Rewbel, et ce refus raisonnable fut le résultat d'une des erreurs de son imagination, qui rêva dès sa première jeunesse qu'une femme qui voulait être sage et heureuse ne pouvait épouser que l'homme qu'elle aimerait passionnément. Un peu plus tard, elle résista encore à sa mère, qui voulait la marier au comte de Mun, aujourd'hui pair de France.

M. de Mun avait émigré, madame Bonaparte

venait d'obtenir sa radiation; il retrouvait une fortune considérable, et demandait en mariage mademoiselle de Beauharnais. Bonaparte, alors premier consul, avait peu de penchant vers cette union; cependant madame Bonaparte l'eût emporté, sans la résistance opiniâtre de sa fille. On s'avisa de dire devant celle-ci que M. de Mun avait été amoureux en Allemagne de madame de Staël; cette femme célèbre apparaissait à l'imagination de cette jeune fille comme une sorte de monstre bizarre. M. de Mun lui devint odieux, et manqua cette grande fortune et la chute éclatante qui eût suivi. C'est un assez étrange accident de la destinée que d'avoir failli être prince, peut-être roi, et ensuite roi détrôné.

Peu de temps après, Duroc, alors aide de camp du consul, et déjà distingué par lui, devint amoureux d'Hortense. Elle y fut sensible, et crut avoir trouvé cette moitié d'elle-même qu'elle cherchait. Bonaparte se montra favorable à leur union, mais madame Bonaparte à son tour fut inflexible : « Il faut, disait-elle, que ma fille épouse un gentilhomme ou un Bonaparte. » On pensa alors à Louis. Il n'avait aucun goût pour Hortense, il détestait les Beauharnais, et méprisait souverainement sa belle-sœur; mais, comme il était silencieux, on le crut doux; comme il se montrait sévère, on ne douta point qu'il ne fût honnête homme. Madame Louis m'a dit, depuis, qu'à la nouvelle de cet arrangement, elle éprouva une douleur violente; non seulement on lui défendait de penser à l'homme qu'elle aimait, mais on allait la donner à un autre qui lui inspirait une défiance secrète. Cependant ce mariage convenait à sa mère; il devait resserrer utilement les liens de famille; il pouvait servir à l'avancement de son frère; elle s'y dévoua en victime soumise, et même elle fit plus. Son imagination s'exaltant sur les devoirs qui lui étaient imposés, elle se prescrivit les sacrifices les plus minutieux à l'égard d'un mari qu'elle avait le malheur de ne pas aimer. Trop vraie, et d'ailleurs trop peu communicative pour feindre des sentiments qu'elle n'éprouvait pas, elle fut parfaitement douce, soumise, pleine de déférence, et plus attentive à lui plaire peut-être, que si elle l'eût aimé. Louis Bonaparte, défiant et faux, prit pour l'affectation de la coquetterie les attentions de sa femme. « Elle s'exerce sur moi d'abord, disait-il, pour me tromper. » Il crut que cette conduite, suivie avec une exagération de vertu et une vivacité de dévouement que la prudence ne modérait pas, était dirigée par les conseils d'une mère expérimentée; il repoussa les soins qu'on voulait lui rendre, et se montra plus d'une fois dur et méprisant. Il fit plus : il se permit d'éclairer madame Louis sur toutes les faiblesses qu'on prêtait à sa mère; et, après avoir poussé ce récit aussi loin qu'il pouvait aller, il signifia qu'il voulait que toutes les confidences fussent supprimées entre sa femme et une pareille mère. Il ajouta encore : « Vous êtes à présent une Bonaparte; nos intérêts doivent être les vôtres, ceux de votre famille ne vous regardent plus. » Enfin il accompagna cette déclaration de menaces insultantes, appuyées sur l'opinion méprisante qu'il avait des femmes; il annonça toutes les précautions qu'il était déterminé à prendre « pour échapper au sort commun, disait-il, à tous les maris », et déclara qu'il ne serait dupe ni des entreprises qu'on tenterait pour lui échapper, ni des ruses d'une feinte douceur qui essayerait de le gagner.

Qu'on se représente l'effet d'un pareil discours sur une jeune femme toute nourrie d'illusions, éclairée malgré elle sur les mécomptes qu'elle n'avait point prévus! Elle se montra cependant épouse obéissante, et, pendant plusieurs années, sa tristesse et l'altération de sa santé trahirent seules ses souffrances. Son époux, sec et capricieux, personnel comme tous les Bonapartes, rongé et aigri de plus par un mal âcre et grave, qui, dès l'Égypte, avait corrompu sa jeunesse, ne mit aucune mesure à ses exigences. Comme il craignait son frère, et qu'il voulait cependant tenir sa femme loin de Saint-Cloud, il ordonna qu'elle s'attribuât la volonté de n'y point paraître souvent, de n'y demeurer jamais la nuit, quelques instances que lui fît sa mère. Madame Louis devint grosse très peu de temps après son mariage; les Bonapartes, et surtout madame Murat, qui avaient vu cet hymen avec humeur, parce que, Joseph n'ayant que des filles, on prévoyait que le premier garçon de Louis, petit-fils en même temps de madame Bonaparte, serait l'objet d'un grand intérêt, les Bonapartes répandirent le bruit outrageant que cette grossesse était le résultat d'une liaison intime du premier consul avec sa belle-fille, favorisée par la mère elle-même. Le public accueillit volontiers ce soupçon. Madame Murat en fit part à Louis, qui, soit qu'il l'adoptât ou non, s'en servit pour augmenter et justifier ses surveillances. Le récit de sa tyrannie envers sa femme m'entraînerait trop loin en ce moment, j'y reviendrai plus tard. Espionnage prescrit aux valets, ouverture des moindres lettres, défense de toute liaison, jalousie contre Eugène lui-même, scènes violentes renouvelées sans cesse, rien ne fut épargné. Le premier consul s'aperçut facilement de cette mésintelligence; mais il sut gré à madame Louis de son silence, qui le mettait à l'aise, et lui permettait de ne point prendre parti. Lui qui n'estimait guère les femmes, il a toujours fait profession de vénération pour Hortense, et la manière dont il parlait d'elle et dont il agissait envers elle dément bien formellement les accusations dont elle a été l'objet. Devant elle, ses paroles étaient toujours plus mesurées et plus décentes. Il l'appelait souvent comme juge entre sa femme et lui; et recevait d'elle des leçons qu'il n'eût pas écoutées patiemment d'une autre. « Hortense, disait-il quelquefois, me force de croire à la vertu. »

LIVRE PREMIER

CHAPITRE PREMIER.

(1802-1803.)

Détails de famille. — Ma première soirée à Saint-Cloud. — Le général Moreau. — M. de Rémusat est nommé préfet du palais, et je deviens dame du palais. — Habitudes du premier consul et de madame Bonaparte. — M. de Talleyrand. — La famille du premier consul. — Mesdemoiselles Georges et Duchesnois. — Jalousie de madame Bonaparte.

Malgré la date de l'année où j'entreprends ce récit[1], je ne chercherai point à *excuser* les motifs qui portèrent mon mari à s'attacher à la personne de Bonaparte; mais je les expliquerai simplement. En politique, les justifications ne valent rien. Un certain nombre de personnes revenues seulement depuis trois ans, ou n'ayant pris part aux affaires publiques que depuis cette époque, ont jeté une sorte d'anathème sur ceux de nos concitoyens qui, pendant ces dernières vingt années, ne se sont point tenus complètement

1. 1818. (P. R.)

à l'écart des événements. Quand on leur dit qu'on ne juge pas s'ils ont eu raison ou tort dans leur sommeil prolongé, et qu'on leur demande de demeurer aussi neutres sur une pareille question, ils repoussent cet accommodement de toute la puissance des avantages de leur situation présente; ils lancent le blâme sans aucune générosité, car il n'y a nul risque à proclamer aujourd'hui les devoirs sur lesquels ils s'appuient. Et cependant, en révolution, qui peut se flatter d'avoir toujours suivi la voie droite? Qui d'entre nous ne doit pas rapporter à différentes circonstances une part de sa conduite? Qui, enfin, jettera la première pierre, sans craindre de la voir retomber du même élan sur le bras qui l'aurait lancée? Plus ou moins froissés des coups dont ils se frappent, les citoyens d'un même pays devraient mieux s'épargner entre eux, ils sont plus solidaires les uns envers les autres qu'ils ne pensent, et, lorsqu'un Français poursuit sans pitié un autre Français, qu'il y prenne garde, presque toujours il prête à l'étranger qui les juge des armes contre tous les deux.

Au reste, ce n'est point un des moindres malheurs des temps de troubles, entre gens du même pays, que cette amère critique de l'esprit de parti qui produit une défiance inévitable, et peut-être le mépris de ce qu'on appelle *opinion publique*. Le choc des passions permet alors à chacun de la dénier. Cependant les hommes vivent pour la plupart tellement en dehors d'eux-mêmes, qu'ils ont peu d'occasions de consulter leur conscience. Dans les siècles paisibles, pour les actions ordinaires et communes, les jugements du monde la remplacent assez bien ; mais le moyen de s'y soumettre quand on les voit incessamment prêts à frapper de mort qui voudrait les consulter? Le plus sûr est donc de s'en tenir à cette conscience qu'on n'interroge jamais impunément. Celle de mon mari, la mienne, ne nous reprochent rien. La perte entière de sa fortune, l'expérience des faits, la marche des événements, le désir modéré et permis du bien-être, portèrent M. de Rémusat à chercher, en 1802, une place, quelle qu'elle fût. Alors jouir du repos que Bonaparte donnait à la France, et se fier aux espérances qu'il permettait de concevoir, c'était sans doute se tromper, mais c'était se tromper avec le monde entier. La sûreté de la prévision est donnée à un bien petit nombre ; et que Bonaparte, après son second mariage, eût maintenu la paix et employé la partie de l'armée qu'il n'eût pas licenciée à border nos frontières, qui est-ce qui alors eût osé douter de la durée de sa puissance et de la force de ses droits? Ils paraissaient à cette époque avoir conquis leur légitimité. Bonaparte a régné sur la France de son propre consentement. C'est un fait que la haine aveugle ou la puérilité de l'orgueil peuvent seules nier aujourd'hui. Il a régné pour notre malheur et pour notre gloire; l'alliance de ces deux mots est plus naturelle, dans l'état de société, qu'on ne pense, du moins quand il s'agit de la gloire militaire. Lorsqu'il arriva au consulat, on respira; d'abord il s'empara de la confiance; peu à peu, des chances se rouvrirent pour l'inquiétude, mais on était engagé. Il fit frémir enfin les âmes généreuses qui avaient cru en lui, et il amena peu à peu les vrais citoyens à souhaiter sa chute, au risque même des pertes qu'ils prévoyaient pour eux. Voilà notre histoire, à M. de Rémusat et à moi; elle n'a rien d'humiliant, car il est encore honorable de s'être rassuré quand la patrie respirait, et d'avoir ensuite désiré sa délivrance, de préférence à tout.

Personne ne saura jamais ce que j'ai souffert

durant les dernières années de tyrannie de Bonaparte. Il me serait impossible de peindre la bonne foi désintéressée avec laquelle j'ai souhaité le retour du roi, qui devait, dans mon idée, nous rendre le repos et la liberté. Je pressentais toutes mes pertes particulières, M. de Rémusat les prévoyait encore mieux que moi; par nos souhaits, nous renversions la fortune de nos enfants; mais cette fortune, qu'il fallait payer du sacrifice des plus nobles sentiments, ne nous a pas causé une plainte, les plaies de la France criaient trop haut alors; honte à qui ne les entendait pas!

Quoi qu'il en soit, nous avons donc servi Bonaparte, nous l'avons même aimé et admiré; soit orgueil, soit aveuglement, cet aveu ne me coûte point à faire. Il me semble qu'il n'est jamais pénible de convenir d'un sentiment vrai; je ne suis point embarrassée de mes opinions d'un temps qu'on oppose à celles d'un autre. Mon esprit n'est point de force à ne se jamais tromper; je sais que ce que j'ai senti, je l'ai toujours senti sincèrement; cela me suffit pour Dieu, pour mon fils, pour mes amis, pour moi. Cependant j'entreprends aujourd'hui une tâche assez difficile; car il me faut recourir après une foule d'impressions fortes et vives à l'époque où je les ai reçues, mais qui, pareilles à ces monuments brisés qu'on rencontre dans les champs et dévastés par un incendie, n'ont plus de bases ni de rapports entre elles. Et, en effet, quoi de plus dévasté qu'une imagination active, longtemps aux prises avec des émotions profondes, devenues si complètement étrangères tout à coup? Sans doute, il serait plus sage, et surtout plus commode, d'assister aux événements seulement avec une froide curiosité; qui ne s'émeut point se trouve toujours prêt pour tous les changements. Mais on n'est pas maître de n'avoir point souffert; on a bien la liberté de détourner la tête, on ne peut répondre que le regard ne soit pas blessé par les objets sur lesquels tant de circonstances imprévues l'ont forcé de s'arrêter.

Ce que j'ai observé depuis vingt ans m'a convaincue que, de toutes les faiblesses de l'humanité, l'égoïsme est celle qui dirige avec le plus de prudence la conduite. Il ne choque guère le monde, assez disposé à s'arranger de ce qui est égal et terne, il prévient d'ordinaire l'incohérence des actions; le cercle dans lequel il se meut est si étroit, qu'il serait assez singulier qu'il n'en connût pas bien vite toutes les chances; aussi parvient-il assez facilement à emprunter pour ceux qui le voient agir les livrées de la raison. Et pourtant quel cœur généreux voudrait acheter son repos à ce prix? Non, non, il vaut mieux courir le risque d'être froissé, ébranlé même dans tout son être ! Il faut se résigner aux jugements hasardés que les hommes lancent en passant. Quelle consolation dans ces paroles qu'on doit travailler à pouvoir se dire incessamment : « Si des erreurs entraînantes m'ont égaré, du moins mon propre intérêt ne m'a point séduit, et je n'ai voulu de la fortune que lorsqu'elle ne coûtait pas un soupir à mon pays. »

En commençant ces Mémoires, je passerai le plus succinctement qu'il me sera possible sur ce qui nous a été personnel jusqu'à notre introduction à la cour du premier consul. Après, il m'arrivera peut-être de revenir davantage sur mes impressions. On ne peut pas attendre d'une femme un récit de la vie politique de Bonaparte. S'il était mystérieux pour tout ce qui l'entourait, au point qu'on ignorait souvent dans le salon qui précédait le sien ce qu'on apprenait un peu en rentrant dans Paris, et ce qu'on eût mieux su encore en se transportant hors de France, à plus forte raison, moi, si jeune lorsque je fis mon entrée à Saint-

Cloud, et pendant les premières années que j'y demeurai, n'ai-je pu saisir que des faits isolés, et à de longs intervalles. Je dirai du moins ce que j'ai vu, ou cru voir, et ce ne sera pas ma faute si mes récits ne sont pas toujours aussi vrais que sincères.

J'avais vingt-deux ans lorsque je fus nommée dame du palais de madame Bonaparte. Mariée depuis l'âge de seize ans, heureuse jusque-là par les jouissances d'une vie douce et pleine d'affections, les crises de la Révolution, la mort de mon père tombé en 1794 sous la hache révolutionnaire, la perte de notre fortune, et les goûts d'une mère très distinguée, me tenaient loin du monde, que je ne connaissais guère et dont je n'avais nul besoin. Tirée tout à coup de cette paisible solitude pour être lancée sur le plus étrange théâtre, sans avoir placé entre eux l'intermédiaire de la société, je fus fortement frappée d'une si violente transition; mon caractère s'est toujours ressenti de l'impression qu'il en reçut. Près d'un mari et d'une mère chèrement aimés, j'avais pris l'habitude de me livrer entièrement aux mouvements de mon cœur, et plus tard, avec Bonaparte, je me suis accoutumée à ne m'intéresser qu'à ce qui me remuait fortement. Toute ma vie a été et demeurera constamment étrangère aux oisivetés de ce qu'on appelle le grand monde.

Ma mère m'avait élevée avec soin; mon éducation s'acheva solidement avec un mari éclairé, instruit et plus âgé que moi de seize ans. J'étais naturellement sérieuse, ce qui s'allie toujours chez les femmes avec une certaine disposition à se passionner un peu. Aussi, dans les premiers temps de mon séjour auprès de madame Bonaparte et de son époux, ne manquais-je pas de m'animer sur les sentiments que je croyais leur devoir. D'après ce qu'on sait d'eux, et d'après aussi ce que j'ai écrit précédemment de leur manière d'être la plus intime, c'était me préparer à beaucoup de mécomptes, et certes ils ne m'ont pas manqué.

J'ai déjà dit quelles relations nous avions eues avec madame Bonaparte pendant l'expédition en Égypte. Depuis, nous la perdîmes de vue, jusqu'au moment où ma mère, ayant formé le projet de marier ma sœur avec un de nos parents[1], rentré

1. Ce parent émigré était M. Charles de Ganay, fils d'une sœur de M. Charles Gravier de Vergennes, et cousin germain de l'auteur de ces Mémoires. Il a été député et colonel dans la garde royale sous la Restauration. Je ne sais quelle raison fit manquer

secrètement et encore compris sur la liste des émigrés, s'adressa à elle pour obtenir sa radiation. L'affaire fut terminée en peu de temps. Madame Bonaparte, dont la bienveillante adresse s'efforçait alors de rapprocher de son époux les personnes d'une certaine classe encore en regard devant lui, engagea ma mère et M. de Rémusat à se rendre un soir chez elle pour remercier le premier consul. Il n'était pas possible de songer à s'en excuser. Un soir donc, nous nous rendîmes aux Tuileries; c'était peu de temps[1] après le jour où Bonaparte avait cru devoir s'y établir, jour où j'ai su depuis, de sa femme même, qu'au moment de se coucher il lui dit en riant : « Allons, petite créole, venez vous mettre dans le lit de vos maîtres. »

Nous le trouvâmes dans le grand salon de l'appartement du rez-de-chaussée; il était assis sur un canapé; à ses côtés, je vis le général Moreau, avec lequel il paraissait en grande conversation.

---

son mariage avec mademoiselle Alix de Vergennes, qui épousa, peu de temps après, le général Nansouty. Les liens de bonne amitié entre les deux branches de la famille n'en subsistèrent pas moins et se sont très heureusement perpétués. (P. R.)

1. C'est le 19 février 1800 (30 pluviôse an VIII) que le premier consul prit possession des Tuileries, un peu plus tôt par conséquent qu'on ne le dit ici. (P. R.)

L'un et l'autre à cette époque cherchaient encore à vivre bien ensemble. On citait même un mot de Bonaparte fort aimable, dans un genre de bonne grâce qui ne lui était pas très familier. Il avait fait faire une paire de pistolets très riches, sur lesquels on avait gravé en or les noms de toutes les batailles de Moreau. — « Pardonnez, lui dit Bonaparte en les lui donnant, si on ne les a pas plus ornés; les noms de vos victoires ont pris toute la place. »

Il y avait dans ce salon des ministres, des généraux, des femmes presque toutes jeunes et jolies : madame Louis Bonaparte[1], madame Murat, qui venait de se marier et qui me parut charmante; madame Maret, qui faisait sa visite de noces, alors parfaitement belle. Madame Bonaparte tenait tout ce cercle avec une grâce charmante; elle était mise avec recherche et dans cette sorte de goût qui se rapproche de l'antique. C'était la mode de ce temps, où les artistes avaient un assez grand crédit sur les usages de la société.

Le premier consul se leva pour recevoir nos révérences, et, après quelques mots vagues, se

---

1. Hortense de Beauharnais avait épousé Louis Bonaparte le 4 janvier 1802. (P. R.)

rassit, pour ne plus s'occuper des femmes qui étaient dans le salon. J'avoue que, cette première fois, je fus moins occupée de lui que du luxe et de l'élégance magnifique dont mes yeux étaient frappés pour la première fois.

Nous prîmes, dès ce moment, l'habitude de faire de temps en temps quelques visites aux Tuileries. Peu à peu, on nous donna et nous reçûmes l'idée de voir M. de Rémusat remplir quelque place qui pût nous rendre quelque chose de l'aisance dont la perte de nos biens nous privait. M. de Rémusat, ayant été magistrat avant la Révolution, eût désiré rentrer dans un état grave. La crainte de m'affliger en me séparant de ma mère et en m'éloignant de Paris, le portait à demander une place au conseil d'État et à éviter les préfectures. Mais alors nous ne connaissions guère tout ce qui composait le gouvernement. Ma mère avait parlé de notre situation à madame Bonaparte. Celle-ci prit peu à peu du goût pour moi; elle trouvait à mon mari des manières agréables; elle conçut tout à coup l'idée de nous rapprocher d'elle. A peu près dans le même temps, ma sœur, qui n'avait point épousé le parent dont j'ai parlé, fut mariée à M. de Nansouty, général de brigade, neveu de madame de Montesson, et très estimé à l'armée et dans le monde. Ce mariage multiplia nos relations avec le gouvernement consulaire, et, un mois après, madame Bonaparte prévint ma mère qu'elle espérait qu'il ne se passerait pas longtemps sans que M. de Rémusat fût nommé préfet du palais. Je passerai sous silence les diverses agitations que cette nouvelle causa dans ma famille. J'en fus pour mon compte très effarouchée. M. de Rémusat se résigna plutôt qu'il ne se réjouit, et, sitôt après sa nomination qui suivit bientôt, comme il est parfaitement un homme de conscience, il s'appliqua avec sa droiture ordinaire à tous les minutieux détails de son nouvel emploi.

Peu de temps après, je reçus cette lettre du général Duroc, gouverneur du palais :

« Madame,

» Le premier consul vous a désignée pour faire auprès de madame Bonaparte les honneurs du palais.

» La connaissance personnelle qu'il a de votre caractère et de vos principes lui donne l'assurance que vous vous en acquitterez avec la politesse qui distingue les dames françaises et la dignité qui convient au gouvernement. Je suis heureux d'être chargé de vous annoncer ce témoignage de son estime et de sa confiance.

» Agréez, madame, l'hommage de mon respect. »

C'est ainsi que nous nous trouvâmes installés dans cette singulière cour. Quoique Bonaparte eût montré de la colère à cette époque, si l'on se fût avisé de ne point croire à la sincérité de ses paroles, qui étaient alors toutes républicaines, cependant chaque jour il inventait quelques nouveautés dans sa manière de vivre, qui donnèrent bientôt au lieu qu'il habitait de grandes ressemblances avec le palais d'un souverain. Son goût le portait assez vers une sorte de représentation, pourvu qu'elle ne gênât point ses allures particulières ; aussi faisait-il peser sur ceux qui l'entouraient la charge du cérémonial. D'ailleurs, il était convaincu qu'on séduit les Français par l'éclat des pompes extérieures. Très simple sur sa personne, il exigeait des militaires un grand luxe d'uniformes. Il avait déjà mis une distance marquée entre lui et les deux autres consuls ; et de même que, dans les actes du gouvernement, après avoir employé ce protocole : *Par arrêté des consuls, etc.*, on ne voyait à la fin que sa signature seule, de même il tenait seul sa cour, soit aux Tuileries, soit à Saint-Cloud, recevait les ambassadeurs avec les cérémonies usitées chez les rois, ne paraissait en public qu'accompagné d'une garde nombreuse, ne permettait à ses collègues que deux grenadiers devant leur voiture, et enfin commençait à donner à sa femme un rang dans l'État.

Au premier instant, nous nous trouvâmes dans une position assez délicate qui avait pourtant quelques avantages. La gloire militaire et les droits qu'elle donne parlaient haut aux oreilles des généraux et des aides de camp qui entouraient Bonaparte. Ils étaient portés à croire que toutes les distinctions devaient leur appartenir exclusivement. Cependant le consul, qui appréciait toutes les conquêtes, et qui avait pour plan secret de gagner chacune des classes de la société, contrariait peu à peu les idées de ses gens d'épée, en attirant par des faveurs ceux qui tenaient à d'autres états. De plus, M. de Rémusat, homme d'esprit, d'une instruction remarquable, entendant à merveille, sachant très bien répondre, supérieur par sa conversation à ses collègues, fut promptement distingué de son maître, habile à découvrir dans chacun ce qui lui était utile. Bonaparte aimait assez qu'on sût pour lui ce qu'il ignorait. Il trouva dans mon mari la connaissance de certains usages qu'il voulait rétablir, un tact sûr de toutes les convenances, les habitudes de la bonne compagnie; il indiquait rapidement ses projets, il était entendu sur-le-champ et tout aussi promptement servi. Cette manière inusitée de lui plaire donna d'abord quelque ombrage aux militaires; ils pressentirent qu'ils ne seraient plus les seuls favorisés, et qu'on exigerait d'eux qu'ils corrigeassent cette rudesse de formes acquise sur les champs de bataille; notre présence les inquiéta. De mon côté, quoique jeune, j'étais beaucoup plus formée que leurs femmes; la plupart de mes compagnes, assez ignorantes du monde, craintives et silencieuses, ne se trouvaient qu'avec ennui ou crainte en présence du premier consul. Pour moi, comme je l'ai déjà dit, animée et vive aux impressions, facilement émue par la nouveauté, assez sensible aux plaisirs de l'esprit, attentive au spectacle que me donnaient tant de personnages inconnus, je plus assez facilement à mon nouveau souverain, parce que, ainsi que je l'ai dit ailleurs, je pris promptement plaisir à l'écouter. D'ailleurs madame Bonaparte m'aimait comme la femme de son choix ; elle était flattée d'avoir conquis sur ma mère, qu'elle estimait, l'avantage d'attacher à elle une personne tenant à une famille considérée. Elle me témoignait de la confiance. Je lui vouai un tendre attachement. Bientôt elle me livra ses secrets intérieurs, que je reçus avec une complète discrétion. Quoique j'eusse pu être sa fille[1], souvent j'étais en état de lui donner de bons conseils, parce que l'habitude d'une vie solitaire et morale fait envisager de bonne heure le côté sérieux de la conduite. Nous fûmes aussitôt, mon mari et moi, dans une assez grande évidence qu'il fallut nous faire pardonner. Nous y parvînmes à peu près, en conservant des manières simples, en nous tenant dans la mesure de la politesse, et en évitant tout ce qui pouvait faire croire que nous voulussions faire de notre faveur du crédit.

M. de Rémusat vécut au milieu de cette cour *hérissée* avec simplicité et bonhomie. Pour moi,

---

1. L'impératrice Joséphine est née à la Martinique en 1763. Elle avait épousé M. de Beauharnais en 1779 et s'était séparée de lui en 1783. Après la mort de son mari, elle épousa civilement le général Bonaparte, le 9 mars 1796, et elle est morte le 29 mai 1814. (P. R.)

je fus assez heureuse pour me rendre promptement justice, et ne point montrer les prétentions qui blessent le plus les femmes. La plupart de mes compagnes étaient plus belles que moi, quelques-unes très belles; elles étalaient un grand luxe; mon visage, que la jeunesse seule rendait agréable, la simplicité habituelle de ma toilette, les avertirent qu'elles l'emporteraient sur moi de plusieurs côtés; et bientôt il sembla que nous eussions fait tacitement cette sorte de pacte, qu'elles charmeraient les yeux du premier consul quand nous serions en sa présence, et que, moi, je me chargerais du soin de plaire à son esprit, autant qu'il serait en moi. Et j'ai déjà dit que, pour cela, il ne s'agissait guère que de savoir l'écouter.

Il n'entre que bien peu d'idées politiques dans une tête de femme de vingt-deux ans. J'étais donc à cette époque sans aucune espèce d'esprit de parti. Je ne raisonnais point sur le plus ou moins de droits que Bonaparte avait au pouvoir, dont j'entendais dire partout qu'il faisait un digne emploi. M. de Rémusat, se fiant à lui avec presque toute la France, se livrait aux espérances qu'il était alors permis de concevoir. Chacun, indigné et dégoûté des horreurs de la Révolution, sachant gré au gouvernement consulaire de nous préserver de la réaction des jacobins, envisageait sa fondation comme une ère nouvelle pour la patrie. Les essais qu'on avait faits de la liberté à plusieurs reprises inspiraient contre elle une sorte d'aversion naturelle, mais peu raisonnée; car, au vrai, elle avait toujours disparu, lorsqu'on abusait de son nom, pour varier seulement les genres de tyrannie. Mais, en général, on ne désirait plus en France que le repos et le pouvoir d'exercer librement son esprit, de cultiver quelques vertus privées, et de réparer peu à peu les pertes, communes à tous, de la fortune. Je ne puis m'empêcher de songer avec un vrai serrement de cœur aux illusions que j'éprouvais alors. Je les regrette comme on regrette les riantes pensées du printemps de la vie, de ce temps où, pour me servir d'une comparaison familière à Bonaparte lui-même, *on regarde toutes choses au travers d'un voile doré qui les rend brillantes et légères. Peu à peu*, disait-il, *ce voile s'épaissit en avançant jusqu'à ce qu'il devienne à peu près noir.* Hélas! lui-même n'a pas tardé à rendre sanglant celui au travers duquel la France se plaisait à le contempler.

Ce fut donc dans l'automne de 1802 que je m'établis pour la première fois à Saint-Cloud, où était alors le premier consul. De quatre dames que nous étions[1], nous passions, chacune l'une après l'autre, une semaine auprès de madame Bonaparte. Il en était de même pour ce qu'on appelait le service des préfets du palais, des généraux de la garde, et des aides de camp. Le gouverneur du palais, Duroc, habitait Saint-Cloud; il tenait toute la maison avec un ordre extrême; nous dînions chez lui. Le consul mangeait seul avec sa femme; il faisait inviter deux fois par semaine des personnages du gouvernement; une fois par mois, il avait aux Tuileries de grands dîners de cent couverts qu'on donnait dans la galerie de Diane, après lesquels on recevait tout ce qui avait une place ou un grade un peu important soit dans le militaire, soit dans le civil, et aussi les étrangers de marque. Pendant l'hiver de 1803, nous étions encore en paix avec l'Angleterre. Cela avait amené un grand nombre d'Anglais à Paris; comme on n'avait pas coutume de les y voir, ils excitaient une grande curiosité.

Dans ces brillantes réunions, on étalait un

1. Mesdames de Talhouet, de Luçay, Lauriston et moi.

extrême luxe. Le premier consul aimait que les femmes fussent parées, et, soit calcul, soit goût, il y excitait sa femme et ses sœurs. Madame Bonaparte et mesdames Bacciochi et Murat (madame Leclerc, depuis princesse Pauline, était à Saint-Domingue) se montraient donc resplendissantes. On donnait des costumes aux différents corps, les uniformes étaient riches, et cette pompe, qui succédait à un temps où l'affectation de la saleté presque dégoûtante s'était jointe à celle d'un civisme incendiaire, semblait encore une garantie contre le retour du funeste régime dont on n'avait point perdu le souvenir.

Il me semble que le costume du premier consul à cette époque mérite d'être rapporté. Dans les jours ordinaires, il portait un des uniformes de sa garde; mais il avait été réglé, pour lui et ses deux collègues, que, dans les grandes cérémonies, ils revêtiraient tous trois un habit rouge brodé d'or, en velours l'hiver, en étoffe l'été. Les deux consuls Cambacérès et Lebrun, âgés, poudrés et bien tenus, portaient cet habit éclatant avec des dentelles et l'épée, comme autrefois on portait l'habit habillé. Bonaparte, que cette parure gênait, cherchait à y échapper le plus possible. Ses cheveux étaient coupés, courts, plats et assez mal rangés. Avec cet habit cerise et doré, il gardait une cravate noire, un jabot de dentelle à la chemise, et point de manchettes; quelquefois une veste blanche brodée en argent, le plus souvent sa veste d'uniforme, l'épée d'uniforme aussi, ainsi que des culottes, des bas de soie et des bottes. Cette toilette et sa petite taille lui donnaient ainsi la tournure la plus étrange, dont personne cependant ne se fût avisé de se moquer. Lorsqu'il est devenu empereur, on lui a fait un habit de cérémonie avec un petit manteau et un chapeau à plumes qui lui allaient très bien. Il y joignit un magnifique collier de l'ordre de la Légion d'honneur tout en diamants. Les jours ordinaires, il ne portait jamais que la croix d'argent.

Je me souviens que, la veille de son couronnement, les nouveaux maréchaux, qu'il avait créés peu de mois auparavant, vinrent lui faire une visite, tous revêtus d'un très bel habit. L'étalage de leur costume, en opposition avec le simple uniforme dont il était habillé, le fit sourire. Je me trouvais à quelques pas de lui, et comme il vit que je souriais aussi, il me dit à demi-voix : « Le droit d'être vêtu simplement n'appartient pas à tout le monde. » Quelques instants après, les maréchaux de l'armée se disputaient sur le grand article des préséances, et venaient demander à l'empereur de régler l'ordre de leur rang dans la cérémonie. Au fond, leurs prétentions s'appuyaient sur d'assez beaux titres, car chacun d'eux énumérait ses victoires. Bonaparte les écoutait et s'amusait encore à chercher mes regards : « Il me semble, lui dis-je, que vous avez aujourd'hui donné comme un coup de pied sur la France, en disant : « Que » toutes les vanités sortent de terre ! » — Cela est vrai, me répondit-il ; mais c'est qu'il est très commode de gouverner les Français par la vanité. »

Revenons. Dans les premiers mois de mon séjour, soit à Saint-Cloud, soit à Paris, durant l'hiver, la vie me parut assez douce. Les journées se passaient d'une manière fort régulière. Le matin, vers huit heures, Bonaparte quittait le lit de sa femme pour se rendre dans son cabinet ; à Paris il redescendait chez elle pour déjeuner ; à Saint-Cloud, il déjeunait seul, et souvent sur la terrasse qui se trouvait de plain-pied avec ce cabinet. Pendant ce déjeuner, il recevait des artistes, des comédiens. Il causait alors volontiers et avec assez de bonhomie. Ensuite il travaillait aux affaires publiques jusqu'à six heures. Madame Bonaparte demeurait chez elle, recevant durant toute la matinée un nombre infini de visites, des femmes surtout, soit celles dont les maris tenaient au gouvernement, soit celles qu'on appelait *de l'ancien régime*, qui ne voulaient point avoir, ou paraître avoir, de relations avec le premier consul, mais qui sollicitaient par sa femme des radiations ou des restitutions. Madame Bonaparte accueillait tout le monde avec une grâce charmante; elle promettait tout et renvoyait chacun content. Les pétitions remises s'égaraient bien ensuite quelquefois, mais on lui en rapportait d'autres, et elle ne paraissait jamais se lasser d'écouter[1].

[1]. Mon père, né en 1797, était bien jeune à l'époque que retracent ces Mémoires. Il avait pourtant un souvenir très précis d'une visite que sa mère lui fit faire au palais, et voici comment il l'a racontée : « Le dimanche, on me conduisait quelquefois aux Tuileries, pour voir, de la fenêtre des femmes de chambre, la revue des troupes dans le Carrousel. Un grand dessin d'Isabey, qui a été gravé, fait connaître exactement ce que ce spectacle avait de plus curieux. Un jour, après la parade, ma mère vint me prendre (il me semble qu'elle avait accompagné madame Bonaparte jusque dans la cour des Tuileries) et me fit monter un escalier rempli de militaires que je regardais de tous mes yeux. Un d'eux lui parla, il descendait; il était en uniforme d'infanterie. « Qui était-il? » demandai-je quand il eut passé. C'était Louis Bonaparte. Puis je vis devant nous monter un jeune homme portant l'uniforme bien connu des guides. Celui-là, je n'avais pas be-

A six heures, à Paris, on dînait; à Saint-Cloud, on s'allait promener, le consul seul en calèche avec sa femme, nous dans d'autres voitures. Les frères de Bonaparte, Eugène de Beauharnais, ses sœurs, pouvaient se présenter à l'heure du dîner. On voyait venir quelquefois madame Louis, mais elle ne couchait jamais à Saint-Cloud. La jalousie de Louis Bonaparte et son extrême défiance la rendaient craintive et déjà assez triste à cette époque.

soin de demander son nom. Les enfants d'alors connaissaient les insignes des grades et des corps de l'armée, et qui ne savait qu'Eugène Beauharnais était colonel des guides? Enfin nous arrivâmes dans le salon de madame Bonaparte. Il ne s'y trouvait d'abord qu'elle, une ou deux dames, et mon père avec son habit rouge brodé d'argent. On m'embrassa probablement, on dut me trouver grandi, puis on ne s'occupa plus de moi. Bientôt entra un officier de la garde des consuls. Il était de petite taille, maigre, et se tenait mal, du moins avec abandon. J'étais assez bien stylé sur l'étiquette pour trouver qu'il se remuait beaucoup, et qu'il agissait sans façon. Entre autres choses, je fus surpris de le voir s'asseoir sur le bras d'un fauteuil. De là, il parla d'assez loin à ma mère. Nous étions en face de lui, je remarquai son visage amaigri, presque hâve, avec ses teintes jaunâtres et bistrées. Nous nous approchâmes de lui pendant qu'il parlait. Quand je fus à sa portée, il fut question de moi; il me prit par les deux oreilles et me les tira assez rudement. Il me fit mal, et ailleurs qu'en un palais j'aurais crié. Puis, se tournant vers mon père : « Apprend-il les mathématiques? » lui dit-il. On m'emmena bientôt. « Quel est donc ce militaire? demandai-je à ma mère. — Mais c'est le premier consul! » Tels sont les débuts de mon père dans la vie de courtisan. Il n'a d'ailleurs vu l'empereur qu'une autre fois, dans des circonstances analogues, étant aussi tout enfant. (P. R.)

On envoyait une ou deux fois par semaine le petit Napoléon, celui qui est mort depuis en Hollande. Bonaparte paraissait aimer cet enfant, il avait placé de l'avenir sur sa tête. Peut-être n'était-ce que pour cela qu'il le distinguait; car M. de Talleyrand m'a raconté que, lorsque la nouvelle de sa mort arriva à Berlin, Bonaparte se montra si peu ému, que, prêt à paraître en public, M. de Talleyrand s'empressa de lui dire : « Vous oubliez qu'il est arrivé un malheur dans votre famille et que vous devez avoir l'air un peu triste. — Je ne m'amuse pas, lui répondit Bonaparte, à penser aux morts. » Il serait assez curieux de rapprocher cette parole du beau discours de M. de Fontanes, qui, chargé à cette époque de parler sur les drapeaux prussiens rapportés en pompe aux Invalides, rappela si bien et d'une manière si oratoire la majestueuse douleur d'un vainqueur, oubliant l'éclat de ses victoires pour donner des larmes à la mort d'un enfant [1].

1. Voici les lettres que l'empereur écrivait à propos de la mort de cet enfant, au mois de mai 1807. Il était à Finckestein, et il écrivait à l'impératrice Joséphine :

« Je conçois tout le chagrin que doit te causer la mort de ce pauvre Napoléon; tu peux comprendre la peine que j'éprouve. Je voudrais être près de toi pour que tu fusses modérée et sage dans ta douleur. Tu as eu le bonheur de ne jamais perdre d'en-

Après le dîner du consul, on venait nous avertir que nous pouvions monter. Selon qu'on le trouvait de bonne ou de mauvaise humeur, la conversation se prolongeait. Il disparaissait ensuite, et le plus ordinairement on ne le voyait plus. Il retournait au travail, donnait quelque audience particulière, recevait quelque ministre et se couchait de fort bonne heure. Madame Bonaparte jouait pour finir la soirée. Entre dix ou onze heures, on venait lui dire : « Madame, le premier consul est couché, » et alors elle nous congédiait.

Chez elle et tout autour, il y avait un grand silence sur les affaires publiques. Duroc, Maret, alors secrétaire d'État, les secrétaires particuliers

fant ; mais c'est une des conditions et des peines attachées à notre misère humaine. Que j'apprenne que tu as été raisonnable et que tu te portes bien ! Voudrais-tu accroître ma peine ? Adieu, mon amie. » Quelques jours plus tard, le 20 mai, il écrivait à la reine de Hollande : « Ma fille, tout ce qui me revient de la Haye m'apprend que vous n'êtes pas raisonnable. Quelque légitime que soit votre douleur, elle doit avoir des bornes. N'altérez point votre santé, prenez des distractions, et sachez que la vie est semée de tant d'écueils et peut être la cause de tant de maux, que la mort n'est pas le plus grand de tous. » Il écrivait le même jour à M. Fouché : « La perte du petit Napoléon m'a été très sensible. J'aurais désiré que ses père et mère eussent reçu de la nature autant de courage que moi pour savoir supporter tous les maux de la vie. Mais ils sont plus jeunes et ont moins réfléchi sur la fragilité des choses d'ici-bas. » (P. R.)

étaient tous impénétrables. La plupart des militaires, pour éviter de parler, je crois, s'abstenaient de penser ; en général, dans l'habitude de cette vie, il y avait peu de dépense d'esprit à faire.

Comme j'arrivais fort ignorante de la petite ou de la grande terreur que Bonaparte inspirait à ceux qui le connaissaient depuis longtemps, je n'éprouvais pas devant lui autant d'embarras que les autres, et je n'avais pas cru devoir me soumettre au système des monosyllabes adopté assez religieusement, et peut-être assez prudemment au fond, par toute la maison. Cela pensa pourtant me donner un ridicule dont je ne me doutai pas d'abord, dont je m'amusai ensuite, et qu'il fallut finir par tâcher d'éviter. On va voir qu'on ne pouvait guère l'acquérir à meilleur marché.

Un certain soir, Bonaparte parlant du talent de M. Portalis le père, qui travaillait alors au code civil, M. de Rémusat dit que c'était particulièrement l'étude de Montesquieu qui avait formé M. Portalis, qu'il l'avait lu et appris comme on apprend un catéchisme. Le premier consul, se retournant vers l'une de mes compagnes, lui dit en riant : « Je parie bien que vous ne savez guère ce que c'est que Montesquieu ? — Pardonnez-moi, répondit-elle, qui n'a pas lu *le Temple de Gnide?* » A cette parole, Bonaparte partit d'un grand éclat de rire, et je ne pus m'empêcher de sourire. Il me regarda et me dit : « Et vous madame? » Je répondis tout naturellement que je ne connaissais point *le Temple de Gnide*, que j'avais lu les *Considérations sur les Romains*, mais que je pensais bien que ni l'un ni l'autre ouvrage n'avait été le catéchisme dont M. de Rémusat parlait. « Diable, me dit Bonaparte, vous êtes une savante. » Cette épithète m'embarrassa, et je sentis que je courais le risque qu'elle me restât. Un moment après, madame Bonaparte parla de je ne sais quelle tragédie qu'on donnait alors. Le premier consul passa en revue à ce propos les auteurs vivants, et parla de Ducis, dont il n'aimait guère le talent. Il déplora la médiocrité de nos poëtes tragiques, et dit qu'il voudrait pour tout au monde avoir à récompenser l'auteur d'une belle tragédie. Je m'avisai de dire que Ducis avait gâté l'*Othello* de Shakspeare. Ce nom si long et anglais sortant de mes lèvres fit un certain effet sur notre galerie en épaulettes, silencieuse et attentive. Bonaparte n'entendait pas trop qu'on louât quelque chose qui appartenait aux Anglais. Nous discutâmes un peu de temps; je demeurai pour ma part dans une ligne de conversation fort commune; mais j'avais nommé Shakspeare, j'avais un peu tenu tête au consul, j'avais loué un auteur anglais, quelle audace! quel prodige d'érudition! Comme je fus obligée de me tenir plusieurs jours après dans le silence ou dans les discours oiseux, pour réparer l'effet d'une supériorité dont assurément je ne pensais pas avoir pu si facilement acquérir l'embarras!

Lorsque je quittais le palais et que je revenais chez ma mère, j'y trouvais assez fréquemment un assez grand nombre de femmes aimables et de gens distingués qui causaient d'une manière attachante, et je souriais à part moi de la différence de ces entretiens avec ceux de la cour dont je faisais partie.

Mais cette habitude d'un silence presque complet nous préservait, au moins à peu près à cette époque, de ce qu'on appelle dans le monde *les caquets*. Les femmes n'avaient aucune coquetterie, les hommes étaient incessamment tendus vers les devoirs de leur place, et Bonaparte, qui n'osait alors se livrer à toutes ses fantaisies, et qui croyait que les apparences de la régularité devaient lui être utiles, vivait de manière à m'abuser sur les habitudes morales que je lui supposais. Il paraissait aimer beaucoup sa femme; elle semblait lui suffire. Cependant je ne tardai pas à découvrir à cette dernière des inquiétudes qui me surprirent. Elle avait un grand penchant à la jalousie. L'amour n'en était pas, je pense, le premier motif. C'était un malheur grave pour elle que l'impossibilité où elle se trouvait de donner des enfants à son époux; il en témoignait quelquefois son chagrin, et alors elle tremblait pour son avenir. La famille du consul, toujours animée contre les Beauharnais, appuyait sur cet inconvénient. Tout cela produisit des orages passagers. Quelquefois je trouvais madame Bonaparte en larmes, et alors elle se livrait à l'amertume de ses plaintes contre ses beaux-frères, contre madame Murat et contre Murat, qui cherchaient à assurer leur crédit en excitant chez le consul des fantaisies passagères dont ils favorisaient ensuite la secrète intrigue. Je l'engageais à demeurer calme et modérée. Il me fut facile de voir promptement que, si Bonaparte aimait sa femme, c'est que sa douceur accoutumée lui donnait du repos, et qu'elle perdrait de son empire en l'agitant. Au reste, durant la première année que je fus dans cette cour,

Les légères altercations qui survinrent dans ce ménage se terminèrent toujours par des explications satisfaisantes et un redoublement d'intimité.

Depuis cette année 1802, je n'ai jamais vu le général Moreau chez Bonaparte; ils étaient déjà à peu près brouillés. Le premier avait une belle-mère et une femme vives et intrigantes. Bonaparte ne pouvait souffrir l'esprit d'intrigue chez les femmes. D'ailleurs, une fois, la mère de madame Moreau, étant à la Malmaison, s'était permis des plaisanteries amères sur une intimité scandaleuse qu'on soupçonnait entre Bonaparte et sa jeune sœur Caroline, qui venait de se marier. Le consul n'avait point pardonné de tels discours; il avait affecté de maltraiter la mère et la fille. Moreau s'était plaint, on l'avait échauffé sur sa propre situation; il vivait dans la retraite, entouré d'un cercle qui l'irritait journellement, et Murat, chef d'une police secrète et active, épiait des mécontentements auxquels il n'eût pas fallu donner d'importance, et portait sans cesse aux Tuileries les rapports malveillants.

C'était un des grands torts de Bonaparte et une des suites de sa défiance naturelle que cette multiplication des polices de son gouvernement. Ces polices s'épiaient les unes les autres, se dénonçaient réciproquement, cherchaient à se rendre nécessaires, et l'entouraient incessamment de soupçons. Depuis l'événement de la machine infernale, dont M. de Talleyrand avait profité pour faire déplacer Fouché, la police avait été remise aux mains du grand juge Régnier. Bonaparte pensait qu'il se donnerait une apparence de libéralisme et de modération en supprimant ce ministère de la police, invention toute révolutionnaire. Il s'en repentit bientôt, et le remplaça d'abord par une multitude d'espionnages qu'il garda même encore après avoir réintégré Fouché. Son préfet de police, Murat, Duroc, Savary, qui alors commandait la gendarmerie d'élite, Maret, qui avait aussi une police secrète à la tête de laquelle était M. de Sémonville, et d'autres que j'ignore, étaient devenus comme la monnaie du ministère détruit. Et Fouché lui-même, possédant parfaitement l'art de se rendre nécessaire, ne tarda pas à rentrer secrètement dans la faveur du premier consul, et parvint à se faire nommer une seconde fois. Le procès du général Moreau, qui fut si maladroitement conduit, le servit fort pour cela, comme on le verra dans la suite.

Dès ce temps, Cambacérès et Lebrun, second et troisième consuls, avaient très peu de part à l'administration du gouvernement. Le dernier, déjà âgé, n'inquiétait Bonaparte en aucune manière. L'autre, magistrat distingué, fort remarquable dans toutes les questions du ressort du conseil d'État, ne se mêlait que des discussions de certaines lois. Bonaparte tirait parti de ses connaissances, et se fiait avec raison, pour diminuer son importance, sur les ridicules que lui donnait sa minutieuse vanité. En effet, Cambacérès, charmé des distinctions qui lui étaient accordées, en jouissait avec une puérilité qu'on flattait tout en s'en moquant. Sa faiblesse d'amour-propre sur quelques points a fait souvent une partie de sa sûreté.

Au temps dont je parle, M. de Talleyrand était en fort grand crédit. Toutes les questions de haute politique lui passaient par les mains. Non seulement il réglait les affaires étrangères et déterminait, principalement à cette époque, les nouvelles constitutions d'État qu'on donnait à l'Allemagne, sorte de travail qui a jeté les fondements de son immense fortune, mais encore il avait journellement de longs entretiens avec Bonaparte, et le poussait à toutes les mesures qui pouvaient fonder sa puissance sur des bases réparatrices. Dès ce temps, je suis sûre qu'il était souvent question entre eux des mesures à prendre pour rétablir le gouvernement monarchique. M. de Talleyrand a toujours eu la conviction intime que lui seul convenait à la France. D'ailleurs, il devait y retrouver les habitudes de sa vie, et s'y replacer sur un terrain qui lui était connu. Les avantages et les abus qui ressortent des cours lui offraient des chances de pouvoir et de crédit.

Je ne connaissais point M. de Talleyrand, et ce que j'avais entendu dire de lui me donnait de grandes préventions. Mais dès lors je fus frappée de l'élégance de ses manières, si bien en contraste avec les formes rudes des militaires dont je me voyais environnée. Il demeurait toujours au milieu d'eux avec le caractère indélébile d'un grand seigneur. Il imposait par le dédain de son silence, par sa politesse protectrice, dont personne ne pouvait se défendre. Il s'arrogeait seul le droit de railler des gens que la finesse de ses plaisanteries effarouchait. M. de Talleyrand, plus factice que qui que ce soit, a su se faire comme un caractère naturel d'une foule d'habitudes prises à dessein ; il fes a conservées dans toutes les situations, comme si elles avaient eu la puissance d'une vraie nature. Sa manière, constamment légère, de traiter les plus grandes choses lui a presque toujours été utile, mais elle a souvent nui à ce qu'il a fait.

Je fus plusieurs années sans avoir de relations avec lui; je m'en défiais vaguement, mais je m'amusais à l'entendre et à le regarder agir avec une aisance, particulière à lui, qui donne une grâce infinie à toutes ses manières, tandis que chez un autre elle choquerait comme une affectation.

L'hiver de cette année (1803) fut très brillant. Le premier consul commença à vouloir qu'on donnât des fêtes; il voulut aussi s'occuper de la restauration des théâtres. Il en confia l'administration à ses préfets du palais. M. de Rémusat eut la Comédie-Française; on remit à la scène une foule d'ouvrages que la politique républicaine avait écartés. Peu à peu on semblait reprendre toutes les habitudes de la vie sociale. C'était un moyen adroit d'amener *ceux qui la savaient* à venir s'y replacer. C'était reformer des liens entre les hommes civilisés. Tout ce système fut suivi avec une grande habileté. Les opinions d'opposition s'affaiblissaient journellement. Les royalistes, déjoués au 18 fructidor, ne perdaient point l'espérance que Bonaparte, après avoir rétabli l'ordre, comprît dans tous les retours qu'il créait jusqu'à celui de la maison de Bourbon, et, s'ils s'étaient trompés sur ce point, du moins ils lui savaient gré de l'ordre qu'il rétablissait, et ne craignaient point d'envisager un coup hardi, qui, venant à s'emparer de sa personne et laissant vide inopinément une place que personne autre que lui ne pourrait désormais remplir, amènerait facilement cette démonstration que le souverain légitime devait être son plus naturel successeur.

Cette secrète pensée d'un parti, généralement confiant dans ce qu'il espère et toujours imprudent dans ce qu'il tente, ranimait des correspondances secrètes avec nos princes, quelques tentatives des émigrés, des mouvements produits chez les Vendéens, que Bonaparte surveillait en silence.

D'un autre côté, les gens épris du gouvernement fédératif voyaient avec inquiétude l'autorité consulaire tendre vers une centralisation qui ramenait peu à peu à des idées de royauté. Ceux-là s'unissaient assez bien avec le petit nombre des individus qui, malgré les écarts et les égarements où la cause de la liberté avait entraîné quelques-uns de ses partisans, s'obstinaient en leur conscience à voir dans la révolution française une secousse utile, et qui craignaient que Bonaparte ne vînt à bout d'en paralyser les mouvements. On entendait parfois au Tribunat sur ce sujet certaines paroles qui, toutes modérées qu'elles étaient, indiquaient aux projets secrets de Bonaparte une autre espèce d'antagonistes que les royalistes. Enfin il y avait encore les francs jacobins, qu'il fallait contenir, et puis ces militaires dressés sur leurs prétentions, qui s'étonnaient qu'on voulût créer ou reconnaître d'autres droits que les leurs. Toutes les émotions de ces différents partis étaient exactement rapportées à Bonaparte, qui manœuvrait prudemment entre elles. Il marchait doucement vers son but, que bien peu de gens alors devinaient. Il tenait tout le monde tendu sur une portion de sa conduite, qui demeurait dans le vague. Il savait à son gré attirer et détourner l'attention, exciter alternativement les approbations de l'un ou de l'autre côté, inquiéter ou rassurer selon qu'il lui était nécessaire, se jouer de la surprise ou de l'espérance. Il voyait surtout dans les Français des enfants mobiles qu'on détourne de leurs intérêts par la vue d'un jouet nouveau. Sa position comme premier consul lui était avantageuse parce que, indéterminée qu'elle était, elle échappait plus ou moins aux inquiétudes qu'elle inspirait à certaines gens. Plus tard, le rang positif d'empereur lui a enlevé cet avantage : c'est alors qu'après avoir découvert son secret à la France, il ne lui est plus resté, pour la distraire de l'impression qu'elle en avait reçu, que ce funeste appât de gloire militaire qu'il a lancé au milieu d'elle. De là ses guerres sans cesse renaissantes, de là ses conquêtes interminables; car, à tout prix, il sentait le besoin de nous occuper. Et de là, si l'on veut bien y regarder, l'obligation qui lui fut imposée par son système de pousser sa destinée, de refuser la paix soit à Dresde, soit même à Châtillon; car Bonaparte sentait bien qu'il serait perdu infailliblement du jour où son repos forcé nous permettrait de réfléchir et sur lui et sur nous.

On trouvera, dans *le Moniteur* de la fin de 1802 ou du commencement de 1803, un dialogue entre un Français enthousiaste de la constitution anglaise et un Anglais soi-disant raisonnable qui, après avoir démontré qu'il n'y a point de constitution à proprement parler en Angleterre, mais seulement des institutions toutes plus ou moins adaptées à la situation du pays et au caractère des habitants, s'efforce de prouver que ces mêmes institutions n'auraient pu être données aux Français sans d'assez graves inconvénients. Par ces moyens et d'autres semblables, Bonaparte cherchait à contenir ce désir de la liberté, toujours prêt à renaître chez les Français.

Vers la fin de 1802, on apprit à Paris la mort du général Leclerc, qui avait succombé à la fièvre jaune à Saint-Domingue. Au mois de janvier, sa jeune et jolie veuve revint en France. Elle était dès lors attaquée d'un mal assez grave qui l'a toujours poursuivie; mais, quoique affaiblie et souffrante, et revêtue du triste costume de deuil, elle me parut la plus charmante personne que j'eusse vue de ma vie. Bonaparte l'exhorta fort à ne point abuser de sa liberté pour retomber dans les excès qui avaient, je crois, été cause de son départ pour Saint-Domingue; mais elle ne tarda pas à tenir peu de compte de la parole qu'elle lui donna dans ce moment.

Cette mort du général Leclerc donna lieu à un petit embarras qui, par la manière dont il se termina, parut encore un pas vers le rétablissement de ces différents usages qui peu à peu frayaient la route au retour des habitudes monarchiques. Bonaparte prit le deuil, ainsi que madame Bonaparte, et nous reçûmes l'ordre de le porter. Cela était déjà assez marquant; mais il fut question que les ambassadeurs vinssent aux Tuileries complimenter le consul et sa femme sur cette perte. On leur représenta que la politesse exigeait qu'ils fussent en deuil pour cette visite. Ils se réunirent pour en délibérer, et, n'ayant pas le temps de demander des ordres à leur cour, ils se déterminèrent à se rendre à l'invitation qu'ils reçurent, en s'appuyant sur les égards d'usage en pareil cas. Ils vinrent donc au palais vêtus de noir, et furent reçus en cérémonie. Depuis le mois de décembre 1802, un ambassadeur d'Angleterre, lord Whithwort, avait remplacé le chargé d'affaires. On se livrait à la confiance d'une paix durable; les relations de France et d'Angleterre se multipliaient journellement, et cependant les gens un peu plus instruits prévoyaient incessamment entre les deux gouvernements des causes de discussions nouvelles. Dans le parlement britannique, il avait été question de la part que le gouvernement français prenait à la nouvelle constitution donnée au Suisses, et ici *le Moniteur*, tout à fait *officiel*, paraissait avec quelques articles dans lesquels on se plaignait de certaines mesures prises à Londres contre plusieurs Français. Cependant tout à Paris en apparence, et particulièrement aux Tuileries, semblait livré aux plaisirs et aux fêtes. L'intérieur du château était paisible, lorsque tout à coup une fantaisie du premier consul pour une belle et jeune actrice du Théâtre-Français vint troubler madame Bonaparte, et donner lieu à des scènes assez vives.

Deux actrices remarquables (mesdemoiselles Duchesnois et Georges) avaient débuté en même temps à peu près dans la tragédie, l'une fort laide, mais distinguée par un talent qui lui conquit bien des suffrages; l'autre médiocre, mais d'une extrême beauté[1]. Le public de Paris s'échauffa pour

[1]. Voici quel souvenir mon père avait gardé de la rivalité et du talent de ces deux actrices célèbres : « La liaison de l'empereur avec mademoiselle Georges fit quelque bruit. La société, j'en ai moi-même souvenir, était très animée sur cette controverse touchant le mérite respectif des deux tragédiennes. On se disputait vivement après chaque représentation de l'une ou de l'autre. Les connaisseurs, et en général les salons, étaient pour mademoiselle Duchesnois. Elle avait cependant assez peu de talent, et jouait sans intelligence. Mais elle avait de la passion, de la sensibilité, une voix touchante qui faisait pleurer. C'est, je crois, pour elle qu'a

l'une ou pour l'autre, mais en général le succès du talent l'emporta sur celui de la beauté. Bonaparte au contraire fut séduit par la dernière, et madame Bonaparte apprit assez vite par le secret espionnage de ses valets que mademoiselle Georges avait été, durant quelques soirées, introduite secrètement dans un petit appartement écarté du château. Cette découverte lui inspira une vive inquiétude; elle m'en fit part avec une émotion extrême, et commença à répandre beaucoup de larmes qui

été inventée cette expression de théâtre : « avoir des larmes dans la voix ». Ma mère et ma tante (madame de Nansouty) étaient fort prononcées pour mademoiselle Duchesnois, au point de rompre des lances contre mon père lui-même, qui était obligé administrativement à l'impartialité. Ce sont ces discussions sur l'art dramatique, entretenues par la facilité que les fonctions de mon père nous donnaient de suivre tous les événements du monde théâtral, qui éveillèrent de très bonne heure en moi un certain goût, un certain esprit de littérature et de conversation, qui n'étaient guère de mon âge. On me mena, très jeune, à la tragédie, et j'ai vu presque dans leurs débuts ces deux Melpomènes. On disait que l'une était si bonne, qu'elle en était belle; l'autre si belle, qu'elle en était bonne. Cette dernière, très jeune alors, se fiant à l'empire de ses charmes, travaillait peu, et un organe peu flexible, une certaine lourdeur dans la prononciation, ne lui permettaient pas d'arriver facilement aux effets d'une diction savante. Je crois cependant qu'elle avait au fond plus d'esprit que sa rivale, et qu'en prodiguant son talent à des genres dramatiques bien divers, elle l'a tout à la fois compromis et développé, et elle a mérité une partie de la réputation qu'on a essayé de lui faire dans sa vieillesse. » (P. R.)

me parurent plus abondantes que cette occasion passagère ne le méritait. Je crus devoir lui représenter que la douceur et la patience me semblaient le seul remède à un chagrin que le temps ne manquerait pas de dissiper, et ce fut dans les entretiens que nous eûmes à cette occasion qu'elle commença à me donner sur son époux des notions qui m'étaient encore tout à fait inconnues. Le mécontentement qu'elle éprouvait me fit penser cependant qu'il y avait quelque exagération dans l'amertume de ses plaintes. A l'entendre, « il n'avait aucun principe de morale, il dissimulait alors le vice de ses penchants, parce qu'il craignait qu'ils ne lui fissent tort; mais, si on le laissait s'y livrer en paix sans lui en faire la moindre plainte, peu à peu on le verrait s'abandonner aux passions les plus honteuses. N'avait-il pas séduit ses sœurs, les unes après les autres? Ne se croyait-il pas placé dans le monde de manière à satisfaire toutes ses fantaisies? Et puis sa famille ne profiterait-elle pas de ses faiblesses pour l'habituer peu à peu à changer la vie intime et conjugale qu'il menait encore, et l'éloigner de toute relation avec sa femme? » Et, à la suite d'une pareille intrigue, elle voyait toujours suspendu sur sa tête ce redoutable divorce dont il avait déjà été quelquefois question. « C'est un grand malheur, pour moi, ajoutait-elle, que je n'aie pas donné un fils à Bonaparte. Ce sera toujours un moyen dont la haine s'emparera pour troubler mon repos. — Mais, madame, lui disais-je, il me semble que l'enfant de madame votre fille répare fort ce malheur; le premier consul l'aime, et peut-être finira par l'adopter. — Hélas! répondit-elle, ce serait là l'objet de mes souhaits; mais le caractère jaloux et ombrageux de Louis Bonaparte s'y opposera toujours. Sa famille lui a malignement fait part des bruits outrageants qui ont été répandus sur la conduite de ma fille et sur la naissance de son fils. La haine donne cet enfant à Bonaparte, et cela suffit pour que Louis ne consente jamais à un arrangement avec lui. Vous voyez comme il se tient à l'écart, et comme ma fille est obligée de veiller sur la moindre de ses actions. D'ailleurs, indépendamment des hautes considérations qui m'engagent à ne point souffrir les écarts de Bonaparte, ses infidélités sont toujours pour moi le signal de mille contrariétés qu'il me faut supporter. »

Et, en effet, j'ai toujours remarqué que, dès que le premier consul s'occupait d'une autre femme, soit que le despotisme de son caractère lui fît trouver étrange que sa femme même ne se soumît point à approuver cet usage de l'indépendance en toutes choses qu'il voulait conserver exclusivement pour lui, soit que la nature lui eût accordé une si faible portion d'affections aimantes qu'elles étaient toutes absorbées par la personne instantanément préférée, et qu'il ne lui restât pas la plus légère bienveillance à répartir sur toute autre, il était dur, violent, sans pitié pour sa femme, dès qu'il avait une maîtresse. Il ne tardait pas à le lui apprendre, et à lui montrer une surprise presque sauvage de ce qu'elle n'approuvait pas qu'il se livrât à des distractions qu'il démontrait, pour ainsi dire mathématiquement, lui être permises et nécessaires. « Je ne suis pas un homme comme un autre, disait-il, et les lois de morale ou de convenance ne peuvent être faites pour moi. » De pareilles déclarations excitaient le mécontentement, les pleurs, les plaintes de madame Bonaparte. Son époux y répondait quelquefois par des violences dont je n'oserais détailler les excès, jusqu'au moment où, sa nouvelle fantaisie s'évanouissant tout à coup, il sentait renaître sa tendresse pour sa femme. Alors il était ému de ses peines, remplaçait ses injures par des caresses qui n'avaient guère plus de mesure que ses violences, et, comme elle était douce et mobile, elle rentrait dans sa sécurité.

Mais, tant que durait l'orage, je me trouvais, moi, très embarrassée souvent des étranges confidences qu'il me fallait recevoir, et même des démarches auxquelles il me fallait prendre part. Je me rappelle, entre autres, ce qui m'arriva un soir, et la frayeur un peu ridicule que j'éprouvai, dont j'ai depuis ri à part moi.

C'était durant cet hiver. Bonaparte avait encore l'habitude de venir, tous les soirs, partager le lit de sa femme ; elle avait eu l'adresse de lui persuader que sa sûreté personnelle était intéressée à cette intimité. « Elle avait, disait-elle, un sommeil fort léger, et, s'il arrivait qu'on essayât de tenter quelque entreprise nocturne sur lui, elle serait là pour appeler à l'instant le secours dont il aurait besoin. » Le soir, elle ne se retirait guère que lorsqu'on l'avertissait que Bonaparte était couché. Mais, lorsqu'il fut pris de cette fantaisie pour mademoiselle Georges, il la fit venir assez tard, quand l'heure de son travail était passée, et ne descendit plus ces jours-là que fort avant dans la nuit. Un soir, madame Bonaparte, plus pressée que de coutume par sa jalouse inquiétude, m'avait gardée près d'elle, et m'entretenait vivement de ses chagrins. Il était une heure du matin, nous étions seules dans son salon, le plus profond silence régnait aux Tuileries. Tout à coup elle se lève. « Je n'y peux plus tenir, me dit-elle; mademoiselle Georges est sûrement là-haut, je veux les surprendre. » Passablement troublée de cette résolution subite, je fis ce que je pus pour l'en détourner et je ne pus en venir à bout. « Suivez-moi, me dit-elle, nous monterons ensemble. » Alors je lui représentai qu'un pareil espionnage, étant même sans convenance de sa part, serait intolérable de la mienne, et qu'en cas de la découverte qu'elle prétendait faire, je serais sûrement de trop à la scène qui s'ensuivrait. Elle ne voulut entendre à rien, elle me reprocha de l'abandonner dans ses peines, et elle me pressa si vivement, que, malgré ma répugnance, je cédai à sa volonté, me disant d'ailleurs intérieurement que notre course n'aboutirait à rien, et que, sans doute, les précautions étaient prises au premier étage contre toute surprise.

Nous voilà donc marchant silencieusement l'une

et l'autre, madame Bonaparte, la première, animée à l'excès, moi derrière, montant lentement un escalier dérobé qui conduisait chez Bonaparte, et très honteuse du rôle qu'on me faisait jouer. Au milieu de notre course, un léger bruit se fit entendre. Madame Bonaparte se retourna. « C'est peut-être, me dit-elle, Rustan, le mameluk de Bonaparte, qui garde la porte. Ce malheureux est capable de nous égorger toutes deux. » A cette parole, je fus saisie d'un effroi qui, tout ridicule qu'il était sans doute, ne me permit pas d'en entendre davantage, et, sans songer que je laissais madame Bonaparte dans une complète obscurité, je descendis avec la bougie que je tenais à la main, et je revins aussi vite que je pus dans le salon. Elle me suivit peu de minutes après, étonnée de ma fuite subite. Quand elle revit mon visage effaré, elle se mit à rire et moi aussi, et nous renonçâmes à notre entreprise. Je la quittai en lui disant que je croyais que l'étrange peur qu'elle m'avait faite lui avait été utile, et que je me savais bon gré d'y avoir cédé.

Cette jalousie, qui altérait la douce humeur de madame Bonaparte, ne fut bientôt plus un mystère pour personne. Elle me mit dans les embarras d'une confidente sans crédit sur l'esprit de celle qui la consulte, et me donna quelquefois l'apparence d'une personne qui partage les mécontentements dont elle est le témoin. Bonaparte crut d'abord qu'une femme devait entrer vivement dans les sentiments éprouvés par une autre femme, et il témoigna quelque humeur de ce que je me trouvais au fait de ce qui se passait dans le plus intime de son intérieur. D'un autre côté, le public de Paris prenait de plus en plus parti pour la laide actrice. La belle était souvent accueillie par des sifflets. M. de Rémusat tâchait d'accorder une protection égale à ces deux débutantes; mais ce qu'il faisait pour l'une ou pour l'autre était presque également pris avec mécontentement, soit par le parterre, soit par le consul. Toutes ces pauvretés nous donnèrent quelque tracas. Bonaparte, sans livrer à M. de Rémusat le secret de son intérêt, se plaignit à lui, et lui témoigna qu'il consentirait à ce que je devinsse la confidente de sa femme, pourvu que je ne lui donnasse que des conseils raisonnables. Mon mari me présenta comme une personne posée, élevée à toutes les convenances, et qui ne pouvait en aucun cas échauffer l'imagination de madame Bonaparte. Le consul, qui était encore en disposition de bienveillance pour nous, consentit à penser à cette occasion du bien de moi; mais alors ce fut un autre inconvénient : il me prit en tiers quelquefois dans ses disputes conjugales, et voulut s'appuyer de ce qu'il appelait ma raison pour traiter de folie les vivacités jalouses dont il était fatigué. Comme je n'avais point encore l'habitude de dissimuler ma pensée, lorsqu'il m'entretenait de l'ennui que lui donnaient toutes ces scènes, je lui répondais tout sincèrement que je plaignais beaucoup madame Bonaparte, soit qu'elle souffrît à tort ou à raison, qu'il me semblait qu'il devait l'excuser plus qu'un autre; mais, en même temps, j'avouais qu'elle me semblait manquer à sa dignité, quand elle cherchait dans l'espionnage de ses valets la preuve de l'infidélité qu'elle soupçonnait. Le consul ne manquait point de redire à madame Bonaparte que je la blâmais, et alors je me trouvais en butte à des explications sans fin entre le mari et la femme, dans lesquelles j'apportais toute la vivacité de mon âge, et le dévouement que j'avais pour tous deux.

Tout cela produisit une suite de paroles et de petites scènes, dont les détails se sont effacés de ma mémoire, où je vis Bonaparte tour à tour impérieux, dur, défiant à l'excès, puis tout à coup ému, amolli, presque doux, et réparant avec assez de grâce des torts dont il convenait, et auxquels il ne renonçait pas pourtant. Je me souviens qu'un jour, pour rompre le tête-à-tête qui le gênait sans doute, m'ayant gardée à dîner en tiers avec sa femme, fort échauffée précisément parce qu'il lui avait déclaré que désormais il habiterait la nuit un appartement séparé, il s'avisa de me prendre pour juge dans cette étrange question : si un mari était obligé de céder à cette fantaisie d'une femme qui voudrait n'avoir jamais d'autre lit que le sien? J'étais assez peu préparée à répondre, et je savais que madame Bonaparte ne me pardonnerait pas de ne pas décider pour elle. Je tâchai d'éluder la réponse, et de me tenir sur ce qu'il n'était guère possible, ni même bien décent, que je me mêlasse de déterminer ce fait. Mais Bonaparte, qui aimait assez d'ailleurs à embarrasser, me poursuivit vivement. Alors je ne trouvai d'autre parti, pour m'en tirer, que de dire que je ne savais pas trop précisément où devaient s'arrêter les exigences d'une femme et les complaisances d'un mari; mais qu'il me semblait que tout ce qui donnerait à croire que le premier consul changeait quelque chose dans sa manière de vivre ferait toujours tenir des propos fâcheux, et que le moindre mouvement qui arriverait dans le château nous ferait tous beaucoup parler. Bonaparte se mit à rire, et me tirant l'oreille : « Allons, me dit-il, vous êtes femme, et vous vous entendez toutes. »

Mais il ne s'en tint pas moins à ce qu'il avait résolu, et, depuis cette époque, il s'arrangea pour habiter un appartement différent. Cependant il reprit peu à peu des manières plus affectueuses avec elle, et elle, de son côté, plus tranquille, se rendit au conseil que je ne cessais de lui donner de dédaigner une rivalité indigne d'elle. « Il serait bien assez temps, lui disais-je, de vous affliger, si c'était parmi les femmes qui vous entourent que le consul fît un choix, ce serait alors que vous auriez de vrais chagrins, et moi plus d'un tracas. » Deux ans après, ma prédiction ne fut que trop réalisée, et particulièrement pour moi.

CHAPITRE II.

(1803.)

Retour aux habitudes de la monarchie. — M. de Fontanes. — Madame d'Houdetot. — Bruits de guerre. — Réunion du Corps législatif. — Départ de l'ambassadeur d'Angleterre. — M. Maret. — Le maréchal Berthier. — Voyage du premier consul en Belgique. — Accident de voiture. — Fêtes d'Amiens.

A ce léger orage près, l'hiver se passa paisiblement. Quelques institutions nouvelles marquèrent encore le retour de l'ordre. Les lycées furent organisés, on redonna des robes et quelque importance aux magistrats. On réunit tous les tableaux français au Louvre sous le nom de Muséum, et M. Denon fut chargé de la surintendance de ce nouvel établissement. Des pensions et des récompenses commencèrent à être accordées à des gens de lettres, et, pour ce dernier article, M. de Fontanes était souvent consulté. Bonaparte aimait à causer avec lui; ces conversations étaient en général fort amusantes. Le consul se plaisait à attaquer le goût pur et classique de M. de Fontanes, et celui-ci défendait nos chefs-d'œuvre français avec une grande force qui lui donnait, aux yeux des assistants, la réputation d'une sorte de courage ; car il y avait déjà dans cette cour des gens si façonnés au métier de courtisan, qu'on leur paraissait un vrai Romain quand on osait encore admirer *Mérope* ou *Mithridate*, puisque le maître avait déclaré qu'il n'aimait ni l'un ni l'autre de ces ouvrages. Et cependant il paraissait s'amuser fort de ces controverses littéraires. Il eut même un moment l'intention de se procurer le plaisir d'en avoir deux fois par semaine, en faisant inviter certains hommes de lettres à venir passer la soirée chez madame Bonaparte. M. de Rémusat, qui connaissait à Paris un assez bon nombre d'hommes distingués, fut chargé de les réunir au château. Quelques académiciens et quelques littérateurs connus furent donc invités un soir. Bonaparte était en bonne humeur; il causa très bien, laissa causer, fut aimable et animé; moi, j'étais charmée qu'il se montrât tel. J'avais fort le désir qu'il plût à ceux qui ne le connaissaient pas, et qu'il détruisît, en se montrant davantage, certaines préventions qui commençaient à naître contre lui. Comme, lorsqu'il le voulait, le tact de son esprit était très fin, il démêla, entre autres, assez vite la nature de celui du vieil abbé Morellet [1], homme droit, positif, marchant toujours nettement de conséquence en conséquence, et ne voulant jamais reconnaître le pouvoir de l'imagination sur la marche d'aucune des idées humaines. Bonaparte se plut à contrarier ce système. En laissant aller sa propre imagination à tout l'essor qu'elle voulut prendre, et dans ce cas elle le menait loin, il aborda tous les sujets, s'éleva très haut, se perdit quelquefois, se divertit fort de la fatigue qu'il donnait à l'esprit de l'abbé, et fut réellement très intéressant. Le lendemain, il parla avec plaisir de cette soirée et déclara qu'il en voulait encore de semblables. Une pareille réunion fut donc fixée à quelques jours de là. Je ne sais plus quel est le personnage qui commença à s'exprimer avec assez de force sur la liberté de penser et d'écrire, et sur les avantages qu'elle avait pour les nations. Cela amena un genre de discussion un peu plus gêné que la première fois,

---

1. L'abbé Morellet, très lié avec madame d'Houdetot et madame de Vergennes, était l'abbé de ce nom, fort connu à la fin du XVIIIe siècle, et que Voltaire appelait l'abbé *Mord-les*. Il est mort le 12 janvier 1819. (P. R.)

et le consul demeura dans de longs silences qui jetèrent le froid dans l'assemblée. Enfin, dans une troisième soirée, il parut plus tard, il était rêveur, distrait, sombre, et ne laissa échapper que quelques paroles rares et coupées. Tout le monde se tut et s'ennuya; et, le lendemain, le premier consul nous dit qu'il ne voyait rien à tirer de tous ces gens de lettres, qu'on ne gagnerait point à les admettre dans l'intimité, et qu'il ne voulait plus qu'on les invitât. Il ne pouvait supporter aucune contrainte, et celle de se montrer affable et de bonne humeur à jour et à moment fixes lui parut promptement une gêne qu'il s'empressa de secouer.

Dans cet hiver moururent deux académiciens distingués, MM. de la Harpe et de Saint-Lambert. Je regrettai fort le dernier, parce que j'étais très attachée à madame d'Houdetot, avec laquelle il était lié depuis quarante ans, et chez laquelle il mourut. La maison de cette aimable vieille réunissait la plus agréable et la meilleure société de Paris. J'y allais fort souvent, et j'y trouvais les restes d'un temps qui alors semblait s'échapper sans retour, je veux dire celui où on savait causer d'une manière agréable et instructive. Madame d'Houdetot, étrangère par son âge et par le plus charmant caractère à tout esprit de parti, jouissait du repos qui nous était rendu, et en profitait pour réunir chez elle les débris de la bonne compagnie de Paris, qui venait avec empressement soigner et amuser sa vieillesse. J'aimais fort à aller chez elle me reposer de la contrainte tendue où l'exemple des autres, et l'expérience que je commençais à acquérir, me tenaient dans le salon des Tuileries.

Cependant on commençait à murmurer tout bas que la guerre pourrait bien se rallumer avec les Anglais. Des lettres secrètes sur quelques entreprises tentées dans la Vendée furent publiées. On semblait y accuser le gouvernement anglais de les soutenir, et Georges Cadoudal y était nommé comme agent entre ce gouvernement et les chouans. On parlait en même temps de M. d'André, qui, disait-on, avait pénétré en France secrètement, après avoir déjà une fois, avant le 18 fructidor, essayé de servir l'agence royale. Sur ces entrefaites, on assembla le Corps législatif. Le compte qui lui fut rendu de l'état de la *République* était remarquable et fut remarqué. L'état de paix avec toutes les puissances, le *conclusum* donné à Ratisbonne sur le nouveau partage de l'Allemagne et reconnu par tous les souverains, la constitution acceptée par les Suisses, le concordat, l'instruction publique dirigée, la formation de l'Institut [1], la justice mieux dispensée, l'amélioration des finances, le Code civil, dont une partie fut soumise à cette assemblée, les différents travaux commencés en même temps sur nos frontières et en France, les projets pour Anvers, le mont Cenis, les bords du Rhin et le canal de l'Ourcq, *l'acquisition de l'île d'Elbe,* Saint-Domingue qui tenait encore, des projets de loi nombreux sur les contributions indirectes, sur la formation des chambres de commerce, sur l'exercice de la médecine et sur les manufactures, tout cela offrait un tableau satisfaisant et honorable pour le gouvernement. A la fin de ce rapport, on avait pourtant glissé quelques mots sur la possibilité d'une rupture avec l'Angleterre et sur la nécessité de fortifier l'armée. Ni le Corps législatif, ni le Tribunat ne s'opposèrent à rien, et des approbations, après tout méritées

---

1. Il serait plus exact de dire que le premier consul réorganisa l'Institut en supprimant la classe des sciences morales et politiques, le 23 janvier 1803. Cette classe ne fut rétablie qu'après 1830. (P. R.)

à cette époque, furent données à tant de travaux si heureusement commencés.

Les premiers jours de mars, des plaintes assez amères parurent dans nos journaux sur la publication de quelques libelles qui avaient cours en Angleterre contre le premier consul. Il n'y avait pas beaucoup de bonne foi à s'irriter contre ce qui échappe aux presses anglaises, qui ont toute liberté, mais ce n'était qu'un prétexte; l'occupation de Malte et notre intervention dans le gouvernement de la Suisse étaient les véritables occasions de rupture. Le 8 mars 1803, une lettre du roi d'Angleterre au Parlement annonça des discussions importantes entre les deux gouvernements et se plaignit de l'armement qui se préparait dans les ports de la Hollande. Dans ce même temps, nous fûmes témoins de cette scène dont j'ai parlé où Bonaparte feignit, ou se laissa emporter devant tous les ambassadeurs à une colère violente. Peu de temps après, il quitta Paris et s'établit à Saint-Cloud.

Les affaires publiques ne le captivaient pas tellement qu'il ne pensât à la même époque à faire écrire, par l'un de ses préfets du palais, une lettre de compliment au célèbre musicien Paesiello sur l'opéra de *Proserpine*, qu'il venait de donner à

Paris. Le premier consul se montrait fort jaloux d'attirer ici tous les gens distingués de tous les pays, et il les payait très largement.

Peu de temps après, la rupture entre la France et l'Angleterre éclata, et l'ambassadeur anglais, devant la porte duquel se rassemblait tous les jours une grande foule de monde, pour se rassurer ou s'inquiéter selon les préparatifs de départ qu'on pourrait apercevoir dans sa cour, partit tout à coup. M. de Talleyrand porta au Sénat une communication des motifs qui forçaient à la guerre. Le Sénat répondit qu'il ne pouvait qu'applaudir à la modération unie à la fermeté du premier consul, et il envoya une députation qui porta à Saint-Cloud les témoignages de sa reconnaissance et de son dévouement. M. de Vaublanc, parlant au Corps législatif, dit avec enthousiasme : « Quel chef des nations montra jamais un plus grand amour pour la paix ! S'il était possible de séparer l'histoire des négociations du premier consul de celle de ses exploits, on croirait lire la vie d'un magistrat paisible qui n'est occupé que des moyens d'affermir la paix. » Le Tribunat émit le vœu qu'il fût pris des mesures énergiques, et, après ces différents actes d'admiration et de soumission, la session du Corps législatif se termina.

Ce fut alors que nous vîmes paraître pour la première fois ces notes violentes et injurieuses contre le gouvernement anglais, qui se multiplièrent tant dans la suite, et qui répondaient avec trop de soin aux articles des feuilles périodiques et libres qui courent chaque jour à Londres. Bonaparte dictait souvent le fond de ces notes que M. Maret rédigeait ensuite; mais il en résultait que le souverain d'un grand empire se mettait en quelque sorte en défi de paroles avec des journalistes, et manquait à sa propre dignité en se montrant trop irascible contre les railleries de ces feuilles passagères dont il eût mieux fait cent fois de dédaigner les attaques. Il ne fut pas difficile aux journalistes anglais de savoir à quel point le premier consul, et un peu plus tard l'empereur de France, était blessé des plaisanteries qu'ils se permettaient sur son compte, et alors ils redoublèrent d'activité pour le poursuivre. Combien de fois il nous est arrivé de le voir sombre et d'humeur difficile, et d'entendre dire à madame Bonaparte que c'était parce qu'il avait lu quelque article du *Courrier* ou du *Sun* dirigé contre lui? Il essaya de soulever une sorte de guerre de plume entre les différents journaux anglais; il soudoya à Londres des écrivains, dépensa beaucoup d'argent, et ne trompa personne, ni en France, ni en Angleterre. Je disais à ce sujet qu'il dictait souvent des notes du *Moniteur* : Bonaparte avait une singulière manière de dicter. Jamais il n'écrivait rien de sa main. Son écriture, mal formée, était indéchiffrable pour les autres, comme pour lui. Son orthographe était fort défectueuse. Il manquait totalement de patience pour toute action manuelle quelle qu'elle fût; et l'extrême activité de son esprit, et l'habitude de l'obéissance à la minute, à la seconde, ne lui permettaient aucun des exercices où il eût nécessairement fallu qu'une partie de lui-même se soumît à l'autre. Les gens qui rédigeaient sous lui, M. Bourrienne d'abord, ensuite M. Maret et son secrétaire intime Menneval, s'étaient fait une sorte d'écriture d'abréviation pour tâcher que leur plume allât aussi vite que sa pensée. Il dictait en marchant à grands pas dans son cabinet. S'il était animé, son langage alors était entremêlé d'imprécations violentes, et même de jurements, qu'on supprimait en écrivant, et qui avaient au moins l'avantage de donner un peu de temps pour le rejoindre. Il ne répétait point ce qu'il avait dit une fois, quand même on ne l'avait point entendu, et c'était un malheur pour le secrétaire; car il se souvenait fort bien de ce qu'il avait dit, et s'apercevait des omissions. Un jour, il venait de lire une tragédie manuscrite qui lui avait été remise; elle l'avait assez frappé pour lui inspirer la fantaisie d'y faire quelques changements. « Prenez un encrier et du papier, dit-il à M. de Rémusat, et écrivez ce que je vais vous dire. » Et, sans presque donner à mon mari le temps de s'établir devant une table, le voilà dictant avec une telle rapidité que M. de Rémusat, quoique habitué à une écriture très rapide, suait à grosses gouttes en s'efforçant de le suivre. Bonaparte s'apercevait très bien de la peine qu'il avait et s'interrompait de temps en temps pour dire : « Allons, tâchez de me comprendre, car je ne recommencerai pas. » Il se faisait toujours un petit amusement du malaise dans lequel il vous mettait. Son grand principe général, auquel il donnait toute espèce d'applications dans les plus grandes choses comme dans les plus petites, était qu'on n'avait de zèle que lorsqu'on était inquiet.

Heureusement qu'il oublia de redemander la feuille d'observations qu'il avait dictée, car nous avons souvent essayé, M. de Rémusat et moi, de la relire et il ne nous a jamais été possible d'en déchiffrer un mot. M. Maret, secrétaire d'État, quoique d'un esprit fort médiocre (à la vérité, Bonaparte ne haïssait pas les gens médiocres, parce qu'il disait qu'il avait assez d'esprit pour leur donner ce qui leur manquait), M. Maret, dis-je, finit par acquérir un assez grand crédit, parce qu'il parvint à une extrême facilité de rédaction. Il s'accoutuma à comprendre, à interpréter ce premier jet de la pensée de Bonaparte, et, sans se permettre jamais une observation, il sut la rapporter fidèlement, telle qu'elle sortait de son cerveau. Ce qui achève aussi d'expliquer son succès auprès de son maître, c'est qu'il se livra, ou feignit de se livrer, à un dévouement sans bornes qu'il témoignait par une admiration complète, dont Bonaparte ne put se défendre d'être flatté. Ce ministre poussa même si loin la recherche de la flatterie qu'on assurait que, lorsqu'il voyageait avec l'empereur, il avait soin de laisser à sa femme des modèles de lettres qu'elle copiait soigneusement et dans lesquelles elle se plaignait de ce que son mari était si exclusivement dévoué à son maître, qu'elle ne pouvait s'empêcher d'en concevoir de la jalousie. Et comme, durant les voyages, les courriers remettaient toutes les lettres chez l'empereur même, qui s'amusait souvent à les décacheter, ces plaintes adroites produisaient très directement l'effet qu'on s'en était promis.

Lorsque M. Maret fut ministre des affaires étrangères, il se garda bien de suivre l'exemple de M. de Talleyrand, qui disait souvent que, dans cette place, c'était surtout avec Bonaparte lui-même qu'il fallait négocier. Mais au contraire, entrant dans toutes ses passions, toujours surpris que les souverains étrangers osassent s'irriter quand on les insultait et s'efforçassent d'opposer quelque résistance à leur ruine, il affermissait sa fortune souvent aux dépens de l'Europe, dont un ministre désintéressé et habile eût essayé de prendre les justes intérêts. Il avait, pour ainsi dire, toujours un courrier tout prêt chez lui, pour aller porter à chaque souverain les premiers accents de colère qui échappaient à Bonaparte lorsqu'il apprenait quelque nouvelle qui l'enflammait. Cette coupable complaisance a été, au reste, quelquefois nuisible à son maître. Elle a causé plus d'une rupture dont on s'est repenti, après la première violence passée, et peut-être même a-t-elle

CHAPITRE DEUXIÈME.

contribué à la chute de Bonaparte; car, lors de la dernière année de son règne, tandis qu'il hésitait à Dresde sur le parti qu'il devait prendre, Maret retarda de huit jours la retraite si nécessaire, en n'osant pas avoir le courage d'apprendre à l'empereur la défection de la Bavière, dont il était si important qu'il fût instruit [1].

[1]. Le devoir de l'éditeur le plus consciencieux n'est point d'expliquer, de justifier et encore moins de contredire les assertions ou les suppositions de l'auteur dont il publie les souvenirs. Il est évident qu'un certain nombre des jugements exprimés ici sont personnels ou représentent l'opinion publique à ce moment de notre histoire. Tout en prenant la responsabilité de ce qu'il imprime, l'éditeur n'est pas absolument solidaire de toutes les opinions, et il n'est pas nécessaire d'opposer en toute occasion une opinion à une opinion ni un document nouveau ou une histoire récente à une impression contemporaine des faits. Ainsi M. Maret, par exemple, mérite plus d'un reproche, mais l'accusation d'avoir eu la lâcheté de ne point faire connaître, à temps, à l'empereur la défection de la Bavière en 1813, peut être une de ces imputations que le mépris de M. de Talleyrand prodiguait à l'un des plus mesquins de ses successeurs. On sait qu'il disait : « Je n'ai jamais connu qu'un homme aussi bête que M. le duc de Bassano, c'était M. Maret. » Il est probable que M. Maret sut en effet le traité de la Bavière avec la coalition dès son arrivée à Leipzig, en octobre 1813, mais qu'il n'y attacha pas grande importance, ou n'osa point en parler à un maître chaque jour moins capable d'entendre la vérité, et de penser aux choses qui lui déplaisaient. Le duc de Bassano était le ministre le moins propre à le prémunir contre cette fatale tendance. Il avait un mélange de servilité sincère et d'admiration aveugle qui faisaient de lui un courtisan plutôt qu'un ministre. Voici ce que mon père pensait de lui : « Ce n'était ni un homme » nul ni un méchant homme, mais il était de ces gens dont la

C'est peut-être ici le cas de raconter une anecdote relative à M. de Talleyrand, qui prouve à quel point cet habile ministre savait comment il fallait agir avec Bonaparte, et combien aussi il était maître de lui-même.

» médiocrité, en bien comme en mal, peut être aussi pernicieuse
» que la stupidité et la scélératesse. Il avait peu d'esprit; sa suffi-
» sance, sa morgue de grand seigneur improvisé et d'homme d'État
» parvenu atteignaient au ridicule. Avec une certaine frivolité pe-
» sante, sa dignité bourgeoise, son affectation vulgaire, il n'an-
» nonçait pas ce qu'il valait réellement. Une grande aptitude au
» travail, une rédaction facile, une intelligence prompte et assez
» juste du matériel et du superficiel des affaires, une mémoire
» fidèle dans les détails, l'habitude d'expédier beaucoup de choses
» à la fois, enfin le talent de s'anéantir lui-même pour s'identifier
» complètement avec l'idée, ou même avec le sentiment de ce
» qu'on lui dictait, en faisaient un instrument utile, ou plutôt
» commode, et, au second ou au troisième rang dans un ministère,
» il aurait bien servi. Il n'aimait, par penchant, ni le mal, ni l'in-
» justice. Les violences contre les personnes n'étaient pas de son
» goût. On assure qu'il en a empêché quelques-unes. Enfin il était
» réellement attaché à l'empereur, et n'a essayé, à ma connais-
» sance, de conjurer par aucune bassesse les maux que cet atta-
» chement a plus tard attirés sur lui. Mais, plein de confiance en
» lui-même, avide de faveur, jaloux de son crédit, enflé de son
» rang et de son pouvoir, il voyait en ennemi le mérite, l'indé-
» pendance, tout ce qui pouvait lui porter ombrage, tout ce qui
» ne servait pas son ambition, tout ce qui ne flattait pas sa vanité,
» tout ce qui ne courtisait pas sa grandeur. La conservation de
» sa position auprès de l'empereur était devenue son unique
» pensée et comme son principal devoir. Lui complaire en tout
» était toute son étude et toute sa politique. Le système napoléo-
» nien, tel que l'empereur le professait, était pour lui la vérité of-
» ficielle et la vérité officielle était pour lui toute a vérité. Il ne

CHAPITRE DEUXIÈME.

La paix se traitait à Amiens entre l'Angleterre et la France, au printemps de 1802. Quelques nouvelles difficultés survenues entre les plénipotentiaires donnaient certaine inquiétude. Le premier consul attendait avec impatience le courrier. Il ar-

» comprenait plus le reste, et il l'aurait compris qu'il n'en aurait
» rien dit. » Voici ce que dit de lui M. Beugnot dans ses Mémoires,
publiés il y a peu d'années par son petit-fils : « M. Maret a le
» cœur excellent, il est donc disposé par sa nature à tout ce qui
» est bien. Son esprit est cultivé, et, s'il n'eût pas été enlevé aux
» lettres par les affaires, il eût été un littérateur estimable sinon
» de premier ordre. Son talent capital consiste dans une singu-
» lière facilité à reproduire les idées d'autrui, et il l'a tellement
» exercé dans la rédaction du *Moniteur*, et de quelques ouvrages
» du même genre, que son esprit s'y est comme absorbé. L'abbé
» Sieyès lui procura dans l'origine la place de secrétaire du con-
» sulat. Au début il déplaisait au premier consul, précisément
» par les qualités qui, depuis, le lui ont rendu si cher, son obsé-
» quiosité, son empressement, sa propension à disparaître devan
» l'esprit des autres; mais à mesure que le premier consul avait
» attiré à lui l'autorité, et qu'il avait pris l'habitude de la manier
» sans partage, il s'était réconcilié avec le secrétaire du consulat.
» Le despotisme de l'un comme la faveur de l'autre croissaient
» dans la même proportion. » (Mémoires du comte Beugnot,
tome II, p. 316.) M. le baron Ernouf a publié récemment une apologie du duc de Bassano, sous ce titre : *Maret, duc de Bassano*,
in-8. Paris, Charpentier, 1878. — Ces opinions, diverses sans être
contradictoires, démontrent que l'influence du duc de Bassano n'a
pas toujours été utile au bien public dans les conseils de l'empereur; mais il était de ceux qui pensent qu'une révélation désagréable ou un conseil contrariant sont plus nuisibles à ceux
qui les apportent qu'utiles à ceux qui les reçoivent. Ceux-là se
font une loi de ménager plutôt les faiblesses que la situation de
leurs maîtres, et de servir leurs passions plutôt que leurs inté-

rive, et apporte au ministre des affaires étrangères la signature tant désirée. M. de Talleyrand la met dans sa poche, et se rend auprès du consul. Il paraît devant lui avec ce visage impassible qu'il conserve dans toute occasion. Il demeure une heure entière, faisant passer en revue à Bonaparte un grand nombre d'affaires importantes, et, quand le travail fut fini : « A présent, dit-il en souriant, je vais vous faire un grand plaisir, le traité est signé, et le voilà. » Bonaparte demeura stupéfait de cette manière de l'annoncer. « Et comment, demanda-t-il, ne me l'avez-vous pas dit tout de suite? — Ah! lui répondit M. de Talleyrand, parce que vous ne m'auriez plus écouté sur tout le reste. Quand vous êtes heureux, vous n'êtes pa abordable. » Cette force dans le silence frappa le consul et ne le fâcha point, ajoutait M. de Talleyrand, parce qu'il conclut sur-le-champ à quel point il en pourrait tirer parti.

Un autre homme de cette cour, plus dévoué de cœur à Bonaparte, mais tout aussi complet dans

rêts. Ces flatteurs sont *détestables* sans doute, mais la source première de leurs fautes est toujours dans le pouvoir absolu. C'est parce que le monarque est tout-puissant qu'il est dangereux de lui déplaire. Toute platitude, comme toute justice émane du roi. (P. R.)

les démonstrations d'admiration pour lui, fut le maréchal Berthier, prince de Wagram. Il avait fait la campagne d'Égypte, et là il s'était fortement attaché à son général. Il lui voua même une si grande amitié, que Bonaparte ne put, quelque peu sensible qu'il fût à ce qui venait du cœur, s'empêcher d'y répondre quelquefois. Mais les sentiments entre eux demeurèrent fort inégaux, et devinrent pour le puissant une occasion d'exiger tous les dévouements qui viennent à la suite d'une sincère affection. Un jour, M. de Talleyrand causait avec Bonaparte devenu empereur. « En vérité, lui disait celui-ci, je ne puis comprendre comment il a pu s'établir entre Berthier et moi une relation qui ait quelque apparence d'amitié. Je ne m'amuse guère aux sentiments inutiles, et Berthier est si médiocre, que je ne sais pourquoi je m'amuserais à l'aimer; et cependant, au fond, quand rien ne m'en détourne, je crois que je ne suis pas tout à fait sans quelque penchant pour lui. — Si vous l'aimez, répondit M. de Talleyrand, savez-vous pourquoi? C'est qu'il croit en vous! »

Toutes ces différentes anecdotes, que j'écris à mesure que je me les rappelle, je ne les ai sues que bien plus tard, et lorsque mes relations plus intimes avec M. de Talleyrand m'ont dévoilé les principaux traits du caractère de Bonaparte. Dans les premières années, j'étais parfaitement trompée sur lui, et très heureuse de l'être. Je lui trouvais de l'esprit, je le voyais assez disposé à réparer les torts passagers qu'il avait à l'égard de sa femme; je considérais avec plaisir cette amitié de Berthier; il caressait devant moi ce petit Napoléon qu'il semblait aimer; je me le figurais accessible à des sentiments doux et naturels, et ma jeune imagination le parait à bon marché de toutes les qualités qu'elle avait besoin de lui trouver. Il est juste de dire aussi que l'excès du pouvoir l'a enivré, que ses passions se sont exaspérées par la facilité avec laquelle il a pu les satisfaire, et que, jeune et encore incertain de son avenir, il hésitait plus souvent entre montrer certains vices, et du moins affecter quelques vertus.

Après la déclaration de guerre à l'Angleterre, je ne sais qui, le premier, donna à Bonaparte l'idée première de l'entreprise des bateaux plats. Je ne pourrais pas même assurer s'il en embrassa l'espérance de bonne foi, ou s'il ne s'en fit pas une occasion de réunir et de fortifier son armée qu'il rassembla au camp de Boulogne. Au reste, tant de gens répétèrent que cette descente était possible, qu'il se pourrait qu'il pensât que sa fortune lui devait un pareil succès. Tout à coup d'énormes travaux furent commencés dans nos ports et dans quelques villes de la Belgique; l'armée marcha sur les côtes; les généraux Soult et Ney furent envoyés, pour la commander, sur différents points. Toutes les imaginations parurent tournées vers la conquête de l'Angleterre, au point que les Anglais eux-mêmes ne furent pas sans inquiétude, et se crurent obligés de faire quelques préparatifs de défense. On s'efforça d'animer l'esprit public par des ouvrages dramatiques contre les Anglais; on fit représenter sur nos théâtres des traits de la vie de Guillaume le Conquérant. Et cependant, on faisait facilement la conquête du Hanovre; mais alors commençait ce blocus de nos ports qui nous a fait tant de mal.

Dans l'été de cette année, un voyage en Belgique fut résolu. Le premier consul exigea qu'il fût fait avec une grande magnificence. Il eut peu de peine à persuader à madame Bonaparte de porter tout ce qui contribuerait à frapper les peuples auxquels elle allait se montrer. Madame Talhouet et moi, nous fûmes choisies, et le consul me donna trente mille francs pour les dépenses qu'il nous ordonnait. Il partit le 24 juin 1803, avec un cortège de plusieurs voitures, deux généraux de sa garde, ses aides de camp, Duroc, deux préfets du palais, M. de Rémusat et un Piémontais nommé Salmatoris, et rien ne fut épargné pour rendre ce voyage pompeux.

Avant de commencer cette tournée, nous allâmes passer un jour à Mortefontaine. Cette terre avait été achetée par Joseph Bonaparte. Toute la famille s'y réunit; il s'y passa une assez étrange aventure.

On avait employé la matinée à parcourir les jardins qui sont fort beaux. A l'heure du dîner, il fut question du cérémonial des places. La mère des Bonapartes était aussi à Mortefontaine. Joseph prévint son frère que, pour passer dans la salle à manger, il allait donner la main à sa mère, la mettre à sa droite, et que madame Bonaparte n'aurait que sa gauche. Le consul se blessa de ce cérémonial qui mettait sa femme à la seconde place, et crut devoir ordonner à son frère de mettre leur mère en seconde ligne. Joseph résista, et rien ne put le faire consentir à céder. Lorsqu'on vint annoncer qu'on avait servi, Joseph prit la main de sa mère, et Lucien conduisit madame Bonaparte. Le consul, irrité de la résistance, traversa le salon brusquement, prit le bras de sa femme, passa devant tout le monde, la mit à ses côtés, et, se retournant vers moi, il m'appela hautement, et m'ordonna de m'asseoir près de lui. L'assemblée demeura interdite; moi, je l'étais encore plus que tous, et madame Joseph Bonaparte[1], à qui l'on devait tout naturellement une politesse, se trouva au bout de la table, comme si elle n'eût point fait partie de la famille. On pense bien que cet arrangement jeta de la gêne au milieu du repas. Les frères étaient mécontents, madame Bonaparte attristée, et moi très embarrassée de mon évidence. Pendant le dîner, Bonaparte n'adressa la parole à personne de sa famille, il s'occupa de sa femme, causa avec moi et choisit même ce moment pour m'apprendre qu'il avait rendu le matin au vicomte de Vergennes, mon cousin, des bois sequestrés depuis longtemps par suite d'émigration, et qui n'avaient point été vendus. Je fus fort touchée de cette marque de sa

---

1. Joseph Bonaparte avait épousé mademoiselle Julie Clary, fille d'un négociant de Marseille. (P. R.)

bienveillance, mais je fus intérieurement bien fâchée qu'il eût choisi un pareil moment pour m'en instruire, parce que les expressions de la reconnaissance que plus tard je lui eusse adressées avec plaisir, et la joie que je ressentais de cet événement me donnaient, pour qui nous regardait, une certaine apparence d'aisance avec lui qui contrastait trop fortement avec l'état de gêne où je me trouvais réellement. Le reste de la journée se passa froidement, comme on se l'imagine bien, et nous partîmes le lendemain.

Un accident qui nous arriva dès le début de notre voyage me donna encore une occasion d'ajouter quelque chose à cet attachement que j'aimais tant à éprouver pour le premier consul et sa femme. Il voyageait dans la même voiture qu'elle avec l'un des généraux de sa garde. Devant lui était une première voiture qui conduisait Duroc et trois aides de camp. Derrière lui, une troisième pour madame Talhouet, M. de Rémusat et moi. Deux autres suivaient encore. A quelques lieues de Compiègne, où nous avions visité une école militaire en allant vers Amiens, les postillons qui nous conduisaient nous emportèrent tout à coup avec une telle rapidité, que nous fûmes versés violemment.

Madame Talhouet reçut une blessure à la tête; M. de Rémusat et moi, nous ne reçûmes que quelques contusions. On nous tira avec assez de peine de la voiture brisée. On rendit compte de cet accident au premier consul qui était en avant. Il fit arrêter sa voiture. Madame Bonaparte, épouvantée, montra une grande inquiétude pour moi, et le consul s'empressa de nous joindre dans une chaumière où l'on nous avait conduits. J'étais si troublée que, dès que j'aperçus Bonaparte, je lui demandai presque en pleurant de me renvoyer à Paris; j'avais déjà pour les voyages tout le dégoût du pigeon de la Fontaine, et, dans mon émotion, je m'écriais que je voulais retourner près de ma mère et de mes enfants.

Bonaparte m'adressa quelques paroles pour me calmer; mais, voyant que, dans le premier moment, il n'en viendrait pas à bout, il mit mon bras sous le sien, donna des ordres pour que madame Talhouet fût placée dans l'une des voitures, et, après s'être assuré que M. de Rémusat n'avait éprouvé aucun accident, il me conduisit, effarée comme j'étais, à son carrosse, et m'y fit monter avec lui. Nous repartîmes, et il mit du soin à calmer sa femme et moi, nous invita gaiement à nous embrasser et à pleurer, « parce que, disait-il, cela soulage les femmes; » et peu à peu il parvint à me distraire, par une conversation animée, de l'effroi que j'éprouvais à continuer ce voyage. Madame Bonaparte ayant parlé de la douleur de ma mère s'il m'était arrivé quelque chose, il me fit plusieurs questions sur elle, me parut savoir très bien la considération dont elle jouissait dans le monde. C'était ce motif qui causait une grande partie de ses soins pour moi; dans ce temps où tant de gens encore se refusaient aux avances qu'il croyait devoir leur faire, il avait été flatté que ma mère consentît à me placer dans son palais. A cette époque, j'étais pour lui presque une *grande dame*, dont il espérait que l'exemple serait suivi.

Le soir de cette journée, nous arrivâmes à Amiens, où nous fûmes reçus avec un enthousiasme impossible à dépeindre. Nous vîmes le moment où les chevaux de la voiture seraient dételés pour être remplacés par les habitants qui voulaient la conduire. Je fus d'autant plus émue de ce spectacle qu'il m'était absolument nouveau. Hélas! depuis que j'étais en âge de regarder autour de moi, je n'avais vu que des scènes publiques de terreur et de désolation; je n'avais guère entendu, de la part du peuple, que des cris de haine et de menace, et cette joie des habitants d'Amiens, ces guirlandes qui couronnaient notre route, ces arcs de triomphe dressés en l'honneur de celui qui était représenté sur toutes les devises comme le restaurateur de la France, cette foule qui se pressait pour le voir, ces bénédictions trop générales pour avoir été prescrites, tout cela m'émut si vivement, que je ne pus retenir mes larmes; madame Bonaparte elle-même en répandit, et je vis les yeux de Bonaparte se rougir un instant.

CHAPITRE III.

(1803.)

Suite au voyage en Belgique. — Opinions du premier consul sur la reconnaissance, la gloire et les Français. — Séjour à Gand, à Malines, à Bruxelles. — Le clergé. — M. de Roquelaure. — Retour à Saint-Cloud. — Préparatifs d'une descente en Angleterre. — Mariage de madame Leclerc. — Voyage du premier consul à Boulogne. — Maladie de M. de Rémusat. — Je vais le rejoindre. — Conversations du premier consul.

Quand Bonaparte arrivait dans une ville, aussitôt le préfet du palais était chargé d'en convoquer les diverses autorités, pour qu'elles lui fussent présentées. Le préfet, le maire, l'évêque, les présidents des tribunaux le haranguaient, ensuite, se retournant vers madame Bonaparte, lui faisaient aussi un petit discours. Selon qu'il était en train de plus ou moins de patience, le premier consul écoutait ces discours jusqu'au bout, ou les interrompait pour faire aux différents individus des questions sur les attributions de leur charge, ou sur le pays

CHAPITRE TROISIÈME.

où ils l'exerçaient. Il questionnait rarement avec de l'intérêt, mais avec le ton d'un homme qui veut prouver qu'il sait, et qui veut voir si l'on saura lui répondre. Dans ces harangues, il était question de la République; mais, si on voulait se donner la peine de les relire, on verrait qu'à bien peu de choses près, on les adresserait facilement à un souverain. Dans quelques villes de Flandre; il y eut certains maires qui osèrent pousser le courage jusqu'à presser le consul d'achever le bonheur du monde en remplaçant son titre trop précaire par un autre qui devait mieux convenir à la haute destinée qui l'appelait. J'étais présente la première fois que cela arriva, j'examinai Bonaparte. Quand de pareilles paroles furent prononcées, il eut quelque peine à ne point laisser échapper un sourire qui voulait effleurer ses lèvres; mais, se rendant maître de lui cependant, il interrompit l'orateur, et répondit, avec l'accent d'une colère feinte, que l'usurpation d'un pouvoir qui altérerait l'existence de la République était indigne de lui; et, comme César, il repoussa la couronne que peut-être il n'était pas fâché qu'on commençât à lui présenter. Et, au fond, ces bons habitants des provinces que nous visitions n'avaient pas grand tort en s'y trompant; car l'éclat qui nous environnait, l'appareil de cette cour solitaire et pourtant brillante, le cérémonial exactement imposé partout, le ton impérieux du maître, la soumission de tous, et enfin cette épouse du premier magistrat, à laquelle la République ne devait rien et qu'on présentait à leurs hommages, tout cela ne pouvait guère indiquer que la marche d'un roi.

Après ces audiences, le premier consul montait ordinairement à cheval; il se montrait au peuple, qui le suivait avec des cris; il visitait les monuments publics, les manufactures, toujours en courant un peu, car il ne pouvait écarter la précipitation d'aucune de ses manières. Ensuite il donnait à dîner, assistait à la fête qu'on lui avait préparée, et c'était là la partie la plus ennuyeuse de son métier; « car, ajoutait-il d'un ton mélancolique, je ne suis pas fait pour le plaisir ». Enfin, il quittait la ville après avoir reçu des demandes, répondu à quelques réclamations, et fait distribuer des secours d'argent et des présents. Dans ces sortes de voyages, il prit l'habitude, après s'être fait informer des établissements publics qui manquaient aux différentes villes, d'en ordonner lors de son passage la fondation. Et, pour cette munificence, il emportait les bénédictions des habitants. Mais il arrivait peu après ceci : « Conformément à la grâce que vous a faite le premier consul (et plus tard l'empereur), mandait le ministre de l'intérieur, vous êtes chargés, citoyens maires, de faire construire tel ou tel bâtiment, en ayant soin de prendre les dépenses sur les fonds de votre commune. » Et c'est ainsi que tout à coup les villes se trouvaient forcées de détourner l'emploi de leurs fonds, dans un moment souvent où ces fonds ne suffisaient pas pour les dépenses nécessaires. Le préfet avait soin cependant que les ordres fussent exécutés, et on laissait en souffrance quelque partie utile ; mais on pouvait ainsi attester que, d'un bout à l'autre de la France, tout s'embellissait, tout prospérait, et que l'abondance était telle qu'on pouvait vaquer partout à des entreprises nouvelles, quelque onéreuses qu'elles fussent. A Arras, à Lille, à Dunkerque, nous trouvâmes les mêmes réceptions ; mais il me sembla que l'enthousiasme diminuait un peu, quand nous eûmes quitté l'ancienne France. A Gand surtout, nous trouvâmes un peu de froideur. En vain les autorités s'efforcèrent d'animer les habitants, ils se montrèrent curieux, mais point empressés. Le consul en eut un léger mouvement d'humeur, et fut tenté de ne point séjourner; cependant, se ravisant bientôt, il dit le soir à sa femme : « Ce peuple-ci est dévot et sous l'influence de ses prêtres ; il faudra demain faire une longue séance à l'église, gagner le clergé par quelque caresse, et nous reprendrons le terrain. » En effet, il assista à une grand'messe avec les apparences d'un profond recueillement ; il entretint l'évêque, qu'il séduisit complètement, et il obtint peu à peu dans les rues les acclamations qu'il désirait. Ce fut à Gand qu'il trouva les filles du duc de Villequier, l'un des quatre anciens premiers gentilshommes de la chambre, qui étaient nièces de l'évêque, et à qui il rendit la belle terre de Villequier avec des revenus considérables. J'eus le bonheur de contribuer à cette restitution, en la pressant de tout ce que je pus, soit auprès du consul, soit auprès de sa femme; ces deux aimables jeunes personnes ne l'ont jamais oublié. Le soir de cette action, je lui parlais de leur reconnaissance : « Ah ! me dit-il, la reconnaissance ! c'est un mot tout poétique, vide de sens dans les temps de révolution, et ce que je viens de faire n'empêcherait point vos deux amies de se réjouir vivement si quelque émissaire royal pouvait, dans cette tournée, venir à bout de m'assassiner. » Et, comme je faisais un mouvement de surprise, il continua : « Vous êtes jeune, vous ne savez ce que c'est que la haine politique. Voyez-vous, c'est une sorte de lunette à facettes au travers de laquelle on ne voit les individus, les opinions, les sentiments, qu'avec le verre de sa passion. Il s'ensuit que rien n'est mal, ni bien en soi, mais seulement selon le parti dans lequel on est. Au fond, cette manière de voir est assez commode, et nous autres nous en profitons ; car nous avons aussi nos lunettes, et si ce n'est pas au travers de nos passions que nous regardons les choses, c'est au moins au travers de nos intérêts. — Mais, lui dis-je à mon tour, avec un pareil système, où placez-vous donc les approbations qui vous flattent ? Pour quelle classe d'hommes usez-vous votre vie en grandes entreprises et souvent en tentatives dangereuses ? — Oh ! c'est qu'il faut être l'homme de sa destinée. Qui se sent appelé par elle ne peut guère lui résister. Et puis l'orgueil humain se crée le public qu'il souhaite dans ce monde idéal qu'il appelle la postérité. Qu'il vienne à penser que, dans cent ans, un beau vers rappellera quelque grande action, qu'un tableau en consacrera le souvenir, etc., etc., alors l'imagination se monte, le champ de bataille n'a plus de dangers, le canon gronde en vain, il ne paraît plus que le son qui va porter dans mille ans le nom d'un brave à nos arrière-neveux. — Je ne comprendrai jamais, repris-je, qu'on s'expose pour la gloire, si l'on porte intérieurement le mépris des hommes de son temps. » Ici Bonaparte m'interrompit vivement : « Je ne méprise point les hommes, madame, c'est une parole qu'il ne faut jamais dire, et particulièrement j'estime les Français ! »

Je souris à cette déclaration brusque, et, comme s'il eût deviné la cause de mon sourire, il sourit aussi, et s'approchant de moi en me tirant l'oreille, ce qui était, comme je l'ai déjà dit, son geste familier quand il était de bonne humeur, il me répéta : « Entendez-vous, madame? il ne faut jamais dire que je méprise les Français. »

De Gand, nous allâmes à Anvers, où nous eûmes encore le plaisir d'une cérémonie toute particulière. Aux entrées des rois et des princes, les Anversois sont accoutumés de promener par les rues un énorme géant qui ne se montre absolument que dans les occasions solennelles. Il fallut bien consentir, quoique nous ne fussions ni prince ni roi, à cette fantaisie du peuple; elle mit Bonaparte en bonne disposition pour cette bonne ville d'Anvers. Il s'y occupa beaucoup de l'importance qu'il voulait donner à son port. Il commença à ordonner les beaux travaux qui ont été exécutés depuis.

En allant d'Anvers à Bruxelles, nous nous arrêtâmes quelques heures à Malines; nous y trouvâmes le nouvel archevêque, M. de Roquelaure [1]. Il était évêque de Senlis sous Louis XVI, et il avait été l'ami intime de mon grand-oncle, le comte de Vergennes. Je l'avais beaucoup vu dans mon enfance, et j'eus un extrême plaisir à le retrouver. Bonaparte le cajola beaucoup. A cette époque il affectait de soigner et de gagner les prêtres. Il savait à quel point la religion soutient la royauté, et il entrevoyait par eux le moyen de faire arriver au peuple le catéchisme dans lequel nous avons vu depuis menacer de la damnation éternelle qui-

1. M. de Roquelaure, né en 1721, avait été évêque de Senlis et aumônier du roi. Il était, depuis 1802, archevêque de Malines. L'empereur le remplaça en 1808 par l'abbé de Pradt. Il a été membre de l'Académie française, et il est mort en 1818. Il n'était point de la famille des ducs de Roquelaure. (P. R.)

conque n'aimerait point l'empereur, ou ne lui obéirait pas. C'était la première fois, depuis la Révolution, que le clergé voyait le gouvernement s'occuper de son sort et lui donner un rang et de la considération. Aussi se montra-t-il reconnaissant, et fut-il un auxiliaire utile à Bonaparte, jusqu'au moment où, son despotisme s'accroissant toujours et s'égarant de plus en plus, il voulut l'imposer aux consciences et forcer les prêtres à hésiter entre lui et leurs devoirs. Mais, à cette époque, quel moyen de succès lui donnait cette parole prononcée par toutes les bouches pieuses : « Il a rétabli la religion[1]! »

Notre entrée à Bruxelles était magnifique; de beaux et nombreux régiments attendaient le premier consul à la porte; il monta à cheval; madame Bonaparte trouva une voiture superbe que la ville lui donnait; la ville était fort décorée, le canon se faisait entendre, toutes les cloches étaient en mouvement, le nombreux clergé de chaque église en grande pompe sur les marches du temple; une grande population, une foule

---

1. Bonaparte, sachant qu'il aurait affaire en Belgique à un peuple religieux, se fit accompagner dans ce voyage par le cardinal Caprara, qui lui fut extrêmement utile.

d'étrangers, un temps admirable ! J'étais enchantée. Tout le temps que nous passâmes à Bruxelles fut marqué par des fêtes brillantes. Les ministres de France, le consul Lebrun, les envoyés des cours étrangères qui avaient des affaires à régler avec nous vinrent nous y joindre. Ce fut à Bruxelles que j'entendis M de Talleyrand répondre d'une manière si adroite et si flatteuse à une question un peu subite de Bonaparte. Un soir, celui-ci lui demandait comment il avait fait sa grande fortune qui paraissait subite : « Rien de plus simple, répondit M. de Talleyrand, j'ai acheté des rentes le 17 brumaire et je les ai vendues le 19. »

Un dimanche, il fut question d'aller à la cathédrale de Bruxelles en grande cérémonie. Dès le matin, M. de Rémusat s'était transporté à l'église pour veiller à l'ordonnance de cette cérémonie. Il avait ordre secret de ne s'opposer à aucune des distinctions inventées par le clergé pour cette occasion. Cependant, comme on devait aller recevoir le premier consul avec le dais et la croix jusqu'aux grandes portes, quand il fut question de savoir si madame Bonaparte partagerait cet honneur, Bonaparte n'osa pas la mettre dans cette évidence, et il la fit placer dans une tribune avec le second consul. A midi, c'était l'heure convenue, le clergé quitte l'autel et va se ranger en dehors de son portail. Il attend l'arrivée du souverain, qui ne paraît point. On s'étonne, on s'inquiète, lorsque tout à coup, en se retournant, on s'aperçoit qu'il avait pénétré dans l'église et qu'il s'était placé sur le trône qu'on lui avait préparé. Les prêtres, surpris et troublés, regagnent le chœur pour commencer le service divin. Le fait est qu'au moment de se mettre en marche, Bonaparte avait appris que, dans une cérémonie pareille, Charles-Quint avait préféré entrer dans l'église de Sainte-Gudule par une petite porte latérale, qui depuis avait conservé son nom, et apparemment il eut la fantaisie de se servir du même passage, espérant peut-être qu'on l'appellerait désormais la porte de Charles-Quint et de Bonaparte.

Je vis un matin le consul, ou pour mieux dire dans cette occasion, le général, passer en revue les nombreux et magnifiques régiments qu'on avait fait venir à Bruxelles. Rien n'était si enivrant que la manière dont il était accueilli des troupes à cette époque. Mais aussi il fallait voir comme il savait parler alors aux soldats, comme il les interrogeait les uns après les autres sur leurs campagnes, sur leurs blessures, comme il traitait particulièrement bien ceux qui l'avaient accompagné en Égypte! J'ai entendu dire à madame Bonaparte que son époux avait longtemps conservé l'habitude d'étudier, le soir en se couchant, les tableaux de ce qu'on appelle les cadres de l'armée. Il s'endormait sur tous les noms des corps et même sur ceux d'une partie des individus qui composaient ces corps; il les gardait dans un coin de sa mémoire, et cela lui servait ensuite merveilleusement dans l'occasion pour reconnaître le soldat, et lui donner le plaisir d'être distingué par son général. Il prenait avec les militaires en sous-ordre un ton de bonhomie qui les charmait, les tutoyait tous, et leur rappelait les faits d'armes qu'ils avaient accomplis ensemble. Plus tard, lorsque ses armées sont devenues si nombreuses, quand ses batailles ont été si meurtrières, il a dédaigné ce genre de séduction. D'ailleurs, la mort avait emporté tant de souvenirs qu'en peu d'années il lui fût devenu difficile de retrouver un grand nombre de compagnons de ses premiers exploits, et lorsqu'il haranguait ses soldats en les conduisant au feu, il ne pouvait plus s'adresser à eux que comme à une postérité renouvelée incessamment, à laquelle l'armée précédente et détruite avait légué sa gloire. Mais cette autre manière de les encourager lui réussit encore longtemps avec une nation qui se persuadait remplir sa destinée en se dévouant chaque année à mourir pour lui.

J'ai dit que Bonaparte aimait beaucoup à rappeler sa campagne d'Égypte, et c'était en effet celle sur laquelle il s'animait le plus volontiers. Il avait emmené dans ce voyage M. Monge, le savant, qu'il avait fait sénateur, et qu'il aimait particulièrement, et tout simplement parce qu'il avait été au nombre des membres de l'Institut qui l'accompagnaient en Égypte. Souvent il rappelait avec lui cette expédition, « cette terre de poésie, disait-il, qu'avaient foulée César et Pompée ». Il se reportait avec enthousiasme à ce temps où il apparaissait aux Orientaux surpris comme un nouveau prophète; cet empire qu'il avait exercé sur les imaginations, étant le plus complet de tous, le séduisait aussi davantage. « En France, disait-il, il nous faut tout conquérir à la pointe de la démonstration. Monge, en Égypte, nous n'avions pas besoin de nos mathématiques. »

Ce fut à Bruxelles que je commençai à m'apprivoiser un peu avec la conversation de M. de Talleyrand. Son visage dédaigneux, sa disposition railleuse, m'imposaient beaucoup. Cependant, comme l'oisiveté d'une vie de cour donne quelquefois cent heures à une journée, il se trouva que nous en passâmes un assez grand nombre dans le même salon, attendant celles où il plairait au maître de se montrer ou de sortir. Ce fut dans un de ces moments d'ennui que j'entendis M. de Talleyrand se plaindre de ce que sa famille n'avait point répondu aux projets qu'il avait formés pour elle. Son frère, Archambault de Périgord, venait d'être exilé. Il était accusé de s'être livré à ce langage moqueur assez commun à cette famille, mais qu'il avait appliqué à des personnages trop élevés; et surtout on lui savait mauvais gré d'avoir refusé d'accepter Eugène Beauharnais pour sa fille, qu'il aima mieux marier au comte Just de Noailles. M. de Talleyrand, qui désirait ce mariage autant que madame Bonaparte, blâmait la conduite de son frère avec amertume, et je comprenais fort que sa politique personnelle eût trouvé son compte dans une pareille union.

Une des premières choses qui me frappèrent quand je causai un peu avec M. de Talleyrand, ce fut de le trouver sans aucune espèce d'illusion ni d'enthousiasme sur ce qui se passait autour de nous. Le reste de cette cour en éprouvait plus ou moins. La soumission exacte des militaires pouvait facilement prendre les couleurs du dévouement, et il en existait réellement chez quelques-uns d'entre eux. Les ministres affectaient ou ressentaient une profonde admiration; M. Maret se parait à toute occasion de toutes les apparences de son culte; Berthier demeurait paisiblement sur les réalités de son amitié; enfin, il semblait que plus ou moins chacun éprouvât quelque chose. M. de Rémusat s'efforçait d'aimer le métier auquel il s'était soumis, d'estimer celui qui le lui imposait. Quant à moi, je ne laissais pas échapper une occasion de m'émouvoir et de m'abuser. Le calme, l'indifférence de M. de Talleyrand, me déconcertaient. « Eh! bon Dieu, osai-je lui dire une fois, comment se peut-il que vous puissiez consentir à vivre et à faire, sans recevoir aucune émotion de ce qui se passe, ni de vos actions? — Ah! que vous êtes femme et que vous êtes jeune! » répondit-il. Et alors il commençait à se moquer de moi comme de tout le reste. Ses railleries blessaient mon âme, et cependant elles me faisaient sourire. Je me savais mauvais gré de l'amusement qu'il me donnait par ses propos piquants ; et de ce que mon amour-propre se faisait une certaine vanité du petit mérite de comprendre son esprit, je me révoltais moins contre la sécheresse que je découvrais dans son cœur. Au reste, je ne le connaissais point encore, et ce ne fut que bien plus tard que, perdant avec lui l'état de gêne où il met toujours un peu ceux qui l'abordent pour la première fois, je fus à portée d'observer le singulier mélange qui compose son caractère.

Au sortir de Bruxelles, nous visitâmes Liège et Maëstricht, et nous rentrâmes dans l'ancienne France par Mézières et Sedan. Madame Bonaparte fut charmante dans ce voyage, et laissa des souvenirs de sa bonté et de sa grâce que, quinze ans après, je n'ai point trouvés effacés.

Je rentrai dans Paris avec joie, je me retrouvai au milieu de ma famille, et libre de la vie de cour, avec délices. M. de Rémusat et moi, nous étions fatigués de la pompe oisive, et cependant agitée, dans laquelle nous venions de passer six semaines. Rien ne valait pour nous ces tendres épanchements d'un intérieur uni par les plus douces affections et les plus légitimes sentiments.

A son arrivée à Saint-Cloud, le premier consul

fut harangué et complimenté, ainsi que madame Bonaparte, par une députation des corps, des tribunaux, etc.; il eut aussi la visite du corps diplomatique. Peu de temps après, il s'occupa de donner de la splendeur à la Légion d'honneur et lui donna un chancelier, M. de Lacépède. Depuis la chûte de Bonaparte, les écrivains libéraux, et madame de Staël entre autres, ont jeté une sorte d'anathème sur cette institution, en rappelant une caricature anglaise qui représentait Bonaparte découpant le bonnet rouge pour en faire des croix. Cependant, s'il n'avait pas abusé de cette création, non plus que de tout le reste, il semble qu'on n'eût pas pu blâmer l'invention d'une sorte de récompense qui excitait à tous les genres de mérite, sans devenir une charge bien onéreuse pour l'État. Que de belles actions ce petit morceau de ruban a fait faire sur les champs de bataille! Et s'il eût été accordé de même seulement à l'honneur exercé dans tous les états, si l'on n'en eût pas fait une distinction donnée souvent par le caprice, c'était une idée qui me semble généreuse que d'assimiler tous les services rendus à la patrie de quelque genre qu'ils fussent, et de les décorer tous de la même manière. Quand il est question des créations faites par Bonaparte, il faut se garder de les condamner sans examen. La plupart d'entre elles ont un but utile et ont pu tourner à l'avantage de la nation ; mais son goût démesuré pour le pouvoir les gâtait ensuite à plaisir. Révolté contre tous les obstacles, il ne souffrait pas davantage ceux qui venaient de ses propres institutions, et il les paralysait et les discréditait promptement en y échappant par une décision spontanée et arbitraire.

Ayant, dans le cours de cette année, créé aussi les différentes sénatoreries, il donna un chancelier au Sénat, un trésorier et des préteurs. Le chancelier fut M. de Laplace, qu'il honorait comme savant, et qui lui plaisait parce qu'il savait très bien le flatter. Les deux préteurs furent les généraux Lefebvre et Sérurier, et M. de Fargues[1] fut trésorier.

L'année républicaine se termina comme de coutume au milieu de septembre, et l'anniversaire de la République fut célébré par de grandes fêtes populaires, et avec une pompe royale dans le palais des Tuileries. On apprit en même temps que les Hanovriens, conquis par le général Mortier, avaient fait des réjouissances le jour de la nais-

1. M. de Fargues lui avait été utile au 18 brumaire.

sance du consul. C'est ainsi que peu à peu, d'abord en tête de tout, et ensuite tout seul, il accoutumait l'Europe à ne plus voir la France que dans sa personne, la présentant aux lieu et place de tout le reste.

Comme Bonaparte avait le sentiment de la résistance qu'il devait rencontrer dans les vieilles opinions, il s'appliqua de bonne heure et assez adroitement à gagner la jeunesse, à laquelle il ouvrit toutes les portes pour l'avancement des affaires. Il attacha des auditeurs aux différents ministères et donna l'essor à toutes les ambitions, soit dans la carrière militaire, soit dans le civil. Il disait souvent qu'il préférait à tout l'avantage de gouverner un peuple neuf, et il le trouvait à peu près parmi les jeunes gens.

On discuta aussi cette année sur l'institution du jury. J'ai ouï dire qu'il n'y avait par lui-même aucune disposition; mais son conseil d'État se montra ferme sur cet article, et, dans l'intention où il était de gouverner dans la suite bien plus par lui qu'avec l'aide des assemblées qu'il craignait, il se trouva obligé de faire quelques concessions à ses membres les plus distingués. Ce fut ainsi que peu à peu il fit présenter toutes les lois à ce conseil par les ministres, qu'elles furent quelquefois transformées en simples arrêtés qui s'exécutèrent d'un bout de la France à l'autre, sans autre sanction, ou bien que, présentées à l'approbation silencieuse du Corps législatif, elles ne donnèrent d'autre peine que celle que les différents rapporteurs du conseil eurent de les faire précéder d'un discours qui en colorait plus ou moins la nécessité.

On établit aussi des lycées dans toutes les grandes villes de France, et l'étude des langues anciennes, abandonnée pendant la Révolution, rentra dans les obligations de l'éducation publique.

Cependant on faisait de grands préparatifs pour la flottille des bateaux plats qui devaient servir à l'expédition d'Angleterre. De jour en jour on répandait davantage la possibilité, au moyen d'un temps calme, de la faire parvenir jusque sur les côtes d'Angleterre, sans que les vaisseaux pussent gêner sa marche. On disait que le consul lui-même commanderait l'expédition, et cette entreprise ne paraissait au-dessus ni de son audace, ni de sa fortune. Nos journaux nous représentaient l'Angleterre agitée et inquiète, et, dans le fond, le gouvernement anglais n'a pas été exempt de toute crainte à ce sujet. *Le Moniteur* combattait toujours avec acharnement les journaux libres de Londres, et le gant des injures se relevait des deux côtés. On exécutait en France la loi de la conscription, et de nombreux soldats commençaient à se réunir sous les drapeaux. Quelquefois on se demandait la raison d'un si grand armement, et l'on raisonnait sur des articles tels que ceux-ci, jetés sans réflexions dans *le Moniteur* : « Les journalistes anglais soupçonnent que les grands préparatifs de guerre que le premier consul vient d'ordonner en Italie sont pour l'Égypte. »

Aucun compte n'était rendu à la nation française; mais elle avait en Bonaparte une sorte de confiance à peu près semblable à celle que la magie inspire à quelques esprits crédules; et, comme on croyait infaillible le succès de ses entreprises, chez un peuple naturellement épris de la réussite, il ne lui était pas difficile d'obtenir un consentement tacite à toutes ses opérations. Dès cette époque un petit nombre de gens avisés ont commencé à s'apercevoir qu'il ne serait pas pour nous *l'homme utile;* mais, comme la terreur du gouvernement révolutionnaire ne l'en proclamait pas moins *l'homme nécessaire*, on eût craint, en lui opposant quelque résistance, de faciliter la révolte du parti qu'on croyait que lui seul pouvait contenir.

Et lui, toujours actif, agissant, tenant à ne pas laisser les esprits dans le repos qui porte à la réflexion, jetait de côté et d'autre les inquiétudes qui devaient le servir. On imprimait une lettre du comte d'Artois, tirée du *Morning Chronicle*, qui offrait au roi d'Angleterre les services des émigrés en cas de descente; on faisait courir le bruit de certaines tentatives faites dans les départements de l'Est; et depuis que la guerre de la Vendée avait été remplacée dans cette partie de la France par les désordres sans gloire qu'y causaient les chouans, on s'était accoutumé à l'idée que les mouvements qu'on essayerait d'y produire n'auraient d'autre fin que le pillage et l'incendie; enfin on ne voyait de vraie chance pour le repos que dans la durée du gouvernement établi, et, quand certains amis de la liberté déploraient sa perte au travers des institutions libérales, flétries à leurs yeux parce qu'elles étaient imposées par le pouvoir absolu, on leur répondait avec ce raisonnement que les circonstances peut-être justifiaient assez : « Après tant d'orages, au milieu de la lutte de tant de partis, c'est la force seule qui peut nous donner la liberté, et, tant qu'on verra qu'elle tend à relever les principes de l'ordre et de la morale, nous ne devons pas nous croire éloignés de la bonne route ; car enfin le créateur disparaîtra, mais ce qu'il aura créé nous demeurera. »

Et lui, tandis qu'on s'agitait ainsi plus ou moins par ses ordres, paraissait journellement dans une attitude fort paisible. Il avait repris à Saint-Cloud sa vie rangée et pleine, et nous passions nos journées telles que je les ai déjà décrites. Ses frères étaient tous occupés[1], Joseph au camp de Boulogne, Louis au conseil d'État, Jérôme, le plus jeune, en Amérique, où il avait été envoyé, et où il fut très bien reçu par les Anglo-Américains. Ses sœurs, qui commençaient à jouir d'une grande fortune, embellissaient à l'envi les maisons que le premier consul leur avait données, et cherchaient à l'emporter les unes sur les autres par le luxe de leurs ameublements. Eugène Beauharnais se renfermait dans l'exercice de ses devoirs

---

1. Ce fut vers la fin de l'automne, ou même au commencement de l'hiver, en 1803, que Lucien se maria avec madame Jouberthon et se brouilla avec son frère.

militaires; sa sœur vivait paisiblement et assez tristement.

La jeune madame Leclerc se livrait à un nouveau penchant qu'elle avait inspiré au prince Borghèse (depuis peu de temps arrivé de Rome en France) et qu'elle partageait. Ce prince demanda sa main à Bonaparte, qui, sans que j'aie trop su pourquoi, résista d'abord à cette demande. Peut-être sa vanité ne lui permettait-elle pas de paraître embarrassé d'aucun de ses liens, et ne voulait-il pas avoir l'air d'accepter avec trop d'empressement une première proposition. Mais la liaison de ces deux personnes étant devenue publique, il consentit enfin à la légitimer par le mariage, qui se fit à Mortefontaine pendant le séjour du consul à Boulogne.

Il partit pour aller visiter le camp et la flottille, le 3 novembre 1803; cette course fut purement militaire. Il ne se fit accompagner que des généraux de sa garde, de ses aides de camp et de M. de Rémusat.

En arrivant au Pont-de-Briques, petit village à une lieue de Boulogne, où Bonaparte avait fixé son quartier général, mon mari tomba dangereusement malade. Aussitôt que je l'appris, je courus pour le rejoindre, et j'arrivai à ce Pont-de-Briques au milieu de la nuit. Tout entière à mon inquiétude, je n'avais pensé en partant qu'à l'état dans lequel j'allais trouver un si cher malade ; mais, lorsque je descendis de voiture, je fus un peu troublée de me trouver seule au milieu d'un camp, et sans savoir ce que le consul penserait de mon arrivée. Ce qui me rassura cependant, c'est que les domestiques qui s'éveillèrent pour me recevoir me dirent qu'on avait bien prévu que je viendrais, et qu'on m'avait réservé une petite chambre depuis deux jours. J'y passai le reste de la nuit, en attendant le jour pour m'offrir aux regards de mon mari, dont je ne voulais pas troubler le repos. Je le trouvai très abattu ; mais il éprouva une si grande joie de me voir près de son lit que je me félicitai d'être ainsi partie sans en avoir demandé la permission.

Quand le consul fut levé, il me fit dire de monter chez lui ; j'étais émue et un peu interdite ; il s'en aperçut dès mon entrée dans sa chambre. Il m'embrassa aussitôt, et, me faisant asseoir, il me tranquillisa par ses premières paroles : « Je vous attendais. Votre présence guérira votre mari. » A ces mots, je fondis en larmes. Il en parut touché, et prit quelque soin pour me calmer. Ensuite il me prescrivit de venir tous les jours dîner et déjeuner avec lui, en me disant en riant : « Il faut que je veille sur une femme de votre âge ainsi lancée au milieu de tant de militaires. » Puis il me demanda comment j'avais laissé sa femme. Peu de temps avant son départ, quelques nouvelles visites secrètes de mademoiselle Georges avaient fait naître des discussions dans le ménage. « Elle se trouble, ajouta-t-il, beaucoup plus qu'il ne le faut. Joséphine a toujours peur que je ne devienne sérieusement amoureux; elle ne sait donc pas que l'amour n'est pas fait pour moi. Car, qu'est-ce que l'amour? Une passion qui laisse tout l'univers d'un côté, pour ne voir, ne mettre de l'autre que l'objet aimé. Et, assurément, je ne suis point de nature à me livrer à une telle exclusion. Que lui importent donc des distractions dans lesquelles mes affections n'entrent pour rien? Voilà, continua-t-il en me regardant un peu sérieusement, ce qu'il faut que ses amis lui persuadent, et surtout qu'ils ne croient pas augmenter leur crédit sur elle en augmentant ses inquiétudes. » Il y avait dans ses dernières paroles une nuance de défiance et de sévérité que je ne méritais point, et je crois qu'il le savait fort bien à cette époque ; mais dans aucune occasion il ne voulait manquer à son système favori, qui était de tenir les esprits, ce qu'il appelait *en haleine*, c'est-à-dire en inquiétude.

Il demeura à peu près dix jours au Pont-de-Briques depuis mon arrivée. La maladie de mon mari était pénible, mais les médecins n'avaient aucune inquiétude. Excepté le quart d'heure que durait le déjeuner du consul, je passais la matinée entière dans la chambre de mon malade. Bonaparte, tous les jours, se rendait au camp, passait les troupes en revue, visitait la flottille, assistait à quelques légers combats, ou plutôt à des échanges de coups de canon entre nous et les Anglais, qui croisaient incessamment devant le port et cherchaient à incommoder les travailleurs.

A six heures, Bonaparte rentrait, et alors il me faisait appeler. Quelquefois il donnait à dîner à quelques-uns des militaires de sa maison, ou au ministre de la marine, ou au directeur des ponts et chaussées, qui l'avaient accompagné. D'autres fois, nous dînions en tête-à-tête, et alors il causait d'une multitude de choses. Il s'ouvrait sur son propre caractère, il se peignait comme ayant toujours été mélancolique, hors de toute comparaison avec ses camarades de tout genre. Ma mémoire a conservé très fidèlement le souvenir de tout ce qu'il me dit dans ces conversations. Le voici à peu de choses près :

« J'ai été élevé, disait-il, à l'École militaire, et je n'y montrai de dispositions que pour les sciences exactes. Tout le monde y disait de moi : « C'est un « enfant qui ne sera propre qu'à la géométrie. » Je vivais à l'écart de mes camarades. J'avais choisi dans l'enceinte de l'École un petit coin où j'allais m'asseoir pour rêver à mon aise ; car j'ai toujours aimé la rêverie. Quand mes compagnons voulaient usurper sur moi la propriété de ce coin, je le défendais de toute ma force. J'avais déjà l'instinct que ma volonté devait l'emporter sur celle des autres, et que ce qui me plaisait devait m'appartenir. On ne m'aimait guère à l'École, il faut du temps pour se faire aimer, et, même quand je n'avais rien à faire, j'ai toujours cru vaguement que je n'en avais point à perdre.

» Lorsque j'entrai au service, je m'ennuyai dans mes garnisons ; je me mis à lire des romans, et cette lecture m'intéressa vivement. J'essayai d'en écrire quelques-uns ; cette occupation mit du vague dans mon imagination, elle se mêla aux connaissances positives que j'avais acquises, et souvent je m'amusais à rêver, pour mesurer ensuite mes rêveries au compas de mon raisonnement. Je me jetais par la pensée dans un monde idéal, et je cherchais en quoi il différait précisément du monde où je me trouvais. J'ai toujours aimé l'analyse, et, si je devenais sérieusement amoureux, je décomposerais mon amour pièce à pièce. *Pourquoi* et *comment* sont des questions si utiles, qu'on ne saurait trop se les faire. J'étudiai moins l'histoire que je n'en fis la conquête; c'est-à-dire que je n'en voulus et que je n'en retins que ce qui pouvait me donner une idée de plus, dédaignant l'inutile, et m'emparant de certains résultats qui me plaisaient.

» Je ne comprenais pas grand'chose à la Révolution; cependant elle me convenait. L'égalité qui devait m'élever me séduisait. Le 20 juin, j'étais à Paris, je vis la populace marcher contre les Tuileries. Je n'ai jamais aimé les mouvements populaires ; je fus indigné des allures grossières de ces misérables; je trouvai de l'imprudence dans les chefs qui les avaient soulevés, et je me dis : « Les » avantages de cette révolution ne seront pas pour » eux. » Mais, quand on me dit que Louis avait placé le bonnet rouge sur sa tête, je conclus qu'il avait cessé de régner, car, en politique, on ne se relève point de ce qui avilit.

» Au 10 août, je sentais que, si on m'eût appelé, j'aurais défendu le roi : je me dressais contre ceux qui fondaient la République par le peuple ; et puis je voyais des gens en veste attaquer des hommes en uniforme, cela me choquait.

» Plus tard, j'appris le métier de la guerre : j'allai à Toulon ; on commença à connaître mon nom. A mon retour, je menai une vie désœuvrée. Je ne sais quelle inspiration secrète m'avertissait qu'il fallait commencer par user mon temps.

» Un soir, j'étais au spectacle ; c'était le 12 vendémiaire. J'entends dire qu'on s'attend pour le lendemain à *du train ;* vous savez que c'était l'expression accoutumée des Parisiens, qui s'étaient habitués à voir avec indifférence les divers changements de gouvernement, depuis qu'ils ne dérangeaient ni leurs affaires, ni leurs plaisirs, ni même leur dîner. Après la Terreur, on était content de tout ce qui laissait vivre.

» On contait devant moi que l'Assemblée était en permanence ; j'y courus, je ne vis que du trouble, de l'hésitation. Du sein de la salle s'é-

naissances positives que j'avais acquises, et souvent je m'amusais à rêver, pour mesurer ensuite mes rêveries au compas de mon raisonnement. Je me jetais par la pensée dans un monde idéal, et je cherchais en quoi il différait précisément du monde où je me trouvais. J'ai toujours aimé l'analyse, et, si je devenais sérieusement amoureux, je décomposerais mon amour pièce à pièce. *Pourquoi* et *comment* sont des questions si utiles, qu'on ne saurait trop se les faire. J'étudiai moins l'histoire que je n'en fis la conquête; c'est-à-dire que je n'en voulus et que je n'en retins que ce qui pouvait me donner une idée de plus, dédaignant l'inutile, et m'emparant de certains résultats qui me plaisaient.

» Je ne comprenais pas grand'chose à la Révolution; cependant elle me convenait. L'égalité qui devait m'élever me séduisait. Le 20 juin, j'étais à Paris, je vis la populace marcher contre les Tuileries. Je n'ai jamais aimé les mouvements populaires; je fus indigné des allures grossières de ces misérables; je trouvai de l'imprudence dans les chefs qui les avaient soulevés, et je me dis : « Les » avantages de cette révolution ne seront pas pour » eux. » Mais, quand on me dit que Louis avait placé le bonnet rouge sur sa tête, je conclus qu'il avait cessé de régner, car, en politique, on ne se relève point de ce qui avilit.

» Au 10 août, je sentais que, si on m'eût appelé, j'aurais défendu le roi : je me dressais contre ceux qui fondaient la République par le peuple ; et puis je voyais des gens en veste attaquer des hommes en uniforme, cela me choquait.

» Plus tard, j'appris le métier de la guerre ; j'allai à Toulon ; on commença à connaître mon nom. A mon retour, je menai une vie désœuvrée. Je ne sais quelle inspiration secrète m'avertissait qu'il fallait commencer par user mon temps.

» Un soir, j'étais au spectacle ; c'était le 12 vendémiaire. J'entends dire qu'on s'attend pour le lendemain à *du train ;* vous savez que c'était l'expression accoutumée des Parisiens, qui s'étaient habitués à voir avec indifférence les divers changements de gouvernement, depuis qu'ils ne dérangeaient ni leurs affaires, ni leurs plaisirs, ni même leur dîner. Après la Terreur, on était content de tout ce qui laissait vivre.

» On contait devant moi que l'Assemblée était en permanence ; j'y courus, je ne vis que du trouble, de l'hésitation. Du sein de la salle s'é-

leva une voix qui dit tout à coup : « Si quelqu'un
» sait l'adresse du général Bonaparte, on le prie
» d'aller lui dire qu'il est attendu au comité de
» l'Assemblée. » J'ai toujours aimé à apprécier
les hasards qui se mêlent à certains événements ;
celui-là me détermina ; j'allai au comité.

» J'y trouvai plusieurs députés, tout effarés ;
entre autres Cambacérès. Ils s'attendaient à être
attaqués le lendemain, ils ne savaient que résoudre. On me demanda conseil ; je répondis, moi,
en demandant des canons. Cette proposition les
épouvanta ; toute la nuit se passa sans rien décider. Le matin, les nouvelles étaient fort mauvaises. Alors on me chargea de toute l'affaire, et
ensuite on se mit à délibérer si pourtant on avait
le droit de repousser la force par la force. « Attendez-vous, leur dis-je, que le peuple vous
» donne la permission de tirer sur lui ? Me voici
» compromis, puisque vous m'avez nommé ; il est
» bien juste que vous me laissiez faire. » Là-dessus, je quittai ces avocats, qui se noyaient dans
leurs paroles, je fis marcher les troupes, pointer
deux canons sur Saint-Roch ; l'effet en fut terrible ; l'armée bourgeoise et la conspiration furent
balayées en un instant.

» Mais j'avais versé le sang parisien! C'est un sacrilége. Il fallut en refroidir l'effet. De plus en plus je me sentais appelé à quelque chose. Je demandai le commandement de l'armée d'Italie. Tout était à faire dans cette armée, les choses et les hommes. Il n'appartient qu'à la jeunesse d'avoir de la patience, parce qu'elle a de l'avenir devant elle. Je partis pour l'Italie avec des soldats misérables, mais pleins d'ardeur. Je faisais conduire au milieu de la troupe des fourgons escortés, quoique vides, que j'appelais le trésor de l'armée. Je mis à l'ordre du jour qu'on distribuait des souliers aux recrues; personne n'en voulut porter. Je promis à mes soldats que la fortune et la gloire nous attendaient derrière les Alpes; je tins parole, et, depuis ce temps, l'armée me suivrait au bout du monde.

» Je fis une belle campagne; je devins un personnage pour l'Europe. D'un côté, à l'aide de mes ordres du jour, je soutenais le système révolutionnaire; de l'autre, je ménageais en secret les émigrés, je leur permettais de concevoir quelque espérance. Il est bien facile d'abuser ce parti-là, parce qu'il part toujours non de ce qui est, mais de ce qu'il voudrait qui fût. Je recevais des offres magnifiques pour le cas où je voudrais suivre l'exemple du général Monk. Le prétendant m'écrivit même dans son style hésitant et fleuri. Je conquis mieux le pape en évitant d'aller à Rome que si j'eusse incendié sa capitale. Enfin je devins important et redoutable, et le Directoire, que j'inquiétais, ne pouvait cependant motiver aucun acte d'accusation. On m'a reproché d'avoir favorisé le 18 fructidor; c'est comme si on me reprochait d'avoir soutenu la Révolution. Il fallait en tirer parti, de cette révolution, et mettre à profit le sang qu'elle avait fait couler. Quoi! consentir à se livrer, sans condition, aux princes de la maison de Bourbon, qui nous auraient jeté à la tête nos malheurs depuis leur départ, et imposé silence par le besoin que nous aurions montré de leur retour! Changer notre drapeau victorieux contre ce drapeau blanc, qui n'avait pas craint de se confondre avec les étendards ennemis; et moi, enfin, me contenter de quelques millions et de je ne sais quel duché! Certes, ce n'est pas un rôle difficile que celui de Monk, il m'eût donné moins de peine que la campagne d'Égypte, et même que le 18 brumaire; mais y a-t-il une expérience pour les princes qui n'ont jamais vu le champ de bataille! A quoi le retour de Charles II a-t-il conduit les Anglais, si ce n'est à détrôner encore Jacques? Il est certain que j'aurais bien su, s'il l'eût fallu, détrôner une seconde fois les Bourbons, et le meilleur conseil qu'il y aurait eu à leur donner eût été de se défaire de moi.

» Quand je revins en France, je trouvai les opinions plus amollies que jamais. A Paris, et Paris c'est la France, l'on ne sait jamais prendre intérêt aux choses, si l'on en prend aux personnes. Les usages d'une vieille monarchie vous ont habitués à tout personnifier. C'est une mauvaise manière d'être pour un peuple qui voudrait sérieusement la liberté; mais vous ne savez guère vouloir rien sérieusement, si ce n'est peut-être l'égalité. Et encore on y renoncerait volontiers, si chacun pouvait se flatter d'être le premier. Être égaux en tant que tout le monde sera au-dessus, voilà le secret de toutes vos vanités; il faut donc donner à tous l'espérance de s'élever. Le grand inconvénient pour les directeurs, c'est que personne ne se souciait d'eux, et qu'on commençait à se soucier trop de moi. Je ne sais ce qui me fût arrivé sans l'heureuse idée que j'eus d'aller en Égypte.

Quand je m'embarquai, je ne savais si je ne disais pas un éternel adieu à la France ; mais je ne doutais pas qu'elle ne me rappelât.

» Les séductions d'une conquête orientale me détournèrent de la pensée de l'Europe plus que je ne l'avais cru. Mon imagination se mêla, pour cette fois encore, à ma pratique. Mais je crois qu'elle est morte à Saint-Jean d'Acre. Quoi qu'il en soit, je ne la laisserai plus faire.

» En Égypte, je me trouvais débarrassé du frein d'une civilisation gênante ; je rêvais toutes choses et je voyais les moyens d'exécuter tout ce que j'avais rêvé. Je créais une religion, je me voyais sur le chemin de l'Asie, parti sur un éléphant, le turban sur ma tête, et dans ma main un nouvel Alcoran que j'aurais composé à mon gré. J'aurais réuni dans mes entreprises les expériences des deux mondes, fouillant à mon profit le domaine de toutes les histoires, attaquant la puissance anglaise dans les Indes, et renouant par cette conquête mes relations avec la vieille Europe. Ce temps que j'ai passé en Égypte a été le plus beau de ma vie, car il en a été le plus idéal. Mais le sort en décida autrement. Je reçus des lettres de France ; je vis qu'il n'y avait pas un instant à perdre. Je rentrai dans le positif de l'état social et je revins à Paris, à Paris où on traite des plus grands intérêts du pays dans un entr'acte d'opéra.

» Le Directoire frémit de mon retour; je m'observai beaucoup; c'est une des époques de ma vie où j'ai été le plus habile. Je voyais l'abbé Sieyès et lui promettais l'exécution de sa verbeuse constitution; je recevais les chefs des jacobins, les agents des Bourbons; je ne refusais de conseils à personne, mais je n'en donnais que dans l'intérêt de mes plans. Je me cachais au peuple, parce que je savais que, lorsqu'il en serait temps, la curiosité de me voir le précipiterait sur mes pas. Chacun s'enferrait dans mes lacs, et, quand je devins le chef de l'État, il n'existait point en France un parti qui ne plaçât quelque espoir sur mon succès. »

CHAPITRE IV.

(1803-1804.)

Suite des conversations du premier consul à Boulogne. — Lecture de la tragédie de *Philippe-Auguste*. — Mes nouvelles impressions. — Retour à Paris. — Jalousie de madame Bonaparte. — Fêtes de l'hiver de 1804. — M. de Fontanes. — Ier. Fouché. — Savary. — Pichegru. — Arrestation du général Moreau.

Un autre soir, tandis que nous étions à Boulogne, Bonaparte mit la conversation sur la littérature. J'avais été chargée par le poète Lemercier, qu'il aimait assez, de lui porter une tragédie sur *Philippe-Auguste* qu'il venait de finir, et qui contenait des applications à sa propre personne. Il voulut la lire tout haut, nous étions tous deux seulement. C'était quelque chose de plaisant de voir un homme toujours pressé, quand il n'avait rien à faire, aux prises avec l'obligation de prononcer des mots de suite sans s'interrompre, forcé de lire des vers alexandrins dont il ne connaissait pas la mesure, et vraiment prononçant si mal qu'on eût dit qu'il n'entendait pas ce qu'il lisait. D'ailleurs, dès qu'il ouvrait un livre, il voulait juger. Je lui demandai le manuscrit, je le lus moi-même; alors il se mit à parler, il se ressaisit à son tour de l'ouvrage et raya des tirades entières, y fit quelque notes marginales, blâma le plan et les caractères. Il ne courait pas grand risque de se tromper, car la pièce était mauvaise[1]. Ce qui me parut assez singulier, c'est qu'à la suite de cette lecture, il me signifia qu'il ne voulait point que l'auteur crût que toutes ces ratures et ces corrections fussent d'une main si importante, et il m'ordonna de les prendre sur mon compte. Je m'en défendis fort, comme on peut le penser; j'eus grand'peine à le faire revenir de cette fantaisie, et à lui faire comprendre que, s'il était déjà un peu étrange qu'il eût ainsi biffé et presque défiguré le manuscrit d'un auteur, il serait sans aucune convenance que je me fusse, moi, avisée d'une pareille liberté. « A la bonne heure, disait-il; mais, pour cela comme dans d'autres occasions, j'avoue que je n'aime guère ce mot vague et niveleur *de convenances* que vous autres jetez en avant à toute occasion. C'est une invention des sots pour se rap-

---

[1]. Cette pièce n'a jamais été jouée, ni, je crois, imprimée. (P. R.)

procher à peu près des gens d'esprit, une sorte de
bâillon social qui gêne le fort et qui ne sert que le
médiocre. Il se peut qu'elles vous soient commodes,
à vous qui n'avez pas grand'chose à faire dans
cette vie; mais vous sentez bien que moi, par
exemple, il est des occasions où je serais forcé de
les fouler aux pieds. — Mais, lui répondis-je, en
les appliquant à la conduite de la vie, ne seraient-
elles pas un peu ce que les règles sont aux ouvrages dramatiques ? Elles leur donnent de l'ordre et
de la régularité, et ne gênent réellement le génie
que lorsqu'il voudrait s'abandonner à des écarts
condamnés par le bon goût. — Ah ! le bon goût,
voilà encore une de ces paroles classiques que je
n'adopte point[1]. C'est peut-être ma faute, mais il y a
certaines règles que je ne sens point. Par exemple,
ce qu'on appelle *le style*, mauvais ou bon, ne me
frappe guère. Je ne suis sensible qu'à la force de
la pensée. J'ai aimé d'abord Ossian, mais c'est par
la même raison qui me fait trouver du plaisir à
entendre murmurer les vents et les vagues de la
mer. En Égypte, on a voulu me faire lire *l'Iliade*,

[1] M. de Talleyrand disait une fois à l'empereur : « Le bon goût
est votre ennemi personnel. Si vous pouviez vous en défaire à
coups de canon, il y a longtemps qu'il n'existerait plus. » (P. R.)

elle m'a ennuyé. Quant aux poètes français, je ne comprends bien que votre Corneille. Celui-là avait deviné la politique, et, formé aux affaires, eût été un homme d'État. Je crois l'apprécier mieux que qui que ce soit, parce que, en le jugeant, j'exclus tous les sentiments dramatiques. Par exemple, il n'y a pas bien longtemps que je me suis expliqué le dénouement de *Cinna*. Je n'y voyais d'abord que le moyen de faire un cinquième acte pathétique, et encore la clémence proprement dite est une si pauvre petite vertu, quand elle n'est point appuyée sur la politique, que celle d'Auguste, devenu tout à coup un prince débonnaire, ne me paraissait pas digne de terminer cette belle tragédie. Mais, une fois, Monvel, en jouant devant moi, m'a dévoilé le mystère de cette grande conception. Il prononça le *Soyons amis, Cinna*, d'un ton si habile et si rusé, que je compris que cette action n'était que la feinte d'un tyran, et j'ai approuvé comme calcul ce qui me semblait puéril comme sentiment. Il faut toujours dire ce vers de manière que de tous ceux qui l'écoutent, il n'y ait que Cinna de trompé.

» Quant à Racine, il me plaît dans *Iphigénie*; cette pièce, tant quelle dure, vous fait respirer l'air poétique de la Grèce. Dans *Britannicus* il a été circonscrit par Tacite, contre lequel j'ai des préventions, parce qu'il n'explique pas assez ce qu'il avance. Les tragédies de Voltaire sont passionnées, mais ne fouillent pas profondément l'esprit humain. Par exemple, son Mahomet n'est ni prophète ni Arabe. C'est un imposteur qui semble avoir été élevé à l'École polytechnique, car il démontre ses moyens de puissance comme, moi, je pourrais le faire dans un siècle tel que celui-ci. Le meurtre du père par le fils est un crime inutile. Les grands hommes ne sont jamais cruels sans nécessité.

» Pour la comédie, elle est pour moi comme si l'on voulait me forcer à m'intéresser aux commérages de vos salons; j'accepte vos admirations pour Molière, mais je ne les partage pas; il a placé ses personnages dans des cadres où je ne me suis jamais avisé d'aller les regarder agir. »

Il serait facile de conclure par ces différentes opinions que Bonaparte n'aimait à considérer la nature humaine que lorsqu'elle est aux prises avec les grandes chances de la vie, et qu'il se souciait peu de l'homme dégagé de toute application.

C'est dans de telles conversations que s'écoula

le temps que je passai à Boulogne avec le premier consul, et ce fut à la suite de ce voyage que j'éprouvai le premier mécompte qui devait commencer à m'inspirer la défiance de cette cour où j'étais appelée à vivre. Les militaires de la maison s'étonnaient quelquefois qu'une femme pût ainsi demeurer de longues heures avec leur maître, pour causer sur des matières toujours un peu sérieuses; ils en tirèrent des conclusions qui compromettaient ma conduite, toute simple et toute paisible qu'elle était. J'ose le dire : la pureté de mon âme, les sentiments qui m'attachaient pour toute la vie à mon mari, ne me permettaient point de concevoir des soupçons que l'on formait sur moi dans l'antichambre du consul, tandis que je l'écoutais dans son salon. Quand il revint à Paris, ses aides de camp s'amusèrent de nos longs tête-à-tête; madame Bonaparte s'effaroucha des récits qu'on lui en fit, et lorsque, après un mois de séjour au Pont-de-Briques, mon mari se sentit assez fort pour supporter la route, et que nous revînmes à Paris, je trouvai ma jalouse patronne un peu refroidie.

J'arrivais animée par un redoublement de reconnaissance pour le premier consul. Il m'avait si bien accueillie, il avait montré tant d'intérêt pour la conservation de mon mari ; enfin, pour tout dire, ses soins qui attendrissaient mon âme inquiète et oppressée, et ensuite l'amusement qu'il m'avait fait trouver dans cette solitude, et la petite satisfaction de ma vanité flattée par le plaisir qu'il paraissait prendre à ma présence, tout cela exaltait mes sentiments, et dans les premiers jours de mon retour, je répétais, avec l'accent vif d'une reconnaissance de vingt ans, que sa bonté pour moi avait été extrême. L'une de mes compagnes, qui m'aimait, m'avertit de contraindre mes paroles, et de regarder un peu à l'impression qu'elles faisaient. Son discours me fit, je m'en souviens encore, l'effet d'une lame froide et tranchante dont on eût tout à coup fait pénétrer la pointe jusqu'à mon cœur. C'était la première fois que je me voyais jugée autrement que je ne le méritais ; ma jeunesse et tous mes sentiments se révoltèrent contre de semblables accusations ; il faut avoir acquis une longue mais triste expérience, pour supporter l'injustice des jugements du monde, et peut-être doit-on regretter le temps où ils frappent si fortement, quoique si douloureusement.

Cependant ce qu'on me disait m'expliqua la contrainte de madame Bonaparte à mon égard. Une fois que j'en étais plus froissée que de coutume, je ne pus m'empêcher de lui dire avec les larmes aux yeux : « Eh quoi! madame, c'est moi que vous soupçonnez? » Comme elle était bonne et accessible à toutes les émotions du moment, elle ne tint pas compte de mes pleurs, elle m'embrassa et se rouvrit à moi comme par le passé. Mais elle ne me comprit point tout entière; il n'y avait point dans son âme ce qui pouvait entendre la juste indignation de la mienne; et, sans s'embarrasser si mes relations avec son mari à Boulogne avaient pu être telles qu'on le lui donnait à penser, il lui suffit pour se tranquilliser de conclure que, dans tous les cas, ces relations n'auraient été que passagères, puisque rien dans ma conduite sous ses yeux ne paraissait différent de ma réserve première. Enfin, pour se justifier à mes yeux, elle me dit que la famille de Bonaparte avait la première, pendant mon absence, répandu contre moi des bruits injurieux : « Vous ne voyez pas, lui dis-je, qu'à tort ou à raison, on croit ici, madame, que le tendre attachement que je vous porte peut me rendre avisée sur ce qui se passe autour de vous, et enfin, quoique mes conseils soient un bien faible secours, cependant ils peuvent encore ajouter à votre prudence fortifiée de la mienne. Les jalousies politiques me paraissent faire défiance de tout, et je crois que, quelque mince personnage que je sois, on voudrait vous brouiller avec moi. » Madame Bonaparte convint de la vérité de cette réflexion; mais elle n'eut pas la moindre idée que je dusse m'affliger longtemps de ce qu'elle ne l'avait pas faite la première. Elle m'avoua qu'elle avait fait à son époux des reproches relatifs à moi, et qu'il avait paru s'amuser à la laisser dans l'inquiétude sur mon compte. Toutes les petites découvertes que ces circonstances me firent faire sur les personnages dont j'étais entourée m'effarouchèrent et troublèrent les sentiments que je leur avais voués. Je commençai à sentir une sorte de mouvement dans le terrain qui me portait, et sur lequel j'avais marché jusqu'alors avec la confiance de l'inexpérience; je sentis que je venais de connaître un genre d'inquiétude qui, plus ou moins, ne me quitterait plus.

En quittant Boulogne, le premier consul fit consigner dans un ordre du jour qu'il était content de l'armée, et nous lûmes ces paroles dans *le Moniteur* du 12 novembre 1803 :

« On a remarqué comme des présages qu'en creusant ici pour établir le campement du premier consul, on a trouvé une hache d'armes qui paraît avoir appartenu à l'armée romaine qui envahit l'Angleterre. On a aussi trouvé à Ambleteuse, en travaillant à la tente du premier consul, des médailles de Guillaume le Conquérant. Il faut convenir que ces circonstances sont aux moins bizarres, et qu'elles paraîtront plus singulières encore, si l'on se rappelle que, lorsque le général Bonaparte visita les ruines de Péluse en Égypte, il y trouva un camée de Jules César. »

L'application n'était pas très heureusement choisie, car, malgré le camée de Jules César, Bonaparte avait été contraint de quitter l'Égypte; mais ces petits rapprochements, dictés par l'ingénieuse flatterie de M. Maret, plaisaient infiniment à son maître, qui d'ailleurs ne croyait pas qu'ils fussent sans effet sur nous.

On n'épargna rien à cette époque pour que tous les journaux réchauffassent les imaginations sur la descente. Il me serait impossible de dire si Bonaparte croyait encore réellement qu'elle fût praticable. Il en avait l'air du moins, et les frais que l'on fit pour construire les bateaux plats furent très considérables. Les injures entre les feuilles anglaises et *le Moniteur* continuaient toujours, de même que les défis. « On dit que les Français ont fait un désert du Hanovre et qu'ils se préparent à le quitter. » Voilà ce qu'on voyait dans le *Times*; et aussitôt une note du *Moniteur* répondait : « Oui, quand vous quitterez Malte. »

On nous livrait les mandements des évêques, qui exhortaient la nation à s'armer pour une juste guerre. « Choisissez des gens de cœur, disait l'évêque d'Arras, et allez combattre Amalec. « Se
» soumettre aux ordres publics, » a dit Bossuet,
» c'est se soumettre à l'ordre de Dieu qui établit
» les empires. »

Cette citation de Bossuet me rappelle une anecdote que contait fort bien le vieil évêque d'Évreux, M. Bourlier. C'était à l'époque du concile qu'on assembla à Paris pour essayer de déterminer les évêques à résister aux décisions du pape. « Quelquefois, me disait cet évêque, l'empereur nous faisait tous appeler, et commençait avec nous des conversations très théologiques; il s'adressait aux plus récalcitrants d'entre nous : « Messieurs les évê-
» ques, ma religion, à moi, est celle de Bossuet; il
» est mon père de l'Église, il a défendu nos libertés;

» je veux conserver son ouvrage, et soutenir votre
» propre dignité. Entendez-vous, messieurs? »

» Et, en parlant ainsi, pâle de colère, il portait la main sur la garde de son épée; il me faisait frémir de l'ardeur avec laquelle je le voyais prêt à prendre notre propre défense, et ce singulier amalgame du nom de Bossuet, du mot de liberté, et de ce geste menaçant, m'eût donné envie de sourire, si je n'avais été au fond très affecté des déchirements de l'Église que je prévoyais. »

Je reviens à l'hiver de 1804. Cet hiver se passa, comme le précédent, en fêtes et en bals pour la cour et la ville; et, en même temps, on continua d'organiser les lois nouvelles qui furent présentées à la session du Corps législatif. Cette année, madame Bacciochi, qui avait un penchant très décidé pour M. de Fontanes, parla si souvent de lui à son frère, que ses discours, joints à l'opinion qu'il avait de cet académicien, le déterminèrent à le nommer président du Corps législatif. Ce choix parut singulier à quelques personnes; mais, au fait, pour ce qu'à l'avenir Bonaparte voulait faire du Corps législatif, il n'avait guère besoin de lui donner un autre président qu'un homme de lettres. Celui-ci a montré toujours un art noble et distingué, quand il a fallu haranguer l'empereur dans les circonstances les plus délicates. Son caractère a peu de force, mais son talent lui en donne beaucoup, quand il est obligé de parler en public; son bon goût lui inspire alors une véritable élévation. Peut-être était-ce un inconvénient, car rien n'est si dangereux pour les souverains que de voir le talent revêtir les abus de leur autorité des couleurs de l'éloquence, lorsqu'il s'agit de les présenter aux nations; et surtout cela est d'un grand danger en France, où l'on rend un culte si dévoué aux formes. Combien de fois n'est-il pas arrivé que les Parisiens, dans le secret de la comédie que le gouvernement jouait devant eux, se sont prêtés de bonne grâce à s'en montrer dupes, seulement parce que les acteurs rendaient justice à la délicatesse de leur goût, qui exigeait que chacun jouât le mieux possible le rôle dont il était chargé!

Dans le courant de ce mois de janvier, *le Moniteur* inséra une note des journaux anglais qui parlaient de quelques différends entre la Bavière et l'Autriche, et des probabilités qu'on avait d'une guerre continentale. De pareilles paroles, sans réflexions, étaient ainsi jetées de temps en temps comme pour nous avertir de ce qui pouvait arriver, ainsi que dans une décoration d'opéra, ou plutôt comme ces nuées qui s'amoncellent au-dessous de la cime des montagnes, et qui s'ouvrent un moment pour laisser apercevoir ce qui se passe derrière. De même, les plus ou moins importantes discussions qui s'élevaient en Europe nous étaient montrées instantanément pour que nous ne fussions pas très surpris lorsqu'elles nous amenaient quelque rupture ; mais ensuite les nuages se refermaient, et nous demeurions dans l'obscurité jusqu'à ce que l'orage éclatât.

Je touche à une époque importante et pénible à retracer. Je vais bientôt parler de la conspiration de Georges et du crime qu'elle a fait commettre. Je ne rapporterai sur le général Moreau que ce que j'ai entendu dire, et je me garderai bien de rien affirmer. Il me semble qu'il est nécessaire de faire précéder ce récit d'un court exposé de l'état dans lequel on se trouvait alors.

Un certain monde, qui tenait d'assez près aux affaires, commençait à parler du besoin que la France avait d'une hérédité dans le pouvoir qui la gouvernait. Quelques courtisans politiques, des révolutionnaires de bonne foi, des gens qui voyaient tout le repos de la France dans la dépendance d'une seule vie, s'entendaient sur l'instabilité du Consulat. Peu à peu toutes les idées s'étaient rapprochées de la royauté, et cette marche aurait eu des avantages, si l'on eût pu s'entendre pour obtenir une royauté modérée par les lois. Les révolutions ont ce grave inconvénient de partager l'opinion publique en des nuances infinies qui sont toutes modifiées par le froissement que chacun a éprouvé dans des circonstances particulières. C'est toujours là ce qui favorise les entreprises que tente le despotisme, qui arrive après elles. Pour contenir le pouvoir de Bonaparte, il eût fallu oser prononcer le mot de liberté; mais, comme, peu d'années auparavant, il n'avait été tracé d'un bout de la France à l'autre que pour servir d'égide à l'esclavage le plus sanglant, personne n'osait surmonter la funeste impression, mal raisonnée pourtant, qu'il donnait.

Les royalistes s'inquiétaient cependant, et voyaient de jour en jour Bonaparte s'éloigner de la route où ils l'avaient longtemps attendu. Les jacobins, dont le premier consul redoutait davantage l'opposition, s'agitaient sourdement. Ils trouvaient que c'était à leurs antagonistes que le gouvernement semblait s'appliquer à donner des garanties. Le concordat, les avances que l'on tentait vers l'ancienne noblesse, la destruction de l'égalité révolutionnaire, tout cela était un envahissement sur eux; heureuse, cent fois heureuse, la France, si Bonaparte n'en eût fait que sur les factions! Mais, pour cela, il ne faut être animé que par l'amour de la justice; il faut surtout. ne vouloir écouter que les conseils d'une raison généreuse.

Quand un souverain, quelque titre qu'il ait, transige avec l'un ou l'autre des partis exagérés qu'enfantent les troubles civils, on peut toujours parier qu'il a des intentions hostiles contre les droits des citoyens qui se sont confiés à lui. Bonaparte, voulant affermir son plan despotique, se trouva donc forcé de transiger avec ces redoutables jacobins, et malheureusement il est des gens qui ne trouvent de garantie suffisante que dans le crime. On ne les rassure qu'en se chargeant de quelques-unes de leurs iniquités ! Ce calcul est entré pour beaucoup dans l'arrêt de mort du duc d'Enghien, et je demeure convaincue que tout ce qui a été fait à cette époque n'a dépendu d'aucun sentiment violent, d'aucune vengeance aveugle, mais seulement a été le résultat d'une politique toute machiavélique qui voulait aplanir sa route à quelque prix que ce fût. Ce n'est pas non plus pour la satisfaction d'une vanité insatiable que Bonaparte aspirait à changer son titre consulaire en celui d'empereur. Il ne faut pas croire que toujours ses passions l'entraînassent aveuglément; il n'ignorait pas l'art de les soumettre à l'analyse de ses calculs, et, si par la suite il s'est abandonné davantage, c'est que le succès et la flatterie l'ont peu à peu enivré. Cette comédie de république et d'égalité qu'il lui fallait jouer, tant qu'il est demeuré premier consul, l'ennuyait, et ne trompait au fond que ceux qui voulaient bien être trompés. Elle rappelait ces simagrées des temps de l'ancienne Rome, où les empereurs se faisaient de temps en temps réélire par le Sénat. J'ai vu des gens qui, se parant comme d'un vêtement d'un certain amour de la liberté et n'en faisant pas moins une cour assidue à Bonaparte premier consul, ont prétendu qu'ils lui avaient ôté leur estime dès qu'il s'était donné le titre d'empereur. Je n'ai jamais trop compris leurs motifs. Comment l'autorité qu'il exerça, presque dès son entrée dans le gouvernement, ne les éclaira-t-elle pas ? Ne pourrait-on pas dire, au contraire, qu'il y avait de la bonne foi à se donner le titre d'un pouvoir qu'on exerçait réellement ?

Quoi qu'il en soit, au moment dont je parle, il devenait nécessaire au premier consul de se raffermir par quelque mesure nouvelle. Les Anglais, menacés, excitaient des diversions aux projets formés contre eux ; des relations se renouaient avec les chouans, et les royalistes ne devaient voir dans le gouvernement consulaire qu'une transition du Directoire à la royauté. Le caractère d'un seul homme y apportait une seule différence ; il devint assez naturel de conclure qu'il fallait se défaire de cet homme.

Je me souviens d'avoir entendu dire à Bonaparte, dans l'été de cette année 1804, que pour cette fois les événements l'avaient pressé, et que son plan eût été de ne fonder la royauté que deux ans plus tard. Il avait mis la police dans les mains du ministre de la justice ; c'était une idée saine et morale, mais ce qui ne le fut point, et même ce qui fut contradictoire, ce fut de vouloir que la magistrature exerçât cette police comme au temps où elle était une institution révolutionnaire. Je l'ai déjà dit, les premières conceptions de Bonaparte étaient le plus souvent bonnes et grandes. Les créer et les établir, c'était exercer son pouvoir; mais s'y soumettre après, devenait une abdication. Il n'a pas pu supporter la domination, même d'aucune de ses institutions.

Ainsi, gêné par les formes lentes et réglées de la justice, et aussi par l'esprit faible et médiocre de son grand juge, il se livra aux mille et une polices dont il s'environna, et reprit peu à peu confiance en Fouché, qui possède admirablement l'art de se rendre nécessaire. Fouché, doué d'un esprit fin, étendu et perçant, jacobin enrichi, par conséquent dégoûté de quelques-uns des principes de son parti, mais demeurant toujours lié avec ce parti pour avoir un appui en cas de troubles, ne recula nullement devant l'idée de revêtir Bonaparte de la royauté. Sa souplesse naturelle lui fera toujours accepter les formes de gouvernement où il verra pour lui l'occasion de jouer un rôle. Ses habitudes sont plus révolutionnaires que ses principes; aussi le seul état de choses, je crois, qu'il ne puisse souffrir est celui qui le mettrait dans une nullité absolue. Il faut se bien convaincre de cette disposition, et toujours un peu trembler, quand on veut se servir de lui; il faut se dire qu'il a besoin d'un temps de troubles pour avoir toute la valeur de ses moyens, parce qu'en effet, comme il est sans passions et sans haines, alors il devient supérieur à la plupart des hommes qui l'environnent, tous plus ou moins aveuglés par la crainte et le ressentiment.

Fouché a nié qu'il eût conseillé le meurtre du duc d'Enghien. A moins d'une certitude complète, je ne vois jamais de raison pour faire peser l'accusation d'un crime sur qui s'en défend positivement. D'ailleurs Fouché, qui avait la vue longue, prévoyait facilement que ce crime ne donnerait au parti que Bonaparte voulait gagner qu'une garantie très passagère; il le connaissait trop bien pour craindre qu'il songeât à replacer le roi sur un trône qu'il pouvait occuper lui-même, et l'on comprend bien qu'avec les données qu'il avait, il ait dit que ce meurtre n'était qu'une faute.

M. de Talleyrand avait moins besoin que Fouché de compliquer ses plans pour conseiller à Bonaparte de se revêtir de la royauté. Elle devait le mettre à l'aise sur tout. Ses ennemis, et Bonaparte lui-même, l'ont accusé d'avoir opiné pour le meurtre du malheureux prince; mais Bonaparte et ses ennemis sont récusables sur ce point.

Le caractère connu de M. de Talleyrand n'admet guère une telle violence. Il m'a conté plus d'une fois que Bonaparte lui avait fait part, ainsi qu'aux deux consuls, de l'arrestation du duc d'Enghien, et de sa détermination invariable; il ajoutait que tous trois ils avaient vu que les paroles seraient inutiles, et qu'ils avaient gardé le silence. C'est déjà une faiblesse plus que suffisante, mais fort ordinaire à M. de Talleyrand, qui voyait un parti pris, et qui dédaigne les discours inutiles, parce qu'ils ne satisfont que la conscience.

L'opposition, une courageuse résistance, peuvent avoir de la prise sur une nature quelle qu'elle soit. Un souverain cruel, sanguinaire par caractère, peut quelquefois sacrifier son penchant à la force du raisonnement qu'on lui oppose ; mais Bonaparte n'était cruel ni par goût, ni par système : il voulait ce qui lui paraissait le plus prompt et le plus sûr; il a dit lui-même dans ce temps qu'il lui fallait en finir avec les jacobins et les royalistes. L'imprudence de ces derniers lui a fourni cette funeste chance, il l'a saisie au vol, et ce que je raconterai plus bas prouvera encore que c'est avec tout le calme du calcul, ou plutôt du sophisme, qu'il s'est couvert d'un sang illustre et innocent.

Peu de jours après le premier retour du roi, le duc de Rovigo se présenta chez moi un matin [1]. Il cherchait alors à se justifier des accusations qui pesaient sur sa tête. Il me parla de la mort du duc d'Enghien. « L'empereur et moi, me dit-il, nous avons été trompés dans cette occasion. L'un des agents subalternes de la conspiration de Georges avait été gagné par ma police ; il nous vint déclarer que, dans une nuit où les conjurés étaient rassemblés, on leur avait annoncé l'arrivée secrète d'un chef important qu'on ne pouvait encore nommer ; et qu'en effet, quelques nuits après, il était survenu parmi eux un personnage auquel les autres donnaient de grandes marques de respect. Cet espion le désignait de manière à faire croire que cet individu inconnu devait être un prince de la maison de Bourbon. Dans le même temps, le duc d'Enghien s'était établi à Ettenheim, pour y attendre sans doute le succès de la conspiration. Les agents écrivirent qu'il lui arrivait quelquefois de disparaître pour plusieurs jours ; nous conclûmes que c'était pour venir à Paris, et

---

[1]. Le duc de Rovigo savait à quel point mon mari et moi, nous étions liés avec M. de Talleyrand, et il désirait que dans ce moment, s'il était possible, je le servisse auprès de lui.

son arrestation fut résolue. Depuis, lorsqu'on a confronté l'espion avec les coupables arrêtés, il a reconnu Pichegru pour le personnage important désigné, et, lorsque j'en rendis compte à Bonaparte, il s'écria en frappant du pied : « Ah! le » malheureux! qu'est-ce qu'il m'a fait faire? »

Revenons aux faits. Pichegru était arrivé en France le 15 janvier 1804, et, dès le 25 janvier, il se cachait dans Paris. On savait que, en l'an v de la République, le général Moreau l'avait dénoncé au gouvernement comme entretenant des relations avec la maison de Bourbon. Moreau passait pour avoir des opinions républicaines; peut-être les avait-il enfin échangées contre les idées d'une monarchie constitutionnelle. Je ne sais si maintenant sa famille le défendrait aussi vivement qu'alors de l'accusation d'avoir donné les mains aux projets des royalistes; je ne sais aussi s'il faudrait prêter toute confiance à des aveux faits sous le règne de Louis XVIII. Mais, enfin, la conduite de Moreau en 1813 et les honneurs accordés à sa mémoire par nos princes pourraient faire croire que, depuis longtemps, ils avaient quelque raison de compter sur lui. A l'époque dont je parle, Moreau était vivement irrité contre Bonaparte. On n'a guère douté qu'il n'ait vu secrètement Pichegru; il a au moins gardé le silence sur la conspiration; quelques-uns des royalistes saisis à cette époque l'accusaient seulement d'avoir montré cette hésitation de la prudence qui veut attendre le succès pour se déclarer. Moreau, dit-on, était un homme faible et médiocre, hors du champ de bataille; je crois que sa réputation a été trop lourde pour lui. « Il y a des gens, disait Bonaparte, qui ne savent point porter leur gloire; le rôle de Monk allait parfaitement à Moreau; à sa place, j'y aurais tendu comme lui, mais plus habilement. »

Au reste, ce n'est point pour justifier Bonaparte que je présente mes doutes. Quel que fût le caractère de Moreau, sa gloire existait réellement, il fallait la respecter, il fallait excuser un ancien compagnon d'armes mécontent et aigri, et le raccommodement n'eût-il même été que la suite de ce calcul politique que Bonaparte voulait voir dans l'Auguste de Corneille, il eût encore été ce qu'il y avait de mieux à faire. Mais Bonaparte eut, je n'en doute pas, la conviction de ce qu'il appelait la *trahison morale* de Moreau. Il crut que cela suffisait aux lois et à la justice, parce qu'il se refusait à voir la vraie face des choses qui le gênaient. On l'assura légèrement que les preuves ne manquaient pas pour légitimer la condamnation. Il se trouva engagé; plus tard, il ne voulut voir que de l'esprit de parti dans l'équité des tribunaux, et, d'ailleurs, il sentit que ce qui pouvait lui arriver de plus fâcheux, c'était que cet intéressant accusé fût déclaré innocent. Et lui, une fois sur le point d'être compromis, ne pouvait plus être arrêté par rien; de là mille circonstances déplorables de ce fameux procès.

Depuis quelques jours, on commençait à entendre parler de cette conspiration. Le 17 février 1804, au matin, j'allai aux Tuileries. Le consul était dans la chambre de sa femme; on m'annonça; il me fit entrer. Madame Bonaparte me parut troublée, elle avait les yeux fort rouges. Bonaparte était assis près de la cheminée et tenait le petit Napoléon[1] sur ses genoux. Il y avait de la gravité dans ses regards, mais nul signe de violence. Il jouait machinalement avec l'enfant.

« Savez-vous ce que je viens de faire ? » me dit-il. Et sur ma réponse négative : « Je viens de don-

---

1. C'était le fils aîné de madame Louis Bonaparte, plus tard la reine Hortense. Il était né le 10 octobre 1802, et il est mort du croup le 5 mai 1807. (P. R.)

ner l'ordre d'arrêter Moreau. » Je fis sans doute quelque mouvement : « Ah! vous voilà étonnée, reprit-il; cela va faire un beau bruit, n'est-ce pas? On ne manquera pas de dire que je suis jaloux de Moreau, que c'est une vengeance, et mille pauvretés de ce genre. Moi, jaloux de Moreau! Eh, bon Dieu! il me doit la plus grande partie de sa gloire; c'est moi qui lui laissai une belle armée et qui ne gardai en Italie que des recrues; je ne demandais qu'à vivre en bonne intelligence avec lui. Certes je ne le craignais point; d'abord je ne crains personne, et Moreau moins qu'un autre. Je l'ai vingt fois empêché de se compromettre; je l'avais averti qu'on nous brouillerait; il le sentait comme moi. Mais il est faible et orgueilleux; les femmes le dirigent, les partis l'ont pressé... »

En parlant ainsi, Bonaparte s'était levé, et se rapprochant de sa femme, il lui prit le menton, et, lui faisant lever la tête : « Tout le monde, dit-il encore, n'a pas une bonne femme comme moi! Tu pleures, Joséphine, eh! pourquoi? As-tu peur? — Non, mais je n'aime pas ce que l'on va dire. — Que veux-tu y faire?... » Puis se retournant vers moi : « Je n'ai nulle haine, nul désir de vengeance, j'ai fort réfléchi avant d'arrêter

Moreau ; je pouvais fermer les yeux, lui donner le temps de fuir ; mais on aurait dit que je n'avais pas osé le mettre en jugement. J'ai de quoi le convaincre ; il est coupable, je suis le gouvernement ; tout ceci doit se passer simplement. »

Je ne sais si la puissance de mes souvenirs agit aujourd'hui sur moi, mais j'avoue que, même aujourd'hui, j'ai peine à croire que, lorsque Bonaparte parlait ainsi, il ne fût pas de bonne foi. Je l'ai vu faire des progrès dans l'art de la dissimulation, et, à cette époque, il avait encore en parlant certains accents vrais, que, depuis, je n'ai plus retrouvés dans sa voix. Peut-être aussi est-ce tout simplement qu'alors je croyais encore en lui.

Il nous quitta sur ces paroles, et madame Bonaparte me conta qu'il avait passé presque toute la nuit debout, agitant cette question : s'il ferait arrêter Moreau ; pesant le pour et le contre de cette mesure, sans trace d'humeur personnelle ; que, vers le point du jour, il avait fait venir le général Berthier, et que, après un assez long entretien, il s'était déterminé à envoyer à Grosbois où Moreau s'était retiré.

Cet événement fit beaucoup de bruit ; on en parla

diversement. Au Tribunat, le frère du général Moreau, qui était tribun, parla avec véhémence et produisit quelque effet. Les trois corps de l'État firent une députation pour aller complimenter le consul sur le danger qu'il avait couru. Dans Paris, une partie de la bourgeoisie, les avocats, les gens de lettres, tout ce qui pouvait représenter la portion libérale de la population, s'échauffa pour Moreau. Il fut assez facile de reconnaître une certaine opposition dans l'intérêt qui se déclara pour lui; on se promit de se porter en foule au tribunal où il comparaîtrait; on alla même jusqu'à laisser échapper des menaces, si le jugement le condamnait. Les polices de Bonaparte l'informèrent qu'il avait été question de forcer sa prison. Il commença à s'aigrir, et je ne lui retrouvai plus le même calme sur cette affaire. Son beau-frère Murat, alors gouverneur de Paris, haïssait Moreau; il eut soin d'animer Bonaparte journellement par des rapports envenimés; il s'entendait avec le préfet de police, Dubois, pour le poursuivre de dénonciations alarmantes, et malheureusement les événements s'y prêtaient. Chaque jour, on trouvait de nouvelles ramifications à la conspiration, et la société de Paris s'entêtait à ne pas la croire véritable. C'était une petite guerre d'opinion entre Bonaparte et les Parisiens.

Le 29 février, on découvrit la retraite de Pichegru, et il fut arrêté, après s'être défendu vaillamment contre les gendarmes. Cet événement ralentit les défiances, mais l'intérêt général se portait toujours sur Moreau. Sa femme donnait à sa douleur une attitude un peu théâtrale, qui avait de l'effet. Cependant Bonaparte, ignorant les formes de la justice, les trouvait bien plus lentes qu'il ne l'avait d'abord pensé. Dans le premier moment, le grand juge s'était engagé trop légèrement à rendre la procédure courte et claire, et cependant on n'arrivait guère à avérer que ce fait : que Moreau avait entretenu secrètement Pichegru, qu'il avait reçu ses confidences, mais qu'il ne s'était engagé positivement sur rien. Ce n'était point assez pour entraîner une condamnation qui commençait à devenir nécessaire; enfin, malgré ce grand nom qui se trouve mêlé à toute cette affaire, Georges Cadoudal a toujours conservé dans l'opinion et aux débats l'attitude du véritable chef de la conjuration.

On ne peut se représenter l'agitation qui régnait dans le palais du consul; on consultait tout le monde; on s'informait des moindres discours. Un jour, Savary prit à part M. de Rémusat, en lui disant : « Vous avez été magistrat, vous savez les lois; pensez-vous que les notions que nous avons suffisent pour éclairer les juges? — On n'a jamais condamné un homme, répondait mon mari, par cette seule raison qu'il n'a pas dénoncé des projets dont il a été instruit. Sans doute, c'est un tort politique à l'égard du gouvernement ; mais ce n'est point un crime qui doive entraîner la mort ; et, si c'est là votre seul argument, vous n'aurez donné à Moreau qu'une évidence fâcheuse pour vous. — En ce cas, reprenait Savary, le grand juge nous a fait faire une grande sottise, il eût mieux valu se servir d'une commission militaire. »

Du jour où Pichegru fut arrêté, les barrières de Paris demeurèrent fermées pour la recherche de Georges. On s'affligeait beaucoup de l'adresse avec laquelle il se dérobait à toute poursuite. Fouché se moquait incessamment de la maladresse de la police, et fondait à cette occasion les bases de son nouveau crédit; ses railleries animaient Bonaparte, déjà mécontent, et, quand il avait réellement couru un grand danger et qu'il voyait les Parisiens en défiance sur la vérité de certains faits avérés pour lui, il se sentait entraîné vers le besoin de la vengeance. « Voyez, disait-il, si les Français peuvent être gouvernés par des institutions légales et modérées ! J'ai supprimé un ministère révolutionnaire, mais utile, les conspirations se sont aussitôt formées. J'ai suspendu mes impressions personnelles, j'ai abandonné à une autorité indépendante de moi la punition d'un homme qui voulait ma perte, et, loin de m'en savoir gré, on se joue de ma modération, on corrompt les motifs de ma conduite; ah! je lui apprendrai à se méprendre à mes intentions! Je me ressaisirai de tous mes pouvoirs et je lui prouverai que, moi seul, je suis fait pour gouverner, décider et punir. »

La colère de Bonaparte croissait d'autant plus que, de moment en moment, il se sentait comme à faux. Il avait cru dominer l'opinion, et l'opinion lui échappait; il s'était dans le début, j'en suis certaine, dominé lui-même, et on ne lui en savait nul gré; il s'en indignait, et peut-être jurait intérieurement qu'on ne l'y rattraperait plus. Ce qui semblera peut-être singulier à ceux qui n'ont pas appris à quel point l'habit d'uniforme éteint chez ceux qui le portent l'exercice de la pensée, c'est que l'armée, dans cette occasion, ne donna pas la plus légère inquiétude. Les militaires font tout par consigne et s'abstiennent des impressions qui ne leur sont point commandées. Un bien petit nombre d'officiers se rappela alors avoir servi et vaincu sous Moreau, et la bourgeoisie fut bien plus agitée que toute autre classe de la nation.

MM. de Polignac, de Rivière et quelques autres furent successivement arrêtés. Alors on commença à croire un peu plus à la réalité de la conspiration et à comprendre qu'elle était royaliste. Cependant le parti républicain revendiquait toujours Moreau. La noblesse fut effrayée et se tint dans une grande réserve ; elle blâmait l'imprudence de MM. de Polignac, qui sont convenus depuis qu'ils n'avaient pas trouvé pour les seconder le zèle dont on les avait flattés. La faute, trop ordinaire au parti royaliste, c'est de croire à l'existence de ce qu'il souhaite, et d'agir toujours d'après ses illusions. Cela est ordinaire aux hommes qui se conduisent par leurs passions ou par leur vanité.

Quant à moi, je souffrais beaucoup. Aux Tuileries, je voyais le premier consul sombre et silencieux, sa femme souvent éplorée, sa famille irritée, sa sœur qui l'excitait par des paroles violentes ; dans le monde mille opinions diverses, de la défiance, des soupçons, une maligne joie chez les uns, un grand regret chez les autres du mauvais succès de l'entreprise, des jugements passionnés; j'étais remuée, froissée par ce que j'entendais et par ce que je sentais; je me renfermais avec ma mère et mon mari; nous nous interrogions tous trois sur ce que nous entendions, et sur ce qui se passait au dedans de nous. M. de Rémusat, dans la douce rectitude de son esprit, s'affligeait des fautes qu'on commettait, et, comme il jugeait sans passion, il commençait à pressentir l'avenir, et m'ouvrait sa triste et sage prévoyance sur le développement d'un caractère qu'il étudiait en silence. Ses inquiétudes me faisaient mal; combien je me sentais déjà malheureuse des soupçons qui s'élevaient au dedans de moi! Hélas! le moment n'était pas loin où mon esprit allait recevoir une bien plus funeste clarté.

CHAPITRE V.

(1804.)

Arrestation de Georges Cadoudal. — Mission de M. de Caulaincourt à Ettenheim. — Arrestation du duc d'Enghien. — Mes angoisses et mes instances auprès de madame Bonaparte. — Soirée de la Malmaison. — Mort du duc d'Enghien. — Paroles remarquables du premier consul.

Après les différentes arrestations dont j'ai parlé, on livra au *Moniteur* des articles du *Morning Chronicle*, qui rapportaient que la mort de Bonaparte et la restauration de Louis XVIII étaient prochaines. On ajoutait que des gens arrivés tout à l'heure de Londres affirmaient qu'on y spéculait à la Bourse sur cet événement, et qu'on y nommait Georges, Pichegru et Moreau. On imprima aussi dans le même *Moniteur* la lettre d'un Anglais à Bonaparte, qu'il appelait *Monsieur Consul*. Cette lettre lui adressait, pour son utilité particulière, un pamphlet répandu du temps de Cromwell qui tendait à prouver qu'on ne *pouvait pas assassiner* des personnages tels que Cromwell et lui, parce qu'il n'y avait aucun crime à tuer un animal dangereux, ou un tyran : « Tuer n'est donc pas assassiner, disait le pamphlet, la différence est grande. »

Cependant, en France, des adresses de toutes les villes et de toutes les armées, des mandements des évêques, arrivaient à Paris pour complimenter le premier consul, et féliciter la France du danger auquel elle avait échappé. On insérait soigneusement ces pièces dans *le Moniteur*.

Enfin, Georges Cadoudal fut arrêté le 29 mars sur la place de l'Odéon. Il était en cabriolet, et, s'apercevant qu'on le poursuivait, il pressait vivement son cheval. Un officier de paix se présenta courageusement en tête du cheval, et fut tué raide par un coup de pistolet que Georges lui tira. Mais, le peuple s'étant attroupé, le cabriolet fut arrêté et Georges saisi. On trouva sur lui de soixante à quatre-vingt mille francs en billets qui furent donnés à la veuve de l'homme qu'il avait tué. On mit dans les journaux qu'il avait avoué sur-le-champ qu'il n'était venu en France que pour assassiner Bonaparte. Cependant je crois me rappeler que l'on dit dans ce temps que

Georges, qui montra dans toute la procédure une extrême fermeté et un grand dévouement à la maison de Bourbon, nia toujours le plan de l'assassinat, mais convint que son projet était d'attaquer la voiture du consul, et de l'enlever sans lui faire aucun mal.

A cette même époque, le roi d'Angleterre tomba sérieusement malade; notre gouvernement comptait sur cette mort pour la retraite de M. Pitt du ministère.

Le 21 mars, voici quel article parut dans *le Moniteur :* « Le prince de Condé a fait une circulaire pour appeler les émigrés et les rassembler sur le Rhin. Un prince de la maison de Bourbon, à cet effet, se tient sur la frontière. »

Puis on imprima la correspondance secrète qu'on avait saisie d'un nommé Drake, ministre accrédité d'Angleterre en Bavière, qui prouvait que le gouvernement anglais ne négligeait aucun moyen d'exciter du trouble en France. M. de Talleyrand eut ordre d'envoyer des copies de cette correspondance à tous les membres du corps diplomatique, qui témoignèrent leur indignation par des lettres qui furent toutes insérées dans *le Moniteur.*

Nous touchions à la semaine sainte. Le dimanche de la Passion, 18 mars, ma semaine auprès de madame Bonaparte commençait. Je me rendis dès le matin aux Tuileries pour assister à la messe, ce qui se faisait dès ce temps-là avec pompe. Après la messe, madame Bonaparte trouvait toujours une cour nombreuse dans les salons, et y demeurait quelque temps, parlant aux uns et aux autres.

Madame Bonaparte, redescendue chez elle, m'annonça que nous allions passer cette semaine à la Malmaison. « J'en suis charmée, ajouta-t-elle, Paris me fait peur en ce moment. » Quelques heures après, nous partîmes. Bonaparte était dans sa voiture particulière, madame Bonaparte dans la sienne, seule avec moi. Pendant une partie de la route, je remarquai qu'elle était silencieuse et fort triste ; je lui en témoignai de l'inquiétude ; elle parut hésiter à me répondre ; mais ensuite elle me dit : « Je vais vous confier un grand secret. Ce matin, Bonaparte m'a appris qu'il avait envoyé sur nos frontières M. de Caulaincourt pour s'y saisir du duc d'Enghien. On va le ramener ici. — Ah ! mon Dieu, madame, m'écriai-je, et qu'en veut-on faire ? — Mais il me paraît qu'il le fera juger. »

Ces paroles me causèrent le plus grand mouvement d'effroi que j'aie, je crois, éprouvé de ma vie. Il fut tel que madame Bonaparte crut que j'allais m'évanouir, et qu'elle baissa toutes les glaces. « J'ai fait ce que j'ai pu, continua-t-elle, pour obtenir de lui la promesse que ce prince ne périrait point, mais je crains fort que son parti ne soit pris. — Quoi donc! vous pensez qu'il le fera mourir? — Je le crains. » A ces mots, les larmes me gagnèrent, et, dans l'émotion que j'éprouvai, je me hâtai de mettre sous ses yeux toutes les funestes suites d'un pareil événement : cette souillure du sang royal qui ne satisferait que le parti des jacobins, l'intérêt particulier que ce prince inspirait sur tous les autres, le beau nom de Condé, l'effroi général, la chaleur des haines qui se ranimerait, etc. J'abordai toutes les questions dont madame Bonaparte n'envisageait qu'une partie. L'idée d'un meurtre était ce qui l'avait le plus frappée. Je parvins à l'épouvanter réellement, et elle me promit de tout tenter pour faire changer cette funeste résolution.

Nous arrivâmes toutes deux atterrées à la Malmaison. Je me réfugiai dans ma chambre, où je pleurai amèrement; toute mon âme était ébranlée. J'aimais et j'admirais Bonaparte, je le croyais appelé par une puissance invincible aux plus hautes destinées, je laissais ma jeune imagination s'exalter sur lui; tout à coup le voile qui couvrait mes yeux venait à se déchirer, et par ce que j'éprouvais en ce moment, je ne comprenais que trop l'impression que cet événement allait produire.

Il n'y avait à la Malmaison personne à qui je pusse m'ouvrir entièrement. Mon mari n'était point de service, et je l'avais laissé à Paris. Il fallut me contraindre, et reparaître avec un visage tranquille, car madame Bonaparte m'avait positivement défendu de rien laisser échapper qui indiquât qu'elle m'en eût parlé.

Quand je descendis au salon vers six heures, j'y trouvai le premier consul jouant aux échecs. Il me parut serein et calme; son visage paisible me fit mal à regarder; depuis deux heures, en pensant à lui, mon esprit avait été tellement bouleversé, que je ne pouvais plus reprendre les impressions ordinaires que me faisait sa présence; il me semblait que je devais le trouver changé. Quelques militaires dînèrent avec lui; tout le temps se passa d'une manière insignifiante; après le dîner, il se retira dans son cabinet pour travailler avec toutes ses polices ; le soir, quand je quittai madame Bonaparte, elle me promit encore de renouveler ses sollicitations.

Le lendemain matin, je la joignis le plus tôt qu'il me fut possible ; elle était entièrement découragée. Bonaparte l'avait repoussée sur tous les points : « Les femmes devaient demeurer étrangères à ces sortes d'affaires ; sa politique demandait ce coup d'État ; il acquérait par là le droit de se rendre clément dans la suite ; il lui fallait choisir ou de cette action décisive, ou d'une longue suite de conspirations qu'il faudrait punir journellement. L'impunité encouragerait les partis, il serait donc obligé de persécuter, d'exiler, de condamner sans cesse, de revenir sur ce qu'il avait fait pour les émigrés, de se mettre dans les mains des jacobins. Les royalistes l'avaient déjà plus d'une fois compromis à l'égard des révolutionnaires. Cette action-ci le dégageait vis-à-vis de tout le monde. D'ailleurs le duc d'Enghien, après tout, entrait dans la conspiration de Georges ; il venait apporter le trouble en France, il servait la vengeance des Anglais ; puis sa réputation militaire pouvait peut-être à l'avenir agiter l'armée ; lui mort, nos soldats auraient tout à fait rompu avec les Bourbons. En politique, une mort qui devait donner du repos n'était point un crime ; les ordres étaient donnés, il n'y avait plus à reculer. »

Dans cet entretien, madame Bonaparte apprit à son mari qu'il allait aggraver l'odieux de cette action par la circonstance d'avoir choisi M. de Caulaincourt, dont les parents avaient été autrefois attachés à la maison de Condé. — « Je ne le savais point, répondit Bonaparte ; et puis qu'importe ? Si Caulaincourt est compromis, il n'y a pas grand mal, il ne m'en servira que mieux. Le parti opposé lui pardonnera désormais d'être gentilhomme. » Il ajouta, au reste, que M. de Caulaincourt n'était instruit que d'une partie de son plan, et qu'il pensait que le duc d'Enghien allait demeurer ici en prison.

Le courage me manqua à toutes ces paroles ; j'avais de l'amitié pour M. de Caulaincourt, je souffrais horriblement de tout ce que j'apprenais. Il me semblait qu'il aurait dû refuser la mission dont on l'avait chargé.

La journée entière se passa tristement ; je me rappelle que madame Bonaparte, qui aimait beaucoup les arbres et les fleurs, s'occupa dans la matinée de faire transporter un cyprès dans une partie de son jardin nouvellement dessinée. Elle-même jeta quelques pelletées de terre sur l'arbre afin de pouvoir dire qu'elle l'avait planté de ses mains. « Mon Dieu, madame, lui dis-je en la regardant faire, c'est bien l'arbre qui convient à une pareille journée. » Depuis ce temps, je n'ai jamais passé devant ce cyprès sans éprouver un serrement de cœur.

Ma profonde émotion troublait madame Bonaparte. Légère et mobile, d'ailleurs très confiante dans la supériorité des vues de Bonaparte, elle craignait à l'excès les impressions pénibles et prolongées; elle en éprouvait de vives, mais infiniment passagères. Convaincue que la mort du duc d'Enghien était résolue, elle eût voulu se détourner d'un regret inutile. Je ne le lui permis pas. J'employai la plus grande portion du jour à la harceler sans cesse; elle m'écoutait avec une douceur extrême, mais avec découragement, elle connaissait mieux Bonaparte que moi. Je pleurais en lui parlant, je la conjurais de ne point se rebuter, et, comme je n'étais pas sans crédit sur elle, je parvins à la déterminer à une dernière tentative.

« Nommez-moi s'il le faut au premier consul, lui disais-je; je suis bien peu de chose, mais enfin il jugera par l'impression que je reçois de celle qu'il va produire, car enfin je lui suis plus attachée que beaucoup d'autres; je ne demande pas mieux que de lui trouver des excuses, et je n'en vois pas une à ce qu'il va faire. »

Nous vîmes peu Bonaparte dans cette seconde journée; le grand juge, le préfet de police, Murat vinrent, et eurent de longues audiences; je trouvais à tout le monde des figures sinistres. Je demeurai debout une partie de la nuit. Quand je m'endormais, mes rêves étaient affreux. Je croyais entendre des mouvements continuels dans le château, et qu'on tentait sur nous de nouvelles entreprises. Je me sentais pressée tout à coup du désir d'aller me jeter aux genoux de Bonaparte, pour lui demander qu'il eût pitié de sa gloire; car alors je trouvais qu'il en avait une bien pure, et de bonne foi je pleurais sur elle. Cette nuit ne s'effacera jamais de mon souvenir.

Le mardi matin, madame Bonaparte me dit : « Tout est inutile; le duc d'Enghien arrive ce soir. Il sera conduit à Vincennes, et jugé cette nuit. Murat se charge de tout.. Il est odieux dans cette affaire. C'est lui qui pousse Bonaparte; il répète qu'on prendrait sa clémence pour de la faiblesse, et que les jacobins seraient furieux. Il y a un parti qui trouve mauvais qu'on n'ait pas eu égard à l'ancienne gloire de Moreau, et qui demanderait pourquoi on ménagerait davantage un Bourbon; enfin Bonaparte m'a défendu de lui en parler davantage. Il m'a parlé de vous, ajouta-t-elle ensuite; je lui ai avoué que je vous avais tout dit; il avait été frappé de votre tristesse. Tâchez de vous contraindre. »

Ma tête était montée alors : « Ah! qu'il pense de moi ce qu'il voudra! il m'importe peu, madame, je vous assure, et, s'il me demande pourquoi je pleure, je lui répondrai que je pleure sur lui. » Et, en parlant ainsi, je pleurais en effet.

Madame Bonaparte s'épouvantait de l'état où elle me voyait; les émotions fortes de l'âme lui étaient à peu près étrangères, et quand elle cherchait à me calmer en me rassurant, je ne pouvais répondre que par ces mots : « Ah! madame, vous ne me comprenez pas! » Elle m'assurait qu'après cet événement Bonaparte marcherait comme auparavant. Hélas! ce n'était pas l'avenir qui m'inquiétait; je ne doutais pas de sa force sur lui et sur les autres, mais je sentais une sorte de déchirement intérieur qui m'était tout personnel.

Enfin, à l'heure du dîner, il fallut descendre et composer son visage. Le mien était bouleversé. Bonaparte jouait encore aux échecs, il avait pris fantaisie à ce jeu. Dès qu'il me vit, il m'appela près de lui, me disant de le conseiller; je n'étais pas en état de prononcer quatre mots. Il me parla avec un ton de douceur et d'intérêt qui acheva de me troubler. Lorsque le dîner fut servi, il me fit mettre près de lui, et me questionna sur une foule de choses toutes personnelles à ma famille. Il semblait qu'il prît à tâche de m'étourdir, et de m'empêcher de penser. On avait envoyé le petit Napoléon de Paris, on le plaça au milieu de la table, et son oncle parut s'amuser beaucoup de voir cet enfant toucher à tous les plats, et renverser tout autour de lui.

Après le dîner, il s'assit à terre, joua avec l'enfant, et affecta une gaieté qui me parut forcée. Madame Bonaparte, qui craignait qu'il ne fût demeuré irrité de ce qu'elle lui avait dit sur moi, me regardait en souriant doucement, et semblait me dire : « Vous voyez qu'il n'est pas si méchant, et que nous pouvons nous rassurer .» Pour moi,

CHAPITRE CINQUIÈME.

je ne savais plus où j'en étais ; je croyais dans certains moments faire un mauvais rêve ; j'avais sans doute l'air effaré, car tout à coup Bonaparte, me regardant fixement, me dit : « Pourquoi n'avez-vous pas de rouge? Vous êtes trop pâle. » Je lui répondis que j'avais oublié d'en mettre. « Comment? reprit-il, une femme qui oublie son rouge! » et en éclatant de rire : « Cela ne t'arriverait jamais, à toi, Joséphine! » Puis il ajouta : « Les femmes ont deux choses qui leur vont fort bien : le rouge et les larmes. » Toutes ces paroles achevèrent de me déconcerter.

Le général Bonaparte n'avait ni goût ni mesure dans sa gaieté. Alors il prenait des manières qui se sentaient des habitudes de garnison. Il fut encore assez longtemps à jouer avec sa femme avec plus de liberté que de décence, puis il m'appela vers une table pour faire une partie d'échecs. Il ne jouait guère bien, ne voulant pas se soumettre à la marche des pièces. Je le laissais faire ce qui lui plaisait ; tout le monde gardait le silence ; alors il se mit à chanter entre ses dents. Puis tout à coup il lui vint des vers à la mémoire. Il prononça à demi-voix : *Soyons amis, Cinna*, puis les vers de Gusman dans *Alzire* :

Et le mien quand ton bras vient de m'assassiner ¹.....

Je ne pus m'empêcher de lever la tête et de le regarder ; il sourit et continua. En vérité, je crus dans ce moment qu'il était possible qu'il eût trompé sa femme et tout le monde, et qu'il préparât une grande scène de clémence. Cette idée, à laquelle je m'attachai fortement, me donna du calme ; mon imagination était bien jeune alors, et d'ailleurs j'avais un tel besoin d'espérer ! « Vous aimez les vers ? » me dit Bonaparte ; j'avais bien envie de répondre : « Surtout quand ils font application. » Je n'osai jamais ².

1. Voici ces vers :
    Des dieux que nous servons connais la différence :
    Les tiens t'ont commandé le meurtre et la vengeance ;
    Et le mien, quand ton bras vient de m'assassiner,
    M'ordonne de te plaindre et de te pardonner.
              (*Alzire*, acte V, scène VII.)   (P. R.)

2. Le lendemain du jour où j'écrivais ceci, on me prêta précisément un livre qui a paru cette année et qui s'appelle *Mémoires secrets sur la vie de Lucien Bonaparte*. Cet ouvrage a pu être fait par quelque secrétaire de Lucien. Il renferme quelques faits qui manquent de vérité. Il y a quelques notes à la fin, ajoutées par une personne digne de foi, dit-on. Je suis tombée sur celle-ci, qui m'a paru curieuse : « Lucien apprit la mort du duc d'Enghien par le général Hullin, parent de madame Jouberthon, et qui arriva chez elle quelques heures après, avec la contenance d'un homme désespéré. On avait assuré le conseil militaire que le premier consul ne voulait que constater son pouvoir, et devait faire grâce au prince ; on avait même cité à quelques membres ces vers d'*Alzire* : *Des dieux que nous servons connais la différence*, etc. »

CHAPITRE CINQUIÈME.

Nous continuâmes notre partie, et de plus en plus je me confiai à sa gaieté. Nous jouions encore, lorsque le bruit d'une voiture se fit entendre : On annonça le général Hullin; le premier consul repoussa la table fortement, se leva, et, entrant dans la galerie voisine du salon, il demeura le reste de la soirée avec Murat, Hullin et Savary. Il ne reparut plus, et cependant moi, je rentrai chez moi plus tranquille. Je ne pouvais me persuader que Bonaparte ne fût pas ému de la pensée d'avoir dans les mains une telle victime. Je souhaitais que le prince demandât à le voir; et c'est ce qu'il fit en effet, en répétant ces paroles : « Si le premier consul consentait à me voir, il me rendrait justice, et comprendrait que j'ai fait mon devoir. » Peut-être, me disais-je, il ira lui-même à Vincennes, il accordera un éclatant pardon. A quoi bon sans cela rappeler les vers de Gusman?

La nuit, cette terrible nuit, se passa. Le matin, de bonne heure, je descendis au salon. J'y trouvai Savary seul, excessivement pâle, et, je lui dois cette justice, avec un visage décomposé. Ses lèvres tremblaient en me parlant, et cependant il ne m'adressait que des mots insignifiants. Je ne l'interrogeai point. Les questions ont toujours été paroles inutiles à des personnages de ce genre. Ils disent, sans qu'on leur demande, ce qu'ils veulent dire, et ne répondent jamais.

Madame Bonaparte entra dans le salon; elle me regarda tristement, et s'assit en disant à Savary : « Eh bien, c'est donc fait? — Oui, madame, reprit-il. Il est mort ce matin, et, je suis forcé d'en convenir, avec un beau courage. » Je demeurai atterrée.

Madame Bonaparte demanda des détails; ils ont été sus depuis. On avait conduit le prince dans un des fossés du château; quand on lui avait proposé un mouchoir, il le repoussa dignement, et s'adressant aux gendarmes : « Vous êtes Français, leur dit-il, vous me rendrez bien au moins le service de ne point me manquer. » Il remit un anneau, des cheveux et une lettre pour madame de Rohan; Savary montra le tout à madame Bonaparte. La lettre était ouverte, courte et affectueuse. Je ne sais si les dernières intentions de ce malheureux prince auront été exécutées.

« Après sa mort, reprit Savary, on a permis aux gendarmes de prendre ses vêtements, sa montre, et l'argent qu'il avait sur lui; aucun n'a voulu y toucher. On dira ce qu'on voudra, on ne peut voir périr de pareils hommes comme on ferait de tant d'autres, et je sens que j'ai peine à retrouver mon sang-froid. »

Peu à peu parurent Eugène de Beauharnais, trop jeune pour avoir un souvenir, et qui ne voyait guère dans le duc d'Enghien qu'un conspirateur contre les jours de son maître, des généraux, dont je n'écrirai point les noms, qui exaltaient cette action, si bien que madame Bonaparte, toujours un peu effrayée dès qu'on parlait haut et fort, crut devoir s'excuser de sa tristesse, en répétant cette phrase si complètement déplacée : « Je suis une femme, moi, et j'avoue que cela me donne envie de pleurer. »

Dans la matinée, il vint une foule de monde, les consuls, les ministres, Louis Bonaparte et sa femme ; le premier renfermé dans un silence qui paraissait désapprobateur, madame Louis effarouchée, n'osant point sentir et comme demandant ce qu'elle devait penser. Les femmes encore plus que le reste étaient absolument soumises à la puissance magique de ce mot sacramentel de Bonaparte : *Ma politique.* C'est avec ce mot qu'il écrasait la pensée, les sentiments, même les impressions, et quand il le prononçait, presque personne au palais, surtout pas une femme, n'eût osé l'interroger sur ce qu'il voulait dire.

Mon mari vint aussi le matin ; sa présence soulagea la terrible oppression qui m'étouffait. Il était abattu et affligé comme moi. Combien je lui sus gré de ne pas penser à me donner le moindre avis sur l'attitude composée qu'il fallait prendre dans cette occasion ! Nous nous entendîmes dans toutes nos souffrances. Il me conta qu'on était généralement révolté à Paris, et que les chefs du parti jacobin disaient : « Le voilà des nôtres. » Il ajouta ces paroles, que je me suis souvent rappelées depuis : « Voilà le consul lancé dans une route où, pour effacer ce souvenir, il sera souvent forcé de laisser de côté l'utile, et de nous étourdir par l'extraordinaire. » Il dit aussi à madame Bonaparte : « Il vous reste un conseil important à donner au premier consul : il n'a pas un moment à perdre pour rassurer l'opinion, qui marche vite à Paris. Il faut au moins qu'il prouve que ceci n'est point la suite d'un caractère cruel qui se développe, mais d'un calcul dont il ne m'appartient pas de déterminer la justesse, et qui doit le rendre bien circonspect. »

Madame Bonaparte apprécia ce conseil. Elle le

reporta à son époux, qui se trouva très disposé à l'entendre, et qui répondit par ces deux mots : *C'est juste*. En la rejoignant avant le dîner, je la trouvai dans la galerie avec sa fille, et M. de Caulaincourt, qui venait d'arriver. Il avait surveillé l'arrestation du prince, mais ne l'accompagna point. Je reculai dès que je l'aperçus. « Et vous aussi, me dit-il tout haut, vous allez me détester, et pourtant je ne suis que malheureux, mais je le suis beaucoup. Pour prix de mon dévouement le consul vient de me déshonorer. J'ai été indignement trompé, me voilà ainsi perdu. » Il pleurait en parlant, et me fit pitié.

Madame Bonaparte m'a assuré qu'il avait parlé du même ton au premier consul, et je l'ai vu longtemps conserver un visage sévère et irrité devant lui. Le premier consul lui faisait des avances, il les repoussait. Il lui étalait ses desseins, son système, il le trouvait raide et glacé; de brillants dédommagements lui furent offerts, et furent d'abord refusés. Peut-être eussent-ils dû l'être toujours.

Cependant l'opinion publique se dressa contre M. de Caulaincourt; chez certaines gens, elle ménageait le maître pour écraser l'aide de camp. Cette inégalité de démonstrations l'irrita ; il eût baissé la tête devant un blâme indépendant, qui devait être au moins partagé. Mais quand il vit qu'on était déterminé à épuiser les affronts sur lui, pour acquérir encore le droit de caresser le vrai coupable, il conçut un souverain mépris des hommes et consentit à les obliger au silence en se plaçant aussi à un degré de puissance qui pouvait leur imposer. Son ambition et Bonaparte justifièrent cette disposition. « Ne soyez point insensé, lui disait ce dernier. Si vous pliez devant les coups dont on veut vous frapper, vous serez assommé ; on ne vous saura nul gré de votre tardive opposition à mes volontés, et on vous blâmera d'autant plus qu'on n'aura point à vous craindre. » A force de revenir sur de pareils raisonnements, et en n'épargnant aucun moyen de consoler, caresser et séduire M. de Caulaincourt, Bonaparte parvint à calmer le ressentiment très réel qu'il éprouvait, et peu à peu l'éleva près de lui à de très grandes dignités. On peut blâmer plus ou moins la faiblesse qu'eut M. de Caulaincourt de pardonner la tache ineffaçable que le premier consul grava sur son front ; mais on lui doit cette justice, qu'il ne fut jamais près de lui ni aveugle, ni bas courtisan, et qu'il demeura dans le petit nombre de ses serviteurs qui ne négligèrent point l'occasion de lui dire la vérité¹.

Avant le dîner, madame Bonaparte et sa fille m'exhortèrent fort à garder la meilleure contenance que je pourrais. La première me dit que, dans la matinée, son époux lui avait demandé quel effet avait produit sur moi cette déplorable nouvelle, et que sur la réponse que j'avais pleuré, il lui avait dit : « C'est tout simple, elle fait son métier de femme ; vous autres, vous n'entendez rien à mes affaires ; mais tout se calmera, et l'on verra que je n'ai point fait une gaucherie. »

---

1. M. de Caulaincourt a conservé toute sa vie les mêmes sentiments, et il jugeait très sévèrement la politique et la personne de celui dont il s'employa souvent à conjurer les fatales volontés. Mon père tenait de M. Mounier, fils du célèbre membre des assemblées de la Révolution, avec lequel il était fort lié dans sa jeunesse, que dans la campagne de 1813, M. de Caulaincourt, alors duc de Vicence, accompagnant l'empereur avec une partie de son état-major et de sa maison, vit un obus labourer la terre à côté de Napoléon. Il poussa son cheval entre l'empereur et l'obus, et le couvrit, autant qu'il était en lui, des éclats qui heureusement n'atteignirent personne. Le soir, M. Mounier, soupant au quartier-général lui parlait de cet acte de dévouement par lequel il avait si simplement exposé sa vie pour sauver son maître : « Il est vrai, » répondit le duc de Vicence, et pourtant je ne croirais point qu'il » y a un Dieu au ciel, si cet homme-là mourait sur le trône. »

(P. R.)

Enfin, l'heure du dîner arriva. Avec le service ordinaire de la semaine, il y avait encore M. et madame Louis Bonaparte, Eugène de Beauharnais, M. de Caulaincourt et le général Hullin[1] ! La vue de cet homme me troublait. Il apportait dans ce jour la même expression de visage que la veille, une extrême impassibilité[2]. Je crois en vérité qu'il ne pensait avoir fait ni une mauvaise action, ni un acte de dévouement, en présidant la commission militaire qui condamna le prince. Depuis, il a vécu assez simplement. Bonaparte a payé par des places et de l'argent le funeste service qu'il lui devait ; mais il lui arrivait quelquefois de dire, en voyant Hullin : « Sa présence m'importune, je n'aime point ce qu'il me rappelle. »

Le consul passa de son cabinet à table ; il n'affectait point de gaieté ce jour-là. Au contraire, tant que dura le repas, il demeura plongé dans une rêverie profonde ; nous étions tous fort silencieux. Lorsqu'on allait se lever de table, tout à coup, le consul, répondant à ses pensées, prononça ces paroles d'une voix sèche et rude : « Au moins ils verront ce dont nous sommes capables, et do-

1. Alors commandant de Paris.
2. On m'a assuré, depuis, qu'il avait été fort affligé.

rénavant, j'espère, on nous laissera tranquilles. »
Il passa dans le salon ; il y causa tout bas longtemps
avec sa femme, et me regarda deux ou trois fois
sans courroux. Je me tenais tristement à l'écart,
abattue, malade, et sans volonté ni pouvoir de
dire un mot.

Peu à peu arrivèrent Joseph Bonaparte, M. et
madame Bacciochi [1], accompagnés de M. de Fontanes [2]. Lucien alors était brouillé avec son frère
par suite du mariage qu'il avait contracté avec
madame Jouberthon ; il ne paraissait plus chez le
premier consul, et se disposait à quitter la France.
Dans la soirée, on vit arriver Murat, le préfet de
police Dubois, les conseillers d'État, etc. Les
visages des arrivants étaient tous composés. La
conversation fut d'abord insignifiante, rare et
lourde ; les femmes assises et dans un grand silence, les hommes debout en demi-cercle ; Bonaparte marchant d'un angle à l'autre du salon. Il
entreprit d'abord une sorte de dissertation moitié

---

1. M. Bacciochi était alors colonel de dragons, et absolument étranger aux affaires publiques. Il avait la passion du violon et en jouait toute la journée.
2. M. de Fontanes fut nommé dans ce temps président du Corps législatif, et plus tard président perpétuel.

littéraire, moitié historique avec M. de Fontanes. Quelques noms qui appartiennent à l'histoire ayant été prononcés, lui donnèrent occasion de développer son opinion sur quelques-uns de nos rois et des plus grands capitaines de l'histoire. Je remarquai de ce jour que son penchant naturel le portait à tous les détrônements de quelque genre qu'ils fussent, même à ceux des admirations. Il exalta Charlemagne, mais prétendit que la France avait toujours été en décadence sous les Valois. Il rabaissa la grandeur d'Henri IV : « Il manquait, disait-il, de gravité. C'est une affectation qu'un souverain doit éviter que celle de la bonhomie. Que veut-il? rappeler à ce qui l'entoure qu'il est un homme comme un autre? Quel contresens! Dès qu'un homme est roi, il est à part de tous; et j'ai toujours trouvé l'instinct de la vraie politique dans l'idée qu'eut Alexandre de se faire descendre d'un dieu. » Il ajouta que Louis XIV avait mieux connu les Français que Henri IV; mais il se hâta de le représenter subjugué par des prêtres et *une vieille femme*, et il se livra à ce sujet à des opinions un peu vulgaires. De là il tourna sa pensée sur quelques généraux de Louis XIV, et sur la science militaire en général.

« La science militaire, disait-il, consiste à bien calculer toutes les chances d'abord, et ensuite à faire exactement, presque mathématiquement, la part du hasard. C'est sur ce point qu'il ne faut pas se tromper, et qu'une décimale de plus ou de moins peut tout changer. Or ce partage de la science et du hasard ne peut se caser que dans une tête de génie, car il en faut partout où il y a création, et certes la plus grande improvisation de l'esprit humain est celle qui donne une existence à ce qui n'en a pas. Le hasard demeure donc toujours un mystère pour les esprits médiocres, et devient une réalité pour les hommes supérieurs. Turenne n'y pensait guère et n'avait que de la méthode. Je crois, ajoutait-il en souriant, que je l'aurais battu. Condé s'en doutait plus que lui, mais c'était par impétuosité qu'il s'y livrait. Le prince Eugène est un de ceux qui l'ont le mieux apprécié. Henri IV a toujours mis la bravoure à la place de tout; il n'a livré que des combats, et ne se fût pas tiré d'une bataille rangée. C'est un peu par démocratie qu'on a tant vanté Catinat; j'ai, pour mon compte, remporté une victoire là où il fut battu. Les philosophes ont façonné sa réputation comme ils l'ont voulu, et cela a été d'autant plus facile qu'on peut toujours dire tout ce qu'on veut des gens médiocres portés à une certaine évidence par des circonstances qu'ils n'ont pas créées. Pour être un véritable grand homme, dans quelque genre que ce soit, il faut réellement avoir improvisé une partie de sa gloire, et se montrer au-dessus de l'événement qu'on a causé. Par exemple, César a eu dans plusieurs occasions une faiblesse qui me met en défiance des éloges que lui donne l'histoire. Monsieur de Fontanes, vos amis les historiens me sont souvent fort suspects, votre Tacite lui-même n'explique rien; il conclut de certains résultats sans indiquer les routes qui ont été suivies; il est, je crois, habile écrivain, mais rarement homme d'État. Il nous peint Néron comme un tyran exécrable, et puis nous dit, presque en même temps qu'il nous parle du plaisir qu'il eut à brûler Rome, que le peuple l'aimait beaucoup. Tout cela n'est pas net. Allez, croyez-moi, nous sommes un peu dupes dans nos croyances des écrivains qui nous ont fabriqué l'histoire au gré de la pente naturelle de leur esprit. Mais savez-vous de qui je voudrais lire une histoire bien faite? C'est du roi de Prusse, de Frédéric. Je crois que celui-là est un de ceux qui ont le mieux su leur métier dans tous les genres. Ces dames, dit-il en se retournant vers nous, ne seront pas de mon avis, et diront qu'il était sec et personnel; mais, après tout, un homme d'État est-il fait pour être sensible? N'est-ce pas un personnage complètement excentrique, toujours seul d'un côté avec le monde de l'autre? Sa lunette est celle de sa politique; il doit seulement avoir égard à ce qu'elle ne grossisse, ni ne diminue rien. Et tandis qu'il observe les objets avec attention, il faut qu'il soit attentif à remuer également les fils qu'il a dans la main. Le char qu'il conduit est souvent attelé de chevaux inégaux; jugez donc s'il doit s'amuser à ménager certaines convenances de sentiments si importantes pour le commun des hommes! Peut-il considérer les liens du sang, les affections, les puérils ménagements de la société? Et dans la situation où il se trouve, que d'actions séparées de l'ensemble et qu'on blâme, quoiqu'elles doivent contribuer au grand œuvre que tout le monde n'aperçoit pas! Un jour elles termineront la création du colosse immense qui fera l'admiration de la postérité. Malheureux que vous êtes! Vous retiendrez vos éloges parce que vous craindrez que le mouvement de cette grande machine ne fasse sur vous l'effet de Gulliver qui, lorsqu'il déplaçait sa jambe, écrasait les Lilliputiens. Exhortez-vous, devancez le temps, agrandissez votre imagination, regardez de loin, et vous verrez que ces grands personnages que vous croyez violents, cruels, que sais-je? ne sont que des politiques. Ils se connaissent, se jugent mieux que vous, et, quand ils sont réellement habiles, ils savent se rendre maîtres de leurs passions, car ils vont jusqu'à en calculer les effets. »

On peut voir par cette espèce de *manifeste* la nature des opinions de Bonaparte, et encore comme une de ses idées en enfantait une autre quand il se livrait à la conversation. Il arrivait quelquefois qu'il discourait avec moins de suite, parce qu'il tolérait assez bien les interruptions, mais, ce jour-là, les esprits semblaient glacés en sa présence, et personne n'osait saisir certaines applications qu'il était pourtant visible qu'il avait offertes lui-même.

Il n'avait pas cessé d'aller et de venir en parlant ainsi pendant près d'une heure. Ma mémoire a laissé échapper beaucoup d'autres choses qu'il dit encore. Enfin, interrompant tout à coup le cours de ses idées, il ordonna à M. de Fontanes de lire des extraits de la correspondance de Drake, dont j'ai déjà parlé, extraits qui étaient tous relatifs à la conspiration.

Quand la lecture fut finie : « Voilà des preuves, dit-il, qu'on ne peut récuser. Ces gens-là voulaient mettre le désordre dans la France et tuer la Révolution dans ma personne; j'ai dû la défendre et la venger. J'ai montré ce dont elle est capable. Le duc d'Enghien conspirait comme un autre, il a fallu le traiter comme un autre. Du reste, tout cela était ourdi sans précaution, sans connaissance du terrain; quelques correspondants obscurs, quelques vieilles femmes crédules ont écrit, on les a crus; les Bourbons ne verront jamais rien que par l'Œil-de-Bœuf, et sont destinés à de perpétuelles illusions. Les Polignac ne doutaient pas que toutes les maisons de Paris ne fussent ouvertes pour les recevoir, et, arrivés ici, aucun noble n'a voulu les accueillir. Tous ces insensés me tueraient qu'ils ne l'emporteraient point encore; ils ne mettraient à ma place que les jacobins irrités. Nous avons passé le temps de l'étiquette; les Bourbons ne savent point s'en départir; si vous les voyez rentrer, je gage que c'est la première chose dont ils s'occuperaient. Ah! c'eût été différent si on les avait vus comme Henri IV sur un champ de bataille, tout couverts de sang et de poussière. On ne reprend point un royaume avec une lettre datée de Londres et signée *Louis*. Et cependant une telle lettre compromet des imprudents que je suis forcé de punir, et qui me font une sorte de pitié. J'ai versé du sang, je le devais, j'en répandrai peut-être encore, mais sans colère, et tout simplement parce que la saignée entre dans les combinaisons de la médecine politique. Je suis l'homme de l'État, je suis la Révolution française, je le répète, et je la soutiendrai. »

Après cette dernière déclaration, Bonaparte nous congédia tous ; chacun se retira sans oser se communiquer ses idées, et ainsi se termina une si fatale journée.

1. Le meurtre du duc d'Enghien est l'inépuisable sujet des controverses entre les adversaires de l'Empire et les défenseurs de Napoléon. Mais les dernières et les plus sérieuses publications des historiens et des auteurs de mémoires ne sont en rien contradictoires avec ce récit qui a d'ailleurs tous les caractères de la sincérité et de la vérité. Le premier consul a conçu et ordonné l'attentat, Savary et la commission militaire l'ont exécuté, M. de Caulaincourt en a été l'intermédiaire inconscient. On peut trouver toutes les pièces du procès dans un livre intitulé : *Le duc d'Enghien, d'après les documents historiques*, par L. Constant, in-8, Paris, 1869. Voici toutefois un passage des *Mémoires d'Outre-tombe*, par Chateaubriand, qu'il me paraît intéressant de citer ici, quoique ce livre ne soit point le meilleur de son auteur, et ne mérite pas une confiance absolue. Pourtant la démission que

donna le lendemain du crime M. de Chateaubriand lui fait justement honneur. « Il y eut une délibération du conseil pour
» l'arrestation du duc d'Enghien. Cambacérès, dans ses mémoires
» inédits, affirme, et je le crois, qu'il s'opposa à cette arrestation ;
» mais en racontant ce qu'il dit, il ne dit pas ce qu'on lui répliqua.
» Du reste, le *Mémorial de Sainte-Hélène* nie les sollicitations de
» miséricorde auxquelles Bonaparte aurait été exposé. La pré-
» tendue scène de Joséphine demandant à genoux la grâce
» du duc d'Enghien, s'attachant au pan de l'habit de son mari et
» se faisant traîner par ce mari inexorable, est une de ces inven-
» tions de mélodrame avec lesquelles nos fabliers composent au-
» jourd'hui la véridique histoire. Joséphine ignorait, le 19 mars au
» soir, que le duc d'Enghien devait être jugé ; elle le savait seu-
» lement arrêté. Elle avait promis à madame de Rémusat de s'in-
» téresser au sort du prince. Ce ne fut que le 21 mars que Bona-
» parte dit à sa femme : « Le duc d'Enghien est fusillé. » Les
» mémoires de madame de Rémusat, que j'ai connue, étaient extrê-
» mement curieux sur l'intérieur de la cour impériale. L'auteur
» les a brûlés pendant les Cent-Jours, et ensuite écrits de nou-
» veau ; ce ne sont plus que des souvenirs reproduits sur des sou-
» venirs ; la couleur est affaiblie, mais Bonaparte y est toujours
» montré à nu, et jugé avec impartialité. » (P. R.)

CHAPITRE VI.

(1804.)

Impression produite à Paris par la mort du duc d'Enghien. — Efforts du premier consul pour la dissiper. — Représentation de l'Opéra. — Mort de Pichegru. — Rupture de Bonaparte avec son frère Lucien. — Projet d'adoption du jeune Napoléon. — Fondation de l'Empire.

Le premier consul n'épargna rien pour rassurer les inquiétudes qui s'élevèrent à la suite de cet événement. Il s'aperçut que sa conduite avait remis en question le fond de son caractère, et il s'appliqua, dans ses discours au conseil d'État, et aussi avec nous tous, à montrer que la politique seule et non la violence d'une passion quelconque avait causé la mort du duc d'Enghien. Il soigna beaucoup, ainsi que je l'ai dit, la véritable indignation que laissa voir M. de Caulaincourt, et il me témoigna une sorte d'indulgence soutenue qui troubla de nouveau mes idées. Quel pouvoir, même de persuasion, exercent sur nous les souverains !

De quelque nature qu'ils soient, nos sentiments et, pour tout dire, notre vanité aussi, tout s'empresse au-devant de leurs moindres efforts. Je souffrais beaucoup, mais je me sentais encore gagnée peu à peu par cette conduite adroite, et, comme Burrhus, je m'écriais :

Plût à Dieu que ce fût le dernier de ses crimes!

Cependant nous revînmes à Paris, et alors je reçus de nouvelles et pénibles impressions de l'état où je trouvai les esprits. Il me fallait baisser la tête devant ce que j'entendais dire, et me borner à rassurer ceux qui croyaient que cette funeste action allait ouvrir un règne qui serait désormais souvent ensanglanté, et, quoiqu'il fût, au fond, bien difficile d'exagérer les impressions qu'avait dû produire un tel crime, cependant l'esprit de parti poussait si loin les choses qu'avec l'âme profondément froissée, je me trouvais obligée quelquefois d'entreprendre une sorte de justification, assez inutile au fond, parce qu'elle s'adressait à des gens déterminés.

J'eus une scène assez vive, entre autres, avec madame de***, cousine de madame Bonaparte. Elle était de ces personnes qui n'allaient point le soir aux Tuileries et qui, ayant partagé ce palais en deux régions fort distinctes, croyaient pouvoir, sans déroger à leurs opinions et à leurs souvenirs, se montrer au rez-de-chaussée chez madame Bonaparte le matin, et échapper toujours à l'obligation de reconnaître la puissance qui habitait le premier étage.

Elle était femme d'esprit, vive, assez exaltée dans ses opinions. Je la trouvai, un jour, chez madame Bonaparte, qu'elle avait effrayée par la véhémence de son indignation; elle m'attaqua avec la même chaleur et nous plaignit l'une et l'autre « de la chaîne qui nous liait, disait-elle, à un véritable tyran ». Elle poussa les choses si loin que j'essayai de lui faire voir qu'elle agitait sa cousine un peu plus qu'il ne fallait. Mais, dans sa violence, elle tomba sur moi, et m'accusa de ne pas assez sentir l'horreur de ce qui venait de se passer : « Quant à moi, me disait-elle, tous mes sens sont si révoltés que, si votre consul entrait dans cette chambre, à l'instant vous me verriez le fuir, comme on fuit un animal venimeux. — Eh! madame, lui répondis-je (et je ne croyais pas alors mes paroles aussi prophétiques), retenez des discours dont il vous arrivera peut-être un jour d'être assez embarrassée. Pleurez avec nous, mais songez que le souvenir de certaines paroles prononcées dans le moment où l'on est si fortement animé complique souvent par la suite quelques-unes de nos actions. Aujourd'hui, j'ai devant vous des apparences de modération qui vous irritent, et peut-être que mes impressions dureront plus que les vôtres. » En effet, quelques mois après, madame de*** était dame d'honneur de sa cousine, devenue impératrice.

Hume dit quelque part que Cromwell, ayant établi autour de lui comme un simulacre de royauté, se vit promptement aborder par cette classe de grands seigneurs qui se croient obligés d'habiter les palais dès qu'on en rouvre les portes. De même, le premier consul, en prenant les titres du pouvoir qu'il exerçait réellement, offrit à la conscience des anciens nobles une justification que la vanité saisit toujours avec empressement; car le moyen de résister à la tentation de se replacer dans le rang que l'on se sent fait pour occuper? Ma comparaison sera bien triviale, mais je la crois juste : Il y a dans le caractère des grands seigneurs quelque chose du chat qui demeure attaché à la même maison, quel que soit le propriétaire qui vient l'habiter. Enfin, Bonaparte, couvert du sang du duc d'Enghien, mais devenu empereur, obtint de la noblesse française ce qu'il eût en vain demandé tant qu'il fut consul, et, quand plus tard il soutenait à l'un de ses ministres que ce meurtre était un crime et point une faute, « car, ajoutait-il, les conséquences que j'ai prévues sont toutes arrivées, » peut-être, en ce sens, avait-il raison.

Et pourtant, en regardant les choses d'un peu plus haut, les conséquences de cette action ont été plus étendues qu'il ne l'a cru. Sans doute il a réussi à amortir la vivacité de certaines opinions, parce qu'une foule de gens renoncent à sentir là où il n'y a plus à espérer; mais, comme disait M. de Rémusat, il fallait qu'à la suite de l'odieux que son crime répandit sur lui, il nous détournât de ce souvenir par une suite de faits extraordinaires qui imposèrent silence à tous les souvenirs, et surtout il contracta avec nous l'obligation d'un succès constant; car le succès seul pouvait le justifier. Et, si nous voulons regarder dans quelle route tortueuse et difficile il fut forcé de se jeter depuis lors, nous conclurons qu'une noble et pure politique, qui a pour base la prospérité de l'humanité et l'exercice de ses droits, est encore, est toujours la voie la plus commode à suivre pour un souverain.

Bonaparte a réussi, par la mort du duc d'Enghien, à compromettre, nous d'abord, plus tard la noblesse française, enfin la nation entière et toute l'Europe. On s'est lié à son sort, il est vrai, c'était un grand point pour lui; mais, en nous flétrissant il perdait ses droits au dévouement qu'il eût réclamé en vain dans ses malheurs. Comment eût-il pu compter sur un lien forgé, il faut en convenir, aux dépens des plus nobles sentiments de l'âme? Hélas! j'en juge par moi-même. A dater de cette époque, j'ai commencé à rougir à mes propres yeux de la chaîne que je portais, et ce sentiment secret, que j'étouffais plus ou moins bien par intervalles, plus tard m'est devenu commun avec le monde entier.

A son retour à Paris, le premier consul fut frappé d'abord de l'effet qu'il avait produit; il s'aperçut que les sentiments vont un peu moins vite que les opinions, et que les visages avaient changé d'expression en sa présence. Fatigué d'un souvenir qu'il aurait voulu rendre ancien dès les premiers jours, il pensa que le plus court moyen était d'user promptement les impressions, et il se détermina à paraître en public, quoiqu'un certain nombre de gens lui conseillassent d'attendre un peu. « Mais, répondit-il, il faut à tout prix vieillir cet événement, et il demeurera nouveau tant qu'il restera quelque chose à éprouver. En ne changeant rien à nos habitudes, je forcerai le public à diminuer l'importance des circonstances. » Il fut donc résolu qu'il irait à l'Opéra. Ce jour-là j'accompagnais madame Bonaparte. Sa voiture suivait immédiatement celle de son époux. Ordinairement il avait coutume de ne point attendre qu'elle fût arrivée pour franchir rapidement les escaliers et se montrer dans sa loge ; mais, cette fois, il s'arrêta dans un petit salon qui la précédait et donna à madame Bonaparte le temps de le rejoindre. Elle était fort tremblante, et lui très pâle ; il nous regardait tous et semblait interroger nos regards pour savoir comment nous pensions qu'il serait reçu. Il s'avança enfin de l'air de quelqu'un qui marche au feu d'une batterie. On l'accueillit comme de coutume, soit que sa vue produisît son effet accoutumé, car la multitude ne change point en un moment ses habitudes, soit que la police eût pris d'avance quelques précautions. Je craignais fort qu'il ne fût pas applaudi, et lorsque je vis qu'il l'était, j'éprouvai cependant un serrement de cœur.

Il ne demeura que peu de jours à Paris; il alla s'établir à Saint-Cloud, et je crois bien que, dès ce moment, il détermina l'exécution de ses projets de royauté. Il sentit la nécessité d'imposer à l'Europe une puissance qui ne pouvait plus être contestée, et dans le moment où, par des actes qui ne lui paraissaient que vigoureux, il venait de rompre avec tous les partis, il pensa qu'il lui serait facile de montrer à découvert le but vers lequel il avait marché avec plus ou moins de précautions. Il commença par obtenir du Corps législatif assemblé une levée de soixante mille hommes, non qu'on en eût besoin pour la guerre avec l'Angleterre, qui ne pouvait se faire que sur mer, mais parce qu'il fallait se donner une attitude imposante à l'instant où on allait frapper l'Europe par un incident tout nouveau. Le code civil venait d'être terminé, c'était une œuvre importante qui méritait, disait-on, l'approbation générale. Les tribunes des trois corps de l'État retentirent à cette occasion de l'éloge de Bonaparte. M. Marcorelle, député du Corps législatif, fit une motion, le 24 mars, trois jours après la mort du duc d'Enghien, qui fut accueillie avec acclamations. Il proposa que le buste du premier consul décorât la salle des séances. « Qu'un acte éclatant de notre amour, dit-il, annonce à l'Europe que celui qu'ont menacé les poignards de quelques vils assassins est l'objet de notre affection et de notre admiration! » De nombreux applaudissements répondirent à ces paroles.

Peu de jours après, Fourcroy, conseiller d'État, vint porter la parole au nom du gouvernement pour clore la session. Il parla des princes de la maison de Bourbon en les appelant : « Les membres de cette famille dénaturée qui aurait voulu noyer la France dans son sang pour pouvoir régner sur elle. » Et il ajouta qu'il fallait les menacer de mort, s'ils voulaient souiller de leur présence le sol de la patrie.

Cependant l'instruction du grand procès se continuait avec soin; chaque jour on arrêtait, soit en Bretagne, soit à Paris, des chouans qui se rattachaient à cette conspiration, et l'on avait déjà interrogé plusieurs fois Georges, Pichegru et Moreau. Les deux premiers, disait-on, répondaient avec fermeté. Le dernier paraissait abattu; il ne sortait rien de net de ces interrogatoires.

CHAPITRE SIXIÈME.

Un matin, on trouva le général Pichegru étranglé dans sa prison. Cet événement fit un grand bruit. On ne manqua pas de l'attribuer au désir de se défaire d'un ennemi redoutable. La détermination de son caractère, disait-on, l'aurait porté, au moment où la procédure fût devenue publique, à des paroles animées qui auraient produit un effet fâcheux. Il eût peut-être excité un parti en sa faveur; il eût déchargé Moreau, dont il était déjà si difficile de prouver juridiquement la culpabilité. Voilà quels motifs on donnait à cet assassinat. D'un autre côté, les partisans de Bonaparte disaient : « Personne ne doute que Pichegru ne soit venu à Paris pour y exciter un soulèvement; lui-même ne le nie pas, ses aveux auraient convaincu les incrédules; son absence, lors des interrogatoires, nuira à la clarté qu'il serait désirable de répandre sur tout ce procès. »

Une fois, plusieurs années après, je demandais à M. de Talleyrand ce qu'il pensait de la mort de Pichegru : « Qu'elle est arrivée, me dit-il, bien subitement et bien à point. » Mais, à cette époque, M. de Talleyrand était brouillé avec Bonaparte et il ne négligeait aucune occasion de lancer sur lui toute espèce d'accusation. Je suis donc bien loin de rien affirmer par rapport à cet événement. On n'en parla point à Saint-Cloud, et chacun s'abstint de l'ombre d'une réflexion.

Ce fut à peu près dans le même temps que Lucien Bonaparte quitta la France et se brouilla sans retour avec son frère. Son mariage avec madame Jouberthon, mariage que Bonaparte n'avait pu rompre, les avait séparés. Ils ne se voyaient que rarement. Le consul, occupé de ses grands projets, fit une dernière tentative; mais Lucien demeura inébranlable. On lui étala en vain l'élévation prochaine de la famille, on lui parla d'un mariage avec la reine d'Étrurie[1]; l'amour fut le plus fort, et il refusa tout. Il s'ensuivit une scène violente, une rupture complète, et l'exil de Lucien du sol français.

Dans cette occasion, je me trouvai à portée de voir le premier consul livré à l'une de ces émotions rares dont j'ai parlé plus haut, où il paraissait vraiment attendri.

1. La Toscane avait été, après le traité de Lunéville (1801), érigée en royaume d'Étrurie, et donnée au fils du duc de Parme. Le roi étant mort en 1803, sa veuve, Marie-Louise, fille de Charles IV, roi d'Espagne, lui succéda jusqu'en 1807, époque où ce petit royaume fut incorporé à l'Empire, pour en être distrait en 1809 en faveur de madame Bacciochi, qui prit le titre de grande duchesse de Toscane. (P. R.)

CHAPITRE SIXIÈME.

C'était à Saint-Cloud, vers la fin d'une soirée. Madame Bonaparte, seule avec M. de Rémusat et moi, attendait avec inquiétude l'issue de cette dernière conférence entre les deux frères. Elle n'aimait pas Lucien, mais elle eût désiré qu'il ne se passât rien d'éclatant dans la famille. Vers minuit, Bonaparte entra dans le salon ; son air était abattu, il se laissa tomber sur un fauteuil, et s'écria d'un ton fort pénétré : « C'en est donc fait ! Je viens de rompre avec Lucien et de le chasser de ma présence. » Madame Bonaparte lui faisant quelques représentations : « Tu es une bonne femme, lui dit-il, de plaider pour lui, » et se levant en même temps, il prit sa femme dans ses bras, lui posa doucement la tête sur son épaule, et tout en parlant, conservant la main appuyée sur cette tête dont l'élégante coiffure contrastait avec le visage terne et triste dont elle était rapprochée, il nous conta que Lucien avait résisté à toutes ses sollicitations, qu'il avait en vain fait parler les menaces et l'amitié. « Il est dur pourtant, ajouta-t-il, de trouver dans sa famille une pareille résistance à de si grands intérêts. Il faudra donc que je m'isole de tout le monde, que je ne compte que sur moi seul. Eh bien ! je me suffirai à moi-même, et toi, Joséphine, tu me consoleras de tout. »

J'ai conservé un souvenir assez doux de cette scène. Bonaparte avait les larmes aux yeux en parlant, et j'étais tentée de le remercier lorsque je le trouvais susceptible d'une émotion un peu pareille à celle des autres hommes. Bien peu de temps après, son frère Louis lui fit éprouver une autre contrariété qui eut peut-être une grande influence sur le sort de madame Bonaparte.

Le consul, déterminé à monter sur le trône de France, et à fixer l'hérédité, abordait déjà quelquefois la question du divorce. Cependant, soit qu'il eût encore un trop grand attachement pour sa femme, soit que ses relations présentes avec l'Europe ne permissent point d'espérer une de ces alliances qui auraient fortifié sa politique, il parut pencher alors à ne point rompre son mariage, et à adopter le petit Napoléon, qui se trouvait en même temps son neveu et son petit-fils.

Sitôt qu'il eut laissé entrevoir ce projet, sa famille éprouva une extrême inquiétude. Joseph Bonaparte osa lui représenter qu'il n'avait pas mérité d'être dépossédé des droits qu'il allait acquérir, comme frère aîné, à la couronne, et il les soutint comme s'ils étaient réellement avérés depuis longtemps. Bonaparte, que la contradiction irritait toujours, s'emporta, et ne parut que plus décidé dans son plan; il le confia à sa femme, qu'il combla de joie, et qui m'en parlait en envisageant son exécution comme le terme de ses inquiétudes. Madame Louis s'y soumit sans montrer aucune satisfaction; elle n'avait pas la moindre ambition, et même elle ne pouvait se défendre de craindre que cette élévation n'attirât quelque danger sur la tête de son enfant. Un jour, le consul, entouré de sa famille, tenant le jeune Napoléon sur ses genoux, tout en jouant avec lui et le caressant, lui adressait ces paroles : « Sais-tu bien, petit bambin, que tu risques d'être roi un jour? — Et Achille[1]? dit aussitôt Murat qui se trouvait présent. — Ah! Achille, répondit Bonaparte, Achille sera un bon soldat. » Cette réponse blessa profondément madame Murat; mais Bonaparte, ne faisant pas semblant de s'en apercevoir, et piqué intérieurement de l'opposition de ses frères qu'il croyait, avec raison, excitée surtout par elle, Bonaparte, continuant d'adresser la parole à son petit-fils : « En tout cas, dit-il en-

---

1. Achille était fils aîné de Murat.

core, je te conseille, mon pauvre enfant, si tu veux vivre, de ne point accepter les repas que t'offriront tes cousins. »

On conçoit quelle violente aigreur devaient inspirer de semblables discours. Louis Bonaparte fut dès lors environné de sa famille; on lui rappelait adroitement les bruits qui avaient couru sur la naissance de son fils; on lui représenta qu'il ne devait point sacrifier les intérêts des siens à celui d'un enfant qui d'ailleurs appartenait à moitié aux Beauharnais, et, comme Louis Bonaparte n'était pas si peu capable d'ambition qu'on l'a voulu croire depuis, il alla, ainsi que Joseph, demander au premier consul raison du sacrifice de ses droits qu'on voulait lui imposer : « Pourquoi, disait-il, faut-il donc que je cède à mon fils ma part de votre succession? Par où ai-je mérité d'être déshérité? Quelle sera mon attitude, lorsque cet enfant, devenu le vôtre, se trouvera dans une dignité très supérieure à la mienne, indépendant de moi, marchant immédiatement après vous, ne me regardant qu'avec inquiétude ou peut-être même avec mépris? Non, je n'y consentirai jamais, et plutôt que de renoncer à la royauté qui va entrer dans votre héritage, plutôt que de consentir à courber la tête devant mon fils, je quitterai la France, j'emmènerai Napoléon, et nous verrons si tout publiquement vous oserez ravir un enfant à son père ! »

Il fut impossible au premier consul, malgré tout son pouvoir, de vaincre cette résistance; il s'emporta inutilement, il lui fallut céder de peur d'un éclat fâcheux et presque ridicule, car c'eût été ridicule sans doute de voir toute cette famille se disputer d'avance une couronne que la France n'avait point encore précisément donnée. On étouffa tout ce bruit, et Bonaparte fut obligé de rédiger son hérédité, et la possibilité de l'adoption qu'il se réserva, dans les termes qu'on trouve dans le décret relatif à l'élévation du consul à l'Empire.

Ces discussions animèrent, comme on peut le croire, la haine qui existait déjà entre les Bonapartes et les Beauharnais. Les premiers les envisagèrent comme la suite d'une intrigue de madame Bonaparte. Louis se montra encore plus sévère que par le passé dans la défense qu'il renouvela à sa femme d'avoir aucune relation intime avec sa mère : « Si vous suivez ses intérêts aux dépens des miens, lui disait-il durement, je vous déclare que je saurai vous en faire repentir; je vous séparerai de vos fils, je vous claquemurerai dans quelque retraite éloignée dont aucune puissance humaine ne pourra vous tirer, et vous payerez du malheur de votre vie entière votre condescendance pour votre propre famille. Et surtout, gardez qu'aucune de mes menaces parvienne aux oreilles de mon frère! Sa puissance ne vous défendrait pas de mon courroux. »

Madame Louis pliait la tête comme une victime devant une pareille violence. Elle était grosse à cette époque; le chagrin et l'inquiétude altérèrent sa santé, qui dès lors ne se remit plus. On vit disparaître sa fraîcheur, qui était le seul agrément de son visage. Elle avait une gaieté naturelle qui s'effaça pour toujours. Silencieuse, craintive, elle se gardait de confier ses peines à sa mère dont elle craignait l'indiscrétion et la vivacité. Elle ne voulait pas non plus irriter le premier consul. Celui-ci lui savait gré de sa réserve, car il connaissait son frère, et devinait les souffrances qu'elle avait à supporter. Il ne laissa, depuis ce temps, échapper aucune occasion de témoigner l'intérêt, et je dirai plus, une sorte de respect que la douce et sage conduite de sa belle-fille lui inspira. Ce que je dis là ne ressemble guère à l'opinion qui s'est malheureusement établie sur cette femme infortunée; mais ses vindicatives belles-sœurs n'ont jamais cessé de la flétrir par les plus odieuses calomnies, et, comme elle portait le nom de Bonaparte, le public, se vengeant peu à peu de la haine qu'inspirait le despotisme impérial par une sorte de mépris partiel répandu sur tout ce qui faisait partie de la famille, accueillit volontiers tous les bruits qui furent habilement lancés contre madame Louis. Son époux, irrité de plus en plus par les chagrins qu'il lui causait, s'avouant qu'il ne pouvait être aimé après la tyrannie qu'il exerçait, jaloux par orgueil, défiant par caractère, aigri par les habitudes d'une mauvaise santé, personnel à l'excès, fit peser sur elle toutes les sévérités du despotisme conjugal. Elle était environnée d'espions, toutes ses lettres ne lui arrivaient qu'ouvertes; ses tête-à-tête, même avec des femmes, inspiraient de l'ombrage, et quand elle se plaignait de cette rigueur insultante : « Vous ne pouvez pas m'aimer, lui disait-il, vous êtes femme, par conséquent un être tout formé de ruse et de malice. Vous êtes la fille d'une mère sans morale; vous tenez à une famille que je déteste ; que de motifs pour moi de veiller sur toutes vos actions ! »

Madame Louis, de qui j'ai tenu ces détails bien longtemps après, n'avait de consolation que dans l'amitié de son frère dont les Bonapartes, quelque jaloux qu'ils fussent, ne pouvaient attaquer la conduite. Eugène, simple, franc, gai et ouvert dans toutes ses manières, ne montrant aucune ambition, se tenant à l'écart de toutes les intrigues, faisant son devoir où on le plaçait, désarmait la calomnie qui ne pouvait parvenir à l'atteindre, et demeurait étranger à tout ce qui se passait dans l'intérieur de ce palais. Sa sœur l'aimait passionnément, et ne confiait qu'à lui ses chagrins dans les courts moments où la jalouse surveillance de Louis leur permettait d'être ensemble.

Cependant, le premier consul ayant fait apparemment des plaintes à l'électeur de Bavière de la correspondance que M. Drake entretenait en France, et cet Anglais ayant conçu quelques inquiétudes pour sa sûreté, ainsi que sir Spencer Smith envoyé d'Angleterre près de la cour de Wurtemberg, ils disparurent tout d'un coup. Lord Morpoth, dans la chambre des communes, demanda aux ministres raison de la conduite de

Drake. Le chancelier de l'échiquier répondit qu'il n'avait été donné à cet envoyé aucun pouvoir du gouvernement pour une telle machination, et qu'il s'expliquerait davantage, quand l'ambassadeur aurait répondu aux informations qu'on lui avait demandées.

A cette époque, le premier consul avait de longues conférences avec M. de Talleyrand. Celui-ci, dont toutes les opinions sont essentiellement monarchiques, pressait le consul de remplacer son titre par celui de roi. Il m'a avoué depuis que le titre d'empereur l'avait dès lors effrayé; il y voyait un vague et une étendue qui étaient précisément ce qui flattait l'imagination de Bonaparte. « Mais, disait encore M. de Talleyrand, il y avait là une combinaison de république romaine et de Charlemagne qui lui tournait la tête. Un jour, je voulus me donner le plaisir de mystifier Berthier, je le pris à part : « Vous savez, lui dis-je, quel
» grand projet nous occupe; allez-vous-en pres-
» ser le premier consul de prendre le titre de roi;
» vous lui ferez plaisir. » Aussitôt Berthier, charmé d'avoir une occasion de parler à Bonaparte sur un sujet agréable, s'avance près de lui à l'autre bout de la pièce où nous étions tous; je m'éloi-

gnai un peu, parce que je prévoyais l'orage. Berthier commence son petit compliment ; mais, au mot de *roi*, les yeux de Bonaparte s'allument, il met le poing sous le menton de Berthier, le pousse devant lui jusqu'à la muraille : « Imbé-
» cile, dit-il, qui vous a conseillé de venir ainsi
» m'échauffer la bile ? Une autre fois ne vous
» chargez plus de pareilles commissions. » Le pauvre Berthier me regarda tout confus qu'il était, et fut assez longtemps sans me pardonner cette mauvaise plaisanterie. »

Enfin, le 30 avril 1804, le tribun Curée, à qui sans doute on avait fait la leçon, et dont la bonne volonté fut payée plus tard par une place de sénateur, fit ce qu'on appelait alors une motion d'ordre au Tribunat, pour demander que le gouvernement de la république fût confié à un empereur, et que l'Empire fût héréditaire dans la famille de Napoléon Bonaparte. Son discours parut habilement fait ; il regardait l'hérédité, disait-il, comme une garantie contre les machinations de l'extérieur, et au fait, le titre d'empereur ne signifiait que consul victorieux. Presque tous les tribuns s'inscrivirent pour parler. On nomma une commission de treize membres. Carnot seul eut le courage de s'opposer hautement à cette proposition. Il déclara que, par la même raison qu'il avait voté contre le consulat à vie, il voterait contre l'Empire, sans aucune animosité personnelle, et bien déterminé à obéir à l'empereur, s'il était élu. Il fit un grand éloge du gouvernement d'Amérique, et ajouta que Bonaparte aurait pu l'adopter lors du traité d'Amiens; que les abus du despotisme avaient des suites plus dangereuses pour les nations que ceux de la liberté, et qu'avant d'aplanir la route à ce despotisme d'autant plus dangereux qu'il était appuyé sur des succès militaires, il eût fallu créer les institutions qui devaient le réprimer. Nonobstant l'opposition de Carnot, le projet de vœu fut mis aux voix et adopté.

Le 4 mai, une députation du Tribunat porta ce projet au Sénat déjà tout préparé. Le vice-président, François de Neufchâteau, répondit que le Sénat avait prévenu ce vote, et qu'il le prendrait en considération. Dans la même séance, on décida qu'on porterait le projet de vœu et la réponse du vice-président au premier consul.

Le 5 mai, le Sénat fit une adresse à Bonaparte pour lui demander, sans autre explication, un dernier acte qui assurât le repos des destinées à venir de la France. On peut voir dans le *Moniteur* sa réponse à cette adresse : « Je vous invite, dit-il, à me faire connaître votre pensée tout entière. Je désire que nous puissions dire au peuple français le 14 juillet prochain : « Les » biens que vous avez acquis il y a quinze ans, la » liberté, l'égalité et la gloire, sont à l'abri de » toutes les tempêtes. » En réponse, l'unanimité du Sénat vota pour le gouvernement impérial, « dont, disait-il, il est important pour l'intérêt du peuple français que Napoléon Bonaparte soit chargé ».

Dès le 8 mai, les adresses des villes arrivèrent à Saint-Cloud. Ce fut celle de Lyon qui parut la première; un peu plus tard, celles de Paris et des autres villes. Vint en même temps le vœu de l'armée : Klein d'abord[1], et puis l'armée du camp de Montreuil, sous les ordres du général Ney[2]. Les autres corps de l'armée suivirent promptement cet exemple. M. de Fontanes parla au premier

---

1. Le général Klein épousa, depuis, la fille de la comtesse d'Arberg, dame du palais. Il fut nommé sénateur et conservé pair de France par le roi.
2. Depuis le maréchal Ney.

consul au nom du Corps législatif, dans ce moment séparé, et ceux de ses membres qui se trouvaient à Paris se réunirent pour voter comme le Sénat.

On pense bien que de pareils événements mettaient l'intérieur du château de Saint-Cloud dans de vives agitations. J'ai déjà dit quel mécompte le refus de Louis Bonaparte avait fait éprouver à sa belle-mère. Cependant elle conservait l'espérance que le premier consul viendrait à bout, s'il demeurait dans la même volonté, de vaincre la résistance de ses frères, et elle me témoigna sa joie de voir que les nouveaux plans de son époux ne le portaient point à remettre en délibération ce terrible divorce. Dans les moments où Bonaparte avait à se plaindre de ses frères, madame Bonaparte remontait toujours en crédit, parce que son inaltérable douceur devenait la consolation du consul irrité. Elle n'essayait point d'obtenir une promesse de lui, soit pour elle, soit pour ses enfants, et la confiance qu'elle montrait en sa tendresse ainsi que la modération d'Eugène, mises en comparaison des prétentions de la famille de Bonaparte, ne pouvaient que le frapper et lui plaire beaucoup. Mesdames Bacciochi et Murat, très agitées de ce qui allait se passer, cherchaient à tirer de M. de Talleyrand ou de Fouché les projets secrets du premier consul, pour savoir à quoi elles devaient s'attendre. Il n'était point en leur puissance de dissimuler le trouble qu'elles éprouvaient, et j'observais ce trouble avec quelque amusement, dans leurs regards inquiets et dans toutes les paroles qui leur échappaient.

Enfin, il nous fut annoncé un soir que le lendemain le Sénat viendrait en grande cérémonie pour porter à Bonaparte le décret qui allait lui donner la couronne. Il me semble qu'à ce souvenir je retrouve encore toutes les émotions que cette nouvelle me fit éprouver. Le premier consul, en faisant part à sa femme de cet événement, lui avait dit que ses projets étaient de s'environner d'une cour plus nombreuse, mais qu'il saurait distinguer les nouveaux venus des anciens serviteurs qui s'étaient dévoués à son sort les premiers. Il l'avait chargée de prévenir particulièrement M. de Rémusat et moi de ses bonnes intentions à notre égard. J'ai déjà dit comme il avait supporté la douleur que je ne pus dissimuler à la mort du duc d'Enghien ; son indulgence à cet égard ne se ralentit point, et il trouva peut-être une sorte d'amusement à pénétrer le secret de toutes mes impressions, et à en effacer peu à peu l'effet par les témoignages d'une bienveillance soigneuse, qui ranima mon dévouement pour lui prêt à s'éteindre. Je n'étais point encore de force à lutter avec succès contre l'attachement que je me sentais disposée à avoir pour lui; je gémissais de sa faute que je trouvais immense; mais quand je le voyais, pour ainsi dire, meilleur que par le passé, je pensais qu'il avait fait un bien faux calcul, mais je lui savais gré de ce qu'il tenait sa parole, en se montrant doux et bon après, comme il l'avait promis. Le fait est qu'il avait à cette époque besoin de tout le monde et qu'il ne négligeait aucun moyen de succès. Son adresse avait réussi de même auprès de M. de Caulaincourt, qui, séduit par ses caresses, reprit peu à peu sa sérénité passée et devint à cette époque l'un des plus intimes confidents de ses projets futurs. En même temps Bonaparte, ayant questionné sa femme sur l'opinion que chacun des personnages de cette cour avait émise au moment de la mort du prince, et apprenant d'elle que M. de Rémusat, habituellement silencieux par goût et par prudence, mais toujours vrai quand il était interrogé, n'avait pas craint de lui avouer sa secrète indignation, Bonaparte, qui alors s'était apparemment promis de ne s'irriter de rien, aborda, un jour, M. de Rémusat sur cette question, et, lui développant ce qu'il lui plut de sa politique, vint à bout de lui persuader qu'il avait cru nécessaire au repos de la France cet acte rigoureux. Mon mari, en me racontant cet entretien, me dit : « Je suis loin d'adopter son idée qu'il lui fallût se souiller d'un pareil sang pour assurer son autorité, et je n'ai pas craint de le lui dire ; mais j'avoue que j'éprouve du soulagement en pensant que ce n'est point une passion telle que la vengeance qui l'a entraîné, et je le vois si agité, quoi qu'il dise, de l'effet qu'il a produit, que je crois qu'à l'avenir il n'essaiera plus d'affirmer sa puissance par de si terribles moyens. Je n'ai pas perdu cette occasion de lui montrer que, dans un siècle comme celui-ci et avec une nation telle que la nôtre, on jouait gros jeu en voulant en imposer par une sanglante terreur, et j'augure beaucoup de ce qu'il m'a écouté avec une extrême attention sur tout ce que j'ai voulu lui dire. »

On voit par cet aveu sincère de ce que nous éprouvions tous deux, quel était alors le besoin que nous avions de l'espérance. Les juges sévères des sentiments des autres pourraient nous blâmer sans doute de cette facilité à nous flatter encore; ils diront, avec quelque apparence de raison, que cette facilité tenait beaucoup à notre situation personnelle. Ah! sans doute, il est si pénible de rougir vis-à-vis de soi-même de l'état qu'on a embrassé, il est si doux d'aimer les devoirs qu'on s'est imposés, il est si naturel de vouloir s'embellir et son avenir et celui de sa patrie, que ce n'est qu'avec peine et après un long débat qu'on accueille la vérité qui doit flétrir la vie. Elle est venue plus tard, cette vérité, elle est venue pas à pas, mais avec tant de puissance qu'il n'a plus été permis de la repousser, et nous avons payé cher cette erreur que des âmes douces et faciles durent conserver aussi longtemps qu'il leur fut possible.

Quoi qu'il en soit, le 18 mai 1804, le second consul Cambacérès, président du Sénat, se rendit à Saint-Cloud suivi du Sénat entier et escorté d'un corps de troupes considérable; il prononça un discours convenu, et donna à Bonaparte pour la première fois le titre de Majesté. Il le reçut avec calme, et comme s'il y avait eu droit toute sa vie. Le Sénat passa ensuite dans l'appartement de madame Bonaparte, qui fut à son tour proclamée impératrice. Elle répondit avec sa bonne grâce ordinaire qui la plaçait toujours à la hauteur de la situation où elle était appelée.

En même temps furent créés ce qu'on appelle les grands dignitaires : Le grand électeur, Joseph Bonaparte; le connétable, Louis Bonaparte; l'archi-chancelier de l'Empire, Cambacérès; l'archi-trésorier, Lebrun. Les ministres, le secrétaire d'État Maret, qui prit le rang de ministre, les colonels généraux de la garde, le gouverneur du palais Duroc, les préfets du palais, les aides de camp prêtèrent serment, et, le lendemain, le nouveau connétable présenta à l'empereur les officiers de l'armée, parmi lesquels se trouva Eugène de Beauharnais, simple colonel.

Les obstacles que Bonaparte avait trouvés dans sa famille, pour l'adoption qu'il voulait faire, le déterminèrent à rejeter cette adoption à un temps éloigné. L'hérédité fut donc déclarée, dans la descendance de Napoléon Bonaparte, et, à défaut d'enfants, dans celle de Joseph et de Louis, qui furent créés *princes impériaux*. Le sénatus-consulte organique portait que l'empereur pourrait adopter pour son successeur celui de ses neveux qu'il voudrait, mais seulement quand il aurait dix-huit ans, et ensuite l'adoption était interdite à ceux de sa race.

La liste civile était celle qu'on accordait au roi en 1791, et les princes devaient être traités conformément à l'ancienne loi rendue le 20 décembre 1790. Les grands dignitaires auraient le tiers de la somme accordée aux princes. Ils devaient présider les collèges électoraux des six plus grandes villes de l'Empire, et les princes seraient à perpétuité, dès l'âge de dix-huit ans, membres du Sénat et du conseil d'État.

Seize maréchaux furent aussi créés à cette époque, outre quelques sénateurs à qui le titre de maréchal fut donné [1].

Voici la formule du décret :

« Napoléon, par la grâce de Dieu et par les constitutions de la République, empereur des Français, à tout présent et à venir, salut.

» Le Sénat, après avoir entendu les orateurs du conseil d'État, a décrété, et nous ordonnons ce qui suit :

---

[1]. Voici les noms des quatorze maréchaux nommés à cette époque : Berthier, Murat, Moncey, Jourdan, Masséna, Augereau, Bernadotte, Soult, Brune, Lannes, Mortier, Ney, Davout, Bessières ; et les sénateurs qui eurent ce titre : Kellermann, Lefebvre, Pérignon, Sérurier.

» La proposition suivante sera présentée à l'acceptation du peuple français :

» Le peuple français veut l'hérédité de la dignité impériale dans la descendance directe, naturelle, légitime et adoptive de Napoléon Bonaparte, et dans la descendance directe, naturelle, légitime de Joseph Bonaparte et de Louis Bonaparte, ainsi qu'il est réglé par le sénatus-consulte organique du 28 floréal an XII. »

Ce sénatus-consulte fut proclamé dans tous les quartiers de Paris, et, comme il fallait penser à tout en même temps, un article du *Moniteur* apprit qu'il fallait donner aux princes le titre d'*altesse impériale*, aux grands dignitaires celui de *monseigneur* et d'*altesse sérénissime;* que les ministres seraient appelés *monseigneur* par les fonctionnaires publics et les pétitionnaires, et les maréchaux *monsieur le maréchal*.

Ainsi disparut pour tout à fait le titre de *citoyen* déjà oublié depuis longtemps dans le monde, où celui de *monsieur* avait repris ses droits, mais dont Bonaparte se servait toujours fort scrupuleusement. Ce même jour, 18 mai, ayant invité à dîner ses frères, Cambacérès, Lebrun et les ministres de sa maison, nous l'entendions, pour la première fois, se servir du nom de *monsieur*, sans que l'habitude rappelât une seule fois sur ses lèvres celui de *citoyen*.

En même temps, on créa les titres des grands officiers de l'Empire, huit inspecteurs et colonels généraux d'artillerie, du génie, de cavalerie et de la marine, et les grands officiers civils de la couronne dont je parlerai plus tard.

CHAPITRE VII.

(1801.)

Effets et causes de l'avènement de Bonaparte au trône impérial. — Conversation de l'empereur. — Chagrins de madame Murat. — Caractère de M. de Rémusat. — La nouvelle cour.

L'avènement de Bonaparte au trône impérial produisit une foule d'impressions diverses en Europe, et trouva, même en France, les opinions partagées. Il est pourtant reconnu qu'il ne choqua pas la grande majorité de la nation. Les Jacobins ne s'en étonnèrent point, accoutumés qu'ils sont à pousser pour leur compte le succès jusqu'où il peut aller, dès que la chance leur devient favorable. Les royalistes se découragèrent, et sur ce point Bonaparte obtint ce qu'il avait voulu. Mais l'échange du consulat contre le pouvoir impérial déplut aux vrais amis de la liberté. Ceux-ci, malheureusement, se partageaient en deux classes, ce qui diminuait leur influence, et c'est encore de même aujourd'hui. Les uns, assez indifférents au changement de la dynastie régnante, auraient accepté Bonaparte comme un autre, pourvu qu'il eût reçu sa puissance du droit d'une constitution qui l'aurait contenue en même temps que fondée. Ils voyaient avec inquiétude un homme, entreprenant et guerrier, s'emparer d'une autorité dont il était facile de prévoir que des chambres déjà frappées de nullité ne réprimeraient pas les empiétements. Le Sénat paraissait dévoué à l'obéissance passive; le Tribunat chancelait sur sa base, et qu'attendre d'un Corps législatif silencieux? Les ministres, sans aucune responsabilité, n'étaient que des premiers commis, et l'on prévoyait d'avance que le conseil d'État, dirigé avec méthode, deviendrait le grand magasin d'où l'on tirerait dorénavant les lois que chaque circonstance rendrait nécessaires.

Si cette première portion des amis de la liberté eût été plus nombreuse et bien dirigée, elle aurait pu sans doute s'imposer à l'empereur en instruisant le peuple à demander avec continuité ce qu'une nation ne demande jamais longtemps en vain : l'exercice réglé et légitime de ses droits.

Mais il existait un second parti qui ne s'entendant avec l'autre que pour le fond, et s'appuyant sur des théories, qu'on avait déjà tenté de pratiquer d'une manière dangereuse et sanguinaire, perdit la possibilité de produire une utile opposition. Je veux parler des prosélytes du gouvernement anglo-américain. Ils virent sans répugnance la création du consulat, qui leur représentait assez la présidence des États-Unis; ils crurent, ou voulurent croire, que Bonaparte maintiendrait cette égalité des droits à laquelle ils attachaient une si grande importance, et, parmi eux, quelques-uns furent séduits de bonne foi. Je dis *quelques-uns*, car je crois que la vanité personnelle, excitée par le soin qu'il prit d'abord de les flatter et de les consulter sur tout, fut ce qui en aveugla la plus grande partie.

En effet, s'ils n'avaient pas eu quelque intérêt secret à se tromper, comment les aurait-on entendus répéter si souvent, depuis, qu'ils n'avaient aimé que Bonaparte consul, et que Bonaparte empereur leur était devenu odieux?

Tant qu'a duré son consulat, était-il donc si différent de lui-même? Son autorité consulaire était-elle autre chose qu'un pouvoir dictatorial sous un autre nom? N'avait-il pas déjà décidé de la paix et de la guerre, sans consulter le vœu national? Le droit de lever la conscription ne lui était-il pas dévolu? Laissait-il à la discussion des affaires sa liberté? Les journaux pouvaient-ils se permettre un seul article qu'il n'eût approuvé? Ne montrait-il pas clairement qu'il faisait ressortir son pouvoir du droit de ses armes victorieuses, et comment de sévères républicains avaient-ils pu s'y laisser surprendre?

Ah! je comprends que les hommes fatigués des troubles révolutionnaires, effrayés de cette liberté qu'on associa si longtemps à la mort, aient entrevu le repos dans la domination d'un maître habile, que d'ailleurs la fortune semblait déterminée à seconder; je conçois qu'ils aient vu l'arrêt du destin dans son élévation, et qu'ils se soient flattés de trouver la paix dans l'irrévocable. J'oserai dire que la vraie bonne foi a donc été parmi ceux qui ont cru que Bonaparte, soit consul, soit empereur, s'opposerait, par l'exercice de son autorité, aux entreprises des factions, et nous sauverait des dangers d'une anarchie tumultueuse.

On n'osait plus prononcer le nom de République, tant la terreur l'avait souillée; le gouvernement directorial s'était anéanti devant le mépris que ses chefs inspiraient; le retour des Bourbons ne pouvait s'exécuter qu'à l'aide d'une révolution; la moindre secousse épouvantait les Français, dont tous les enthousiasmes semblaient épuisés. D'ailleurs, les hommes auxquels ils s'étaient fiés successivement les avaient trompés; et cette fois, en se livrant à la force, ils étaient sûrs du moins de ne plus s'abuser[1].

[1]. Malgré l'extrême désir de ne point ajouter aux opinions contemporaines de l'auteur celles que la réflexion, l'expérience et les conséquences historiques des événements ont pu nous donner sur ce temps, il est difficile de ne pas remarquer que les gens qui blâmèrent l'Empire en approuvant pleinement le consulat, ne montraient pas en effet beaucoup de prévoyance, ni une susceptibilité bien vive en matière de liberté. Nous avons vu cependant des temps analogues, et il paraît certain que des gens éclairés ont pu, en 1848, voter pour la présidence du prince Louis Bonaparte, sans prévoir le coup d'État du 2 décembre 1851, et même être indulgents pour ce dernier événement, sans accepter dès lors le rétablissement de l'Empire et ses conséquences. Je puis le reconnaître d'autant plus librement, que mon père et les siens n'ont point partagé cette illusion et ont voté pour la présidence du général Cavaignac. Mais la situation était plus obscure encore en 1804. Assurément, depuis le 18 brumaire, la France n'était plus un État libre, et son chef possédait un pouvoir sans autres limites que la prudence ou la modération d'un seul homme. Mais il n'y en a pas moins une grande différence entre le consulat et l'Empire. Non seulement l'extension indéterminée que donnait ce titre nouveau d'empereur, mais la pompe qui l'environna, ce cérémonial, accompagnement avoué du despotisme, les institutions et les formes que l'imagination, le goût et l'orgueil de Napoléon se réunirent pour inventer, faisaient de ce nouveau pouvoir

CHAPITRE SEPTIÈME.

Cette opinion, ou plutôt cette erreur, que le despotisme seul pouvait, à cette époque, maintenir l'ordre en France, fut alors très générale. Elle devint le point d'appui de Bonaparte, et peut-être lui doit-on cette justice de dire qu'elle l'entraîna comme les autres. Il sut l'entretenir avec beaucoup d'adresse ; les factions le servirent par

quelque chose de plus différent de ce qui avait précédé, quelque chose de plus disparate avec les idées et les mœurs de la Révolution qu'assurément personne ne s'y serait attendu. Quoique le passage du consulat à l'Empire n'ait pas été le passage de la liberté à l'absolutisme, il n'y eut ni inconséquence, ni versatilité à se déclarer l'ennemi de l'Empire après s'être professé l'ami du consulat. L'impression du public ne fut pas aussi simple que celle des habitants du palais de Saint-Cloud. Ceux-ci s'étaient évidemment familiarisés avec une foule de choses auxquelles l'opinion n'était pas préparée. Les personnes de la cour, et notamment l'auteur de ces Mémoires et ses amis, sans être animés de passions antirévolutionnaires, n'avaient ni beaucoup d'entrailles pour les intérêts de la Révolution, ni beaucoup de respect pour ses promesses. Sans être royalistes, ils étaient plus monarchistes que républicains, enfin ils étaient habitués, par la pratique, à voir dans le chef électif de la République un maître de tous les instants, auquel il fallait avant tout obéir et plaire. Pour ceux-ci, la transition à l'Empire était très facile. Mais la France n'en était pas là. Elle était plus républicaine dans ses idées, dans ses habitudes, dans ses mœurs qu'on ne le croyait au palais, qu'on ne le croit aujourd'hui quand on juge un peu superficiellement ces temps éloignés. Réaction, passion de l'ordre, défiance des orages de la liberté, on ressentait tout cela, mais on croyait possible de satisfaire à tous ces sentiments sans une monarchie, et surtout sans une monarchie solennelle, héréditaire, absolue, parée insolemment d'une aristocratie improvisée et d'une cour de parvenus. Nous

quelques entreprises imprudentes qui tournèrent au profit de son pouvoir ; il se crut nécessaire avec quelque fondement. La France le crut comme lui, et même il vint à bout de persuader aux souverains étrangers qu'il leur était une garantie contre les influences républicaines qui,

avons vu quelque chose du même genre en 1873. Il serait puéril de nier qu'un mouvement de réaction contre la République et la liberté se produisait alors. Mais, en ce temps de publicité, quand on a vu que ce mouvement ne pouvait aboutir qu'au rétablissement de la dynastie qui venait d'amoindrir et d'humilier la France, ou à la restauration de la monarchie légitime et du drapeau blanc, les plus raisonnables ont reculé et ont reconnu que M. Thiers avait raison et que la République était le seul gouvernement compatible avec les intérêts et les opinions de la France moderne. En 1804 les sentiments eussent été fort analogues si l'opinion publique eût été consultée, si le premier consul n'eût tout emporté par l'autorité de la force et du génie. Mais il ne faut pas oublier que, même alors, les honnêtes gens, comme il est juste de le dire quoique on ait souvent employé à faux cette expression, ne détestaient de la Révolution que le jacobinisme, et que la philosophie de l'assemblée constituante dominait dans toutes leurs idées sociales, politiques, et même religieuses. La France nouvelle était fière du nouvel éclat que les victoires du général Bonaparte lui avaient donné. Elle se sentait relevée de tout ce qui dans la Révolution l'avait fait rougir, elle n'éprouvait nulle envie de se montrer au monde sous un autre nom. Aucun besoin réel, aucun péril pressant, aucune fantaisie même de cette nation mobile, n'appelait l'Empire, et le succès de cet établissement, qui paraissait un peu risqué à la bourgeoisie frondeuse et libérale de Paris, fut douteux jusqu'à la bataille d'Austerlitz. Alors la servitude fut dorée et parut acceptable, et l'on vendit la liberté au prix de la gloire. (P. R.)

sans lui, pourraient bien se propager. Peut-être enfin qu'au moment où Bonaparte plaça la couronne impériale sur sa tête, il n'y eut pas un roi de l'Europe qui ne crût sentir la sienne s'affermir par cet événement. Et si, en effet, le nouvel empereur avait joint à cet acte décisif le don d'une constitution libérale, il se pourrait bien que réellement le repos des nations et des rois se fût pour jamais consolidé.

Les défenseurs sincères du système primitif de Bonaparte, et il en existe encore aujourd'hui, avancent, pour le justifier, qu'on ne pouvait exiger de lui ce qu'il appartient à un souverain légitime seul de donner; que la liberté de discuter nos intérêts aurait pu être suivie de la discussion de nos droits; que l'Angleterre, jalouse de notre prospérité renaissante, eût tenté de fomenter chez nous de nouveaux troubles; que nos princes n'eussent point renoncé à leurs entreprises, et que les lenteurs d'un gouvernement constitutionnel étaient peu propres à comprimer les factions. Hume, en parlant de Cromwell, a fait cette réflexion que le grand inconvénient d'un gouvernement usurpateur est dans cette obligation où il se trouve ordinairement d'avoir une

politique personnelle en opposition avec les intérêts de son pays. C'est donner (soit dit en passant) une supériorité à l'autorité héréditaire, dont il serait à désirer que les peuples demeurassent convaincus. Mais Bonaparte, après tout, n'était point un usurpateur ordinaire ; son élévation n'offrait aucun point de comparaison avec celle de Cromwell : « J'ai trouvé, disait-il, la cou-
» ronne de France par terre, et je l'ai ramassée
» avec la pointe de mon épée. » Produit animé d'une révolution inévitable, il n'avait trempé dans aucun de ses désastres, et, jusqu'à la mort du duc d'Enghien, il conserva, je le crois du moins, la possibilité de légitimer sa puissance par quelques-uns de ces bienfaits qui engagent à jamais les nations.

Son ambition despotique l'entraîna, mais, je le répète, il ne fut pas le seul à s'égarer. Des apparences, qu'il ne prit pas la peine d'approfondir, le séduisirent ; quelques individus firent bien sonner autour de lui le mot de *liberté*, mais il faut convenir que ces individus n'étaient point assez purs, ni assez estimés de la nation, pour devenir près de lui les mandataires de son vœu. Les honnêtes gens semblaient ne lui demander que du repos, sans trop s'embarrasser de la forme sous laquelle on le donnerait. De plus, il démêla que la faiblesse secrète des Français était la vanité; il vit un moyen de la satisfaire facilement à l'aide des pompes qui marchent à la suite du pouvoir monarchique; il recréa des distinctions, au fond encore démocratiques, puisque tout le monde y avait droit, et qu'elles n'entraînaient aucun privilège; et l'empressement qu'on témoigna pour les titres, les majorats et les croix, dont on se moquait, tant qu'elles ne décoraient que l'habit du voisin, ne dut pas le détromper, s'il est vrai pourtant qu'il s'égarât. Ne dut-il pas au contraire s'applaudir lorsque, à l'aide de quelques mots de la langue ajoutés aux noms, et au moyen de quelques bouts de ruban, il fut venu à bout de niveler sous le même titre les prétentions féodales et les prétentions républicaines? N'avons-nous pas, nous-mêmes, été complices de cette opinion, devenue si fixe dans son esprit, qu'il devait profiter, pour sa sûreté et pour la nôtre, de cette force qu'il trouva en lui de suspendre la Révolution, sans la détruire cependant? « Mon successeur, quel qu'il soit, disait-il encore, sera forcé de marcher avec son siècle, et ne pourra se soutenir qu'à l'aide des opinions libérales. Je les lui léguerai, mais dépourvues de leur âpreté primitive. » La France, imprudemment, parut applaudir à cette idée.

Cependant, bientôt une voix confuse qui fut pour lui celle de la conscience, pour nous celle de l'intérêt, sembla l'avertir aussi bien que nous. Pour étouffer ses accents importuns, il sentit qu'il fallait nous étourdir par un spectacle extraordinaire et toujours renouvelé. De là ses interminables guerres dont la durée lui paraissait si importante, qu'il ne donnait jamais que le nom de *halte* à la paix qu'il signait, et qu'il n'est pas un seul de ses traités auquel l'adresse négociatrice de M. de Talleyrand ne l'ait forcé. En effet, quand il revenait à Paris et qu'il rentrait dans l'administration de la France, outre qu'il ne savait plus que faire d'une armée dont chaque victoire augmentait les prétentions, il éprouvait tous les embarras de cette résistance muette, mais pesante, mais inévitable, que l'esprit du siècle où nous vivons oppose au despotisme, en dépit même des faiblesses individuelles; aussi ce despotisme est-il enfin devenu un moyen de gouverner heureusement impraticable. Il est mort avec la fortune de Bonaparte, et, comme a si bien dit madame de

Staël : « La terrible massue que lui seul pouvait soulever a fini par retomber sur sa tête. » Heureux, heureux cent fois le temps où nous vivons aujourd'hui, puisque nous avons épuisé toutes les expériences, et qu'il n'est plus permis qu'aux insensés d'hésiter sur le chemin qui doit nous conduire au salut !

Mais Bonaparte fut longtemps secondé et ébloui lui-même par l'ardeur militaire de la jeunesse française. Cette passion déréglée des conquêtes donnée par un malin génie aux hommes réunis en société, comme pour retarder les pas que chaque génération devrait faire vers tous les genres de prospérité, nous entraîna à la suite du fer destructeur de Bonaparte. Il est difficile, en France, de résister à la gloire, et surtout quand cette gloire venait couvrir et déguiser le triste abaissement où chacun se voyait alors condamné. Bonaparte en repos nous laissait voir le secret de notre servitude. Cette servitude disparaissait devant nous lorsque nos enfants allaient planter nos drapeaux sur les remparts de toutes les grandes villes de l'Europe. Il se passa donc un bien long temps, avant que nous vissions l'anneau que chacune de nos conquêtes ajoutait à la chaîne qui rivait nos libertés;

et, quand nous nous aperçûmes de l'égarement de notre ivresse, il n'était plus temps de résister; l'armée, devenue complice de la tyrannie, avait rompu avec la France, et n'eût vu que de la révolte dans le cri de sa délivrance.

La plus grande erreur de Bonaparte, erreur qui tient à son caractère, c'est qu'il n'a calculé sa conduite qu'en l'appuyant sur des succès. Peut-être est-il plus excusable qu'un autre d'avoir douté qu'un revers osât l'atteindre. Son orgueil naturel ne pouvait supporter l'idée d'une défaite dans aucun genre; c'est là le côté faible de son esprit, car un homme supérieur doit avoir prévu toutes les chances. Mais, comme son âme manquait de noblesse, et que d'avance il ne se sentait point cet instinct des grands sentiments qui surmonte la mauvaise fortune, il détournait sa pensée de cette partie faible de lui-même; il se plaisait au contraire à fixer son esprit vers cette admirable disposition qu'il avait à se grandir avec le succès. *Je réussirai!* C'était le mot fondamental de ses calculs, et souvent son entêtement à le prononcer l'a servi pour y parvenir. Enfin sa fortune devint sa superstition particulière, et le culte qu'il se croyait obligé de lui rendre légitima à ses yeux tous les sacrifices qu'il dut nous imposer. Et nous, avouons-le encore, n'avons-nous pas d'abord partagé sa funeste superstition?

Cette illusion faisait déjà de grands progrès sur nos imaginations souples et amies du merveilleux, lors des événements que j'ai rapportés. Le procès du général Moreau, la mort du duc d'Enghien surtout, révoltèrent les sentiments, mais n'ébranlèrent pas les opinions. Bonaparte ne dissimula presque point que l'un et l'autre l'avaient servi dans l'accomplissement de l'œuvre qu'il ourdissait depuis longtemps. Il faut dire, à la louange de l'humanité, que la répugnance du crime est tellement innée en nous, que nous croyons assez facilement, chez celui qui l'avoue, à la nécessité où il s'est trouvé de le commettre; et, quand on vit qu'il réussissait à s'élever à l'aide de pareils échelons, on se montra trop facile sur cette espèce de marché qu'il nous proposait, de l'absoudre en cas de succès.

Dès ce moment, on cessa de l'aimer; mais le temps où l'on règne par l'amour des peuples est passé, et Bonaparte, montrant qu'il savait punir jusqu'aux intentions, crut avoir fait un bon échange de ce faible attachement qu'on désirait lui conserver, contre la crainte réelle qu'il inspira. On admira, du moins par l'étonnement, la hardiesse de son jeu qu'il mettait à découvert, et lorsque, avec une audace vraiment imposante, il s'élança du fossé sanglant de Vincennes jusqu'au trône impérial, en s'écriant tout à coup : *J'ai gagné la partie!* la France interdite ne put s'empêcher de répéter ce cri avec lui. C'était tout ce qu'il voulait d'elle.

Peu de jours après celui où Bonaparte eut été revêtu du titre d'empereur (dont je ne me ferai aucun scrupule de me servir pour le désigner quelquefois, car, enfin, il l'a porté encore plus longtemps que celui de consul)[1], dans un de ces moments où il se trouvait disposé à cette sorte d'épanchement dont j'ai déjà parlé, étant seul avec sa femme, mon mari et moi, il s'ouvrit avec assez d'abandon sur sa nouvelle situation. Il me semble que je le vois encore, dans l'embrasure d'une fenêtre de l'un des salons de Saint-Cloud, à cheval sur une chaise, le menton appuyé sur le dossier, madame Bonaparte à quelques pas de lui,

1. Cette réflexion paraîtrait étrange si l'on ne se rappelait que ceci a été écrit sous la Restauration, et qu'alors les mots d'empereur, d'Empire, de Bonaparte même n'étaient plus prononcés dans la bonne compagnie. (P. R.)

sur un canapé, moi assise devant lui, et M. de
Rémusat debout derrière mon fauteuil. Il avait
d'abord gardé un assez long silence, puis le rompant tout à coup. « Eh bien, me dit-il, vous m'en
avez voulu de la mort du duc d'Enghien? — Il
est vrai, sire, lui répondis-je, et je vous en veux
encore. Il me semble que vous vous êtes fait bien
du mal. — Mais savez-vous qu'il attendait là-bas
qu'on m'eût assassiné? — Cela se peut, sire, mais
enfin il n'était pas en France. — Ah! il n'y a pas
de mal de se montrer, de temps en temps, maître
chez les autres. — Tenez, sire, ne parlons plus de
cela, car vous me feriez pleurer. — Ah! les larmes!
les femmes n'ont que cette ressource. C'est comme
Joséphine, elle croit tout gagné, quand elle a
pleuré. N'est-ce pas, monsieur Rémusat, que les
larmes, c'est le plus grand argument des femmes?
— Sire, répondit mon mari, il y en a qu'on ne
peut blâmer. — Ah! je vois que, vous aussi, vous
prenez la chose sérieusement? C'est tout simple
au reste; vous autres, vous avez vos souvenirs,
vous avez vu d'autres temps. Moi, je ne date que
de celui où j'ai commencé à être quelque chose.
Qu'est-ce que c'est qu'un duc d'Enghien pour
moi? Un émigré plus important qu'un autre, voilà

tout, et c'est assez pour qu'il fallût frapper plus ferme. Ces fous de royalistes n'avaient-ils pas répandu le bruit que je remettrais les Bourbons sur le trône? Les jacobins en ont eu peur, Fouché est venu, une fois, me demander de leur part quelle était mon intention. L'autorité est si bien venue se placer naturellement dans mes mains depuis deux ans, qu'on a pu douter quelquefois si j'avais eu sérieusement l'envie de la recevoir officiellement. Aussi, j'ai pensé que ma tâche était d'en profiter pour terminer légalement la Révolution. Et voilà pourquoi j'ai préféré l'Empire à la dictature, parce qu'on se légitime en se plaçant sur un terrain connu. J'ai commencé par vouloir accorder les deux factions que j'ai trouvées aux prises à mon avènement au consulat. J'ai cru qu'en fondant l'ordre par des institutions de durée, je les découragerais de la fantaisie des entreprises. Mais les factions ne se découragent point tant qu'on a l'air de les craindre, et on en a l'air tant qu'on travaille à les accorder. D'ailleurs, on peut venir à bout des sentiments quelquefois; des opinions, jamais. J'ai donc compris que je ne pouvais point faire de pacte entre elles, mais j'en pouvais faire avec elles pour mon compte. Le

CHAPITRE SEPTIÈME.

concordat, les radiations m'ont rapproché des émigrés, et tout à l'heure je le serai complètement, car vous allez voir comme les allures de cour vont les attirer. C'est avec le langage qui rappelle les habitudes qu'on gagne les nobles; mais avec les jacobins, il faut des faits. Ils ne sont pas hommes à se prendre aux paroles. Ma sévérité nécessaire les a contentés. Lors du 3 nivose [1], au moment, par parenthèse, d'une conspiration toute royaliste, j'ai déporté un assez bon nombre de jacobins; ils auraient eu droit de se plaindre, si je n'avais pas, cette fois-ci, frappé aussi fort. Vous avez tous cru que j'allais devenir cruel, sanguinaire, et vous vous êtes trompés. Je n'ai point de haine, je ne suis point susceptible de rien faire par vengeance; j'écarte ce qui me gêne, et vous me verriez demain, s'il le fallait, pardonner à Georges lui-même, qui venait bien et dûment pour m'assassiner.

» Quand on verra le repos suivre cet événement-ci, on ne m'en voudra plus, et, dans un an, on trouvera cette mort une grande action politique. Mais il est vrai qu'elle m'a forcé d'abréger la crise. Ce que je viens de faire n'entrait dans mes plans

1. Époque de la machine infernale.

qu'à deux ans d'ici. Je comptais garder encore le consulat, quoique avec cette forme de gouvernement les mots jurassent avec les choses, et que les signatures que je mettais au-dessous de tous les actes de mon autorité fussent le vrai paraphe d'un mensonge continuel. Nous aurions cependant encore marché ainsi, la France et moi, parce qu'elle a pris confiance et qu'elle voudra tout ce que je voudrai. Mais cette conspiration-ci a pensé remuer l'Europe; il a donc fallu détromper l'Europe et les royalistes. J'avais à choisir entre une persécution de détail, ou un grand coup; mon choix ne pouvait pas être douteux. J'ai donc imposé silence pour toujours et aux royalistes et aux jacobins. Restent les républicains, ces songe-creux qui croient qu'on peut faire une république sur une vieille monarchie, et que l'Europe nous laisserait fonder tranquillement un gouvernement fédératif de vingt millions d'hommes. Ceux-là, je ne les gagnerai pas, mais ils sont en petit nombre, et sans crédit. Vous autres, Français, vous aimez la monarchie, c'est le seul gouvernement qui vous plaise. Je parie que vous, monsieur Rémusat, vous êtes plus à l'aise cent fois, depuis que vous m'appelez *Sire*, et que je vous dis *Monsieur?* » Comme il y avait de la vérité dans cette observation, mon mari se mit à rire, et répondit qu'en effet le pouvoir souverain paraissait lui aller très bien. « Au fait, reprit l'empereur, dont la bonne humeur continuait, je crois que j'obéirais fort mal. Je me souviens que, lors du traité de Campo-Formio, nous nous réunîmes, M. de Coblentz et moi, pour le conclure définitivement, dans une salle où, selon la coutume autrichienne, on avait élevé un dais et figuré le trône de l'empereur d'Autriche. Quand j'entrai dans cette chambre, je demandai ce que cela signifiait, et, après, je dis au ministre autrichien : « Tenez, avant de commencer, faites » ôter ce fauteuil, car je n'ai jamais vu un siège » plus élevé que les autres sans avoir envie aus- » sitôt de m'y placer. » — Vous voyez que j'avais l'instinct de ce qui devait m'arriver un jour.

» J'ai acquis, aujourd'hui, une grande facilité pour l'administration de la France; c'est que, ni elle ni moi, nous ne nous trompons plus. Talleyrand voulait que je me fisse *Roi;* c'est le mot de son dictionnaire. Il se serait cru tout de suite redevenu grand seigneur sous un roi; mais je ne veux de grands seigneurs que ceux que je ferai; et puis le titre de roi est usé, il porte avec lui des idées reçues, il ferait de moi une espèce d'héritier; je ne veux l'être de personne. Celui que je porte est plus grand, il est encore un peu vague, il sert l'imagination. Voici une révolution terminée, et doucement, je m'en vante. Savez-vous pourquoi? c'est qu'elle n'a déplacé aucun intérêt, et qu'elle en éveille beaucoup. Il faut toujours tenir vos vanités en haleine à vous autres; la sévérité du gouvernement républicain vous eût ennuyés à mort. Qu'est-ce qui a fait la Révolution? c'est la vanité. Qu'est-ce qui la terminera? encore la vanité. La liberté est un prétexte. L'égalité, voilà votre marotte, et voilà le peuple content d'avoir pour roi un homme pris dans les rangs des soldats. Des hommes comme l'abbé Sieyès, ajouta-t-il encore en riant, pourraient bien crier : au despotisme! que mon autorité demeurera toujours populaire. J'ai aujourd'hui le peuple et l'armée pour moi; il serait bien bête, celui qui ne saurait pas régner avec cela. »

En achevant ces mots, Bonaparte se leva. Jusqu'à ce moment, il avait été fort gai, son ton de voix, son visage, ses gestes, tout était à l'unisson d'une simplicité encourageante. Il souriait, nous voyait sourire, et s'amusait même des réflexions que nous mêlions à ses discours; enfin il nous avait mis tout à fait à l'aise. Mais, comme s'il eût tout à coup fini son rôle de *bonhomme*, à l'instant même son visage devint grave, il releva son regard sévère, qui semblait toujours exhausser sa petite stature, et donna à M. de Rémusat je ne sais plus quel ordre insignifiant, avec toute la sécheresse d'un maître absolu qui ne veut pas perdre une occasion de commander quand il demande.

Le son de sa voix, si opposé à celui qui m'avait frappé depuis une heure, me fit presque tressaillir, et quand nous nous retirâmes, mon mari, qui avait remarqué ce mouvement, me confia qu'il avait reçu la même impression que moi. « Vous voyez, me dit-il, il a craint que ce moment d'épanchement ne diminuât quelque chose de la crainte qu'il veut toujours inspirer. Il s'est cru obligé, en nous congédiant, de nous replacer en présence du *maître*. » Cette observation, vraie et fine, ne s'est jamais effacée de ma mémoire, et j'ai plus d'une fois, depuis, été à portée de juger combien elle était fondée sur une vraie connaissance du caractère de Bonaparte.

Mais je me suis laissé entraîner par le récit de cette conversation et par les réflexions qui l'ont précédée. Revenons au jour qui fit Bonaparte empereur, et achevons de retracer les scènes curieuses qui se passèrent sous mes yeux.

J'ai dit quelles personnes Bonaparte avait invitées à dîner avec lui dans cette journée. Un moment avant de nous mettre à table, le gouverneur du palais, Duroc, vint nous prévenir tous, les uns après les autres, des titres de prince et princesse qu'il fallait donner à Joseph et à Louis Bonaparte, ainsi qu'à leurs femmes. Mesdames Bacciochi et Murat paraissaient atterrées de cette différence entre elles et leurs belles-sœurs. Madame Murat avait peine surtout à dissimuler son mécontentement. Vers six heures, le nouvel empereur parut et commença, sans aucune apparence de gêne, à saluer chacun de sa nouvelle dignité. Je me souviens qu'à moi seule dans ce moment, je reçus une impression profonde qui pouvait bien avoir toutes les apparences d'un pressentiment. La journée avait d'abord été belle, mais fort chaude. Vers le moment où le Sénat arrivait à Saint-Cloud, le temps se brouilla tout à coup, le ciel s'obscurcit, on entendit quelques coups de tonnerre, et nous fûmes menacés pendant plusieurs heures d'un violent orage. Ce ciel noir et chargé, qui semblait peser sur le château de Saint-Cloud, me parut comme un triste présage, et j'eus peine à détruire la tristesse que j'éprouvais. Quant à l'empereur, il était gai et serein, et jouissait, je pense, en secret, de la petite contrainte que le cérémonial nouveau mettait entre nous tous. L'Impératrice conservait toute son aimable aisance; Joseph et Louis semblaient contents, madame Joseph résignée à ce qu'on exigerait d'elle, madame Louis, soumise de même; et, ce qu'on ne peut trop louer par comparaison, Eugène de Beauharnais simple, naturel, et montrant un esprit dégagé de toute ambition secrète et mécontente. Il n'en était pas de même du nouveau maréchal Murat; mais la crainte qu'il avait de son beau-frère le forçait de se contenir; il gardait un silence soucieux.

Quant à madame Murat, elle éprouvait un violent désespoir, et, pendant le dîner, elle fut si peu maîtresse d'elle-même, lorsqu'elle entendit l'empereur nommer à plusieurs reprises la *princesse Louis*, qu'elle ne put retenir ses pleurs. Elle buvait à coups redoublés de grands verres d'eau, pour tâcher de se remettre et paraître faire quelque chose; mais les larmes la gagnaient toujours.

Chacun en était embarrassé, et son frère souriait assez malignement. Pour moi, j'éprouvais la plus grande surprise, et, en même temps, je dirais presque une sorte de dégoût, de voir cette jeune et jolie figure contractée par les émotions d'une si sèche passion. Madame Murat avait alors vingt-deux à vingt-trois ans; son visage d'une blancheur éblouissante, ses beaux cheveux blonds, la couronne de fleurs dont ils étaient entourés, la robe couleur de rose qui la parait, tout cela donnait à sa personne quelque chose de jeune, presque d'enfantin, qui contrastait désagréablement avec le sentiment fait pour un tout autre âge, dont on voyait qu'elle était atteinte. On ne pouvait avoir aucune pitié de ses pleurs, et je crois qu'elles affectaient tout le monde, ainsi que moi, fort désagréablement. Madame Bacciochi, plus âgée, plus maîtresse d'elle-même, ne pleurait point; mais elle se montrait brusque, tranchante, et traitait chacun de nous avec une hauteur marquée.

L'empereur parut enfin irrité de cette conduite de ses deux sœurs, et il accrut leur mécontentement par des railleries indirectes, mais qui les blessèrent très directement. Tout ce que je vis dans cette journée me donna une idée nouvelle et forte de la puissance des émotions que peut produire l'ambition sur des âmes d'une certaine sorte, c'était un spectacle dont, avant ce jour, je n'avais nulle idée.

Le lendemain, après un dîner fait en famille, il se passa une scène violente dont je ne fus pas témoin, mais dont nous entendions les éclats à travers la muraille qui séparait le salon de l'impératrice de celui où nous nous tenions. Madame Murat éclata en plaintes, en larmes, en reproches; elle demanda pourquoi on voulait les condamner, elle et ses sœurs, à l'obscurité, au mépris, tandis qu'on couvrait des étrangères d'honneurs et de dignités. Bonaparte fut très dur dans ses réponses, déclarant à plusieurs reprises qu'il était le maître de répartir les dignités à sa volonté. Ce fut dans cette occasion qu'il laissa échapper ce mot piquant qu'on a retenu. « En vérité, à voir vos prétentions, mesdames, on croirait que nous tenons la couronne des mains du feu roi notre père. »

L'impératrice me raconta, ensuite, toute cette violente discussion. Quelque bonne qu'elle fût, elle ne pouvait s'empêcher de s'amuser un peu de la douleur d'une personne qui la haïssait parfaitement. A la fin de la conversation, madame Murat, hors d'elle par l'excès de son désespoir et l'âpreté des paroles qu'il lui fallait entendre, tomba sur le plancher, et s'évanouit complètement. Le courroux de Bonaparte disparut à cette vue, il s'apaisa, et quand sa sœur reprit ses sens, il laissa entrevoir quelque disposition à la contenter. En effet, quelques jours après, au sortir d'une consultation avec M. de Talleyrand, Cambacérès, et quelques autres personnes, on décida qu'il n'y avait aucun inconvénient à décorer par courtoisie les sœurs de l'empereur d'une dénomination particulière, et nous apprîmes par le *Moniteur* qu'on leur donnerait, en leur parlant, le titre si désiré d'Altesse Impériale.

Mais il resta encore, pour ce moment, un chagrin à madame Murat et à son époux. Les règlements intérieurs du palais de Saint-Cloud partagèrent l'appartement impérial en plusieurs salons où l'on n'entrait que selon le nouveau rang dont chacun était revêtu. Le salon le plus voisin du cabinet de l'empereur devint le salon du trône ou des princes, et le maréchal Murat, quoique époux d'une princesse, s'en vit fermer la porte. Ce fut

M. de Rémusat qui fut chargé de la désagréable commission de l'arrêter, quand il se disposait à y passer. Quoique mon mari ne fût point responsable des ordres qu'il avait reçus, et qu'il mit à les transmettre les formes de la plus soigneuse politesse, Murat fut vivement blessé de cet affront public, et lui et sa femme, déjà mal disposés pour nous à cause de notre attachement pour l'impératrice, nous firent, à M. de Rémusat et à moi, je dirais presque *l'honneur* de nous dévouer dès lors une haine secrète dont nous avons plus d'une fois senti les atteintes. Mais cette fois, madame Murat, qui avait reconnu l'empire que ses plaintes exerçaient sur son frère, se garda bien de regarder sa cause comme perdue, et, en effet, on a vu par la suite qu'elle vint à bout d'élever son époux à toutes les dignités qu'elle souhaitait si ardemment.

Les nouvelles prérogatives des rangs jetèrent du trouble dans cette cour jusqu'alors assez paisible. Nous eûmes, autour de madame Bonaparte, pour notre compte, une sorte de parodie des agitations de vanité qui avaient bouleversé la famille impériale.

Outre ses quatre dames du palais, madame Bonaparte rassemblait souvent auprès d'elle les femmes des différents officiers du premier consul. On y voyait de plus madame Maret, qui habitait toujours Saint-Cloud à cause de la place de son mari, et la fille du marquis de Beauharnais qu'on avait mariée à M. de la Valette, et à qui ses malheurs et sa tendresse conjugale ont donné tant de célébrité, lors du jugement et de l'évasion de son mari en 1815. Celui-ci, d'une naissance fort obscure, mais homme d'esprit, d'un caractère aimable et facile, après avoir servi quelque temps dans l'armée, avait quitté l'état militaire pour lequel ses mœurs douces lui inspiraient de la répugnance. Le premier consul l'avait employé dans quelques missions diplomatiques; il venait de le faire conseiller d'État. Il montrait un dévouement extrême à tous les Beauharnais dont il était devenu parent. Sa femme était simple et douce, habituellement; mais il était décidé que la vanité deviendrait le premier mobile de tous les sentiments des personnes attachées à cette cour, quels que fussent leur sexe et leur âge.

Une décision de l'empereur ayant accordé aux dames du palais quelques préséances sur les autres femmes, ce fut le signal de toutes les jalousies féminines. Madame Maret, sèche et orgueilleuse, fut blessée de nous voir marcher devant elle; sa mauvaise humeur la rapprocha de madame Murat qui entendait si bien les mécontentements de ce genre. D'ailleurs M. de Talleyrand qui n'aimait pas Maret, et qui se moquait impitoyablement de ses ridicules, assez mal aussi avec Murat, devenu l'objet de la haine de tous deux, fut par cette haine même l'occasion d'une sorte de lien entre eux. L'impératrice, qui n'aimait point quiconque s'attachait à madame Murat, traita madame Maret avec une sorte de sécheresse, et de ce côté, quoique toujours parfaitement étrangère à tous ces sentiments violents, et, pour mon compte, ne haïssant personne, je fus un peu comprise dans l'animadversion de ce parti contre les Beauharnais.

Enfin, un dimanche matin, la nouvelle impératrice reçut l'ordre de paraître à la messe accompagnée seulement de ses quatre dames du palais. Madame de la Valette, qu'on avait vue jusqu'alors partout aux côtés de sa tante, se trouvant tout à coup privée de cet honneur, versa à son tour beaucoup de larmes, et nous eûmes encore cette jeune ambition à consoler. Tout cela m'amusait fort à regarder; je me conservais sereine au milieu de ces troubles un peu ridicules, et peut-être assez naturels. Mais, on était tellement accoutumé à voir toutes les têtes tournées dans le palais, et les joies et les peines produites seulement par de nouvelles ambitions, satisfaites ou trompées, qu'un jour, me trouvant d'humeur assez gaie et riant de bon cœur de je ne sais plus quelle plaisanterie qu'on faisait devant moi, l'un des aides de camp de Bonaparte, s'approchant tout à coup, me demanda tout bas si j'avais reçu pour mon compte la promesse de quelque nouvelle dignité ; et je ne pus m'empêcher de lui demander à mon tour s'il croyait que, dorénavant, à Saint-Cloud, il fallût toujours pleurer, dès qu'on n'était pas princesse.

Ce n'est pas, cependant, que je n'eusse aussi, comme les autres, ma petite ambition ; mais cette ambition était modérée, et fort facile à contenter. L'empereur m'avait fait dire par l'impératrice, M. de Caulaincourt avait répété à mon mari, qu'au moment de l'affermissement de sa fortune, il n'oublierait pas celle des individus qui s'étaient dévoués de si bonne heure à lui. Tranquilles pour notre avenir sur cette assurance, nous ne faisions aucune démarche, et nous avions tort, car tout le monde s'agitait autour de nous. M. de Rémusat a toujours été étranger à toute espèce d'intrigue; c'est presque un défaut, quand on habite une cour. Il y a certaines qualités du caractère qui nuisent absolument à l'avancement auprès des souverains. Ceux-ci n'aiment point à trouver autour d'eux ces sentiments généreux, et cette philosophie dans les opinions, qui sont une marque de l'indépendance de l'âme qu'on saura conserver près d'eux, et ce qu'ils pardonnent le moins, c'est qu'on garde en les servant quelques moyens d'échapper à leur pouvoir. Bonaparte, plus exigeant que qui que ce soit sur toutes les espèces de dévouement, s'aperçut promptement que M. de Rémusat le servirait loyalement, mais sans se prêter à tous ses caprices. Cette découverte, aidée de quelques circonstances, que je rapporterai à mesure qu'elles se présenteront, le dégagea de ce qu'il croyait lui devoir. Il garda mon mari près de lui, il l'employa, parce que cela lui était commode, mais il ne l'éleva point là où il a porté tant d'autres, parce qu'il s'aperçut que ses dons ne lui acquerraient point les complaisances d'un homme qui ne se montrait pas capable de sacrifier la délicatesse à l'ambition. D'ailleurs, le métier de courtisan était incompatible avec les goûts de M. de

Rémusat. Il aimait la retraite, les occupations graves, la vie intime; toutes les affections de son cœur étaient tendres et morales; l'emploi ou la perte de son temps, tout destiné par sa place à cette continuelle et minutieuse attention de ce qui constitue l'étiquette des cours, excitait souvent ses regrets. Enlevé à sa destinée naturelle par la Révolution qui l'avait tiré de la magistrature, il croyait devoir à l'avenir de ses enfants de demeurer dans cette situation où les circonstances l'avaient jeté; mais il s'ennuyait de ce service de niaiseries importantes auxquelles il était condamné, et il ne se montrait qu'exact, là où il eût fallu être assidu. Plus tard, quand le voile qui couvrait ses yeux fut tombé, et qu'il vit Bonaparte tel qu'il était réellement, l'indignation souleva son âme généreuse, et il souffrit beaucoup de se voir précisément attaché au service intime de sa personne. Or, rien ne coupe court à l'avancement d'un courtisan comme certaines répugnances morales, qu'il ne s'applique point assez à renfermer. Mais, à cette époque, tous ces sentiments étaient encore vagues au dedans de nous, et je reviens à ce que je disais au commencement. Nous avions lieu de penser que l'empereur nous devait bien quelque chose, et nous comptions sur lui.

Mais, de plus, le moment ne tarda pas d'arriver où nous perdîmes de notre importance. Bientôt des gens égaux à nous, et presque aussitôt des gens supérieurs par leur naissance et par leur fortune, sollicitèrent la faveur de faire partie de cette cour; on conçoit qu'on ne dut plus mettre autant de prix au dévouement de ceux qui avaient, les premiers, ouvert la route. Bonaparte fut réellement flatté des conquêtes qu'il fit peu à peu sur la noblesse française. Madame Bonaparte, elle-même, plus susceptible d'affection que lui, eut un moment la tête tournée, quand elle vit des grandes dames parmi ses dames du palais. Des personnes plus habiles en intrigue eussent, à cet instant, redoublé d'adresse et d'assiduité pour tâcher de garder leur position, que cette foule vaine de son importance pressait de tous côtés; mais, loin de là, nous cédâmes, nous vîmes des occasions de retrouver quelque liberté, nous en profitâmes assez imprudemment, et quand un motif, quel qu'il soit, vous fait lâcher pied à la cour, il est bien rare qu'on puisse jamais regagner le poste qu'on occupait.

M. de Talleyrand, qui poussait Bonaparte à faire

renaître autour de lui tous les prestiges de la royauté, l'engagea à contenter avec soin les prétentions vaniteuses de ceux qu'on voulait attirer, et la noblesse en France n'est satisfaite que lorsqu'elle est préférée. Il fallut donc faire briller à ses yeux les distinctions qu'elle se croyait le droit d'exiger. On était bien sûr de gagner les Montmorency, les Montesquiou, etc., en leur promettant que, du jour où ils prendraient rang auprès de Bonaparte, ils deviendraient les premiers, comme par le passé. Il était, au fond, difficile que cela fût autrement, une fois qu'on se décidait à faire une véritable cour.

Il y a des gens qui ont cru qu'il eût été plus habile à Bonaparte, en prenant le titre neuf d'empereur, de garder encore autour de lui quelque chose de cette apparence simple et austère dont on perdit l'aspect avec le consulat. Un gouvernement constitutionnel d'une part, une cour peu nombreuse, sans luxe, qui se fût ressentie des changements que les révolutions avaient apportés dans les idées, eût moins satisfait la vanité peut-être, mais eût obtenu une plus véritable considération. Au moment dont je parle, on consulta de tous côtés pour savoir de quelle manière on décorerait l'entourage dont le nouveau souverain serait environné. Duroc invita M. de Rémusat à donner par écrit ses idées à cet égard. Mon mari rédigea un plan sage, mesuré, mais qui fut trouvé trop simple pour les projets secrets que personne ne pouvait alors deviner. « Il n'y a pas là assez de pompe, disait Bonaparte en le lisant. Tout cela ne jetterait point de poudre aux yeux. » Il voulait séduire, pour mieux tromper. Se refusant décidément à donner aux Français une constitution libre, il fallait qu'il les éblouît, les étourdît par tous les moyens à la fois; et, comme il y a toujours de la petitesse dans l'orgueil, le suprême pouvoir ne lui suffit point encore, il en voulut la montre, et de là l'étiquette, les chambellans, qui, dans son idée, faisaient encore mieux disparaître le parvenu. Il aimait la pompe, il penchait vers un système féodal, tout à fait hors des idées du siècle où il vivait, qu'il a pensé établir cependant, mais qui, vraisemblablement, n'eût duré que le temps de son règne. On ne peut se représenter tout ce qui lui passait par la tête à cet égard : « L'Empire français, disait-il, deviendra la mère-patrie des autres souverainetés; je veux que chacun des rois de l'Europe soit forcé de bâtir dans Paris un grand palais à son usage; et, lors du couronnement de l'empereur des Français, ces rois viendront à Paris, et orneront de leur présence et salueront de leurs hommages cette imposante cérémonie. » Ce plan démontrait-il autre chose que l'espoir de recréer les grands fiefs, et de ressusciter un Charlemagne qui eût exploité, à son profit seulement et pour fortifier sa puissance, et les idées despotiques des temps passés, et les expériences des temps modernes?

Bonaparte a si souvent répété qu'il était, à lui seul, toute la Révolution, qu'il a fini par se persuader qu'en conservant sa propre personne, il en gardait tout ce qu'il était utile de ne pas détruire. Quoi qu'il en soit, la maladie de l'étiquette sembla s'être emparée de tous les habitants du château impérial de Saint-Cloud. On tira de la bibliothèque les énormes règlements de Louis XIV, et on commença à en faire des extraits, pour les rédiger à la convenance de la nouvelle cour. Madame Bonaparte envoya chercher madame Campan, qui avait été première femme de chambre de la reine. Elle était personne d'esprit; elle tenait une pension où, comme je l'ai déjà dit quelque part, presque toutes les jeunes personnes qui paraissaient à cette cour avaient été élevées. On la questionna avec détail sur les habitudes intérieures de la dernière reine de France ; je fus chargée d'écrire sous sa dictée tout ce qu'elle raconterait, et Bonaparte joignit le très gros cahier qui résulta de nos entretiens à ceux qu'on lui portait de toutes parts. M. de Talleyrand était consulté sur tout. On allait et venait ; on s'agitait dans une sorte d'incertitude qui avait son agrément, parce que chacun s'attendait à monter et à s'élever. Il faut l'avouer franchement, nous nous croyions tous plus ou moins grandis de quelque chose ; la vanité est ingénieuse dans ses spéculations ; les nôtres touchaient à tout.

Quelquefois on était, pour un moment, un peu désenchanté par l'effet tant soit peu ridicule que cette agitation produisait sur un certain monde. Ceux qui demeuraient étrangers à nos nouvelles grandeurs disaient comme Montaigne : *Vengeons-nous par en médire.* Les railleries plus ou moins fines, les calembours sur ces princes de fraîche date, troublaient nos brillantes illusions ; mais il est toujours assez petit le nombre de ceux qui se permettent de blâmer le succès, et les flatteries l'emportèrent de beaucoup sur la critique, du moins dans tout le cercle où nos regards pouvaient atteindre.

Voilà donc, à peu près, l'attitude dans laquelle nous nous trouvâmes à la fin de cette première époque qui se termine ici. Nous verrons, en rapportant la seconde, les progrès que nous fîmes tous (et quand je dis tous, c'est de la France et de l'Europe que je parle), dans cette route de prestiges et de brillantes erreurs, où nos libertés et notre vraie grandeur allèrent se perdre et s'enfouir pour si longtemps.

J'ai oublié de dire qu'au mois d'avril de cette année, Bonaparte avait nommé son frère Louis membre du conseil d'État, et son frère Joseph colonel du 4e régiment de ligne : « Il faut, leur disait-il, que vous soyez tous deux tour à tour officiers civils et militaires, et que vous ne paraissiez étrangers à rien de ce qui concerne les intérêts de la patrie. »

FIN DU TOME PREMIER.

TABLE

DU TOME PREMIER.

Pages.

PRÉFACE... 1

INTRODUCTION.

Portraits et anecdotes............................... 9

LIVRE PREMIER.

1802-1804.

CHAPITRE PREMIER.

1802-1803.

Détails de famille. — Ma première soirée à Saint-Cloud. — Le général Moreau. — M. de Rémusat est nommé préfet du palais, et je deviens dame du palais. — Habitudes du premier consul et de madame Bonaparte. — M. de Talleyrand. — La famille du premier consul. — Mesdemoiselles Georges et Duchesnois. — Jalousie de madame Bonaparte. 161

CHAPITRE II.

1803.

Retour aux habitudes de la monarchie. — M. de Fontanes. — Madame d'Houdetot. — Bruits de guerre. — Réunion du Corps législatif. — Départ de l'ambassadeur d'Angleterre.

— M. Maret. — Le général Berthier. — Voyage du premier consul en Belgique. — Accident de voiture. — Fêtes d'Amiens.. 214

CHAPITRE III.

1803.

Suite du voyage en Belgique. — Opinions du premier consul sur la reconnaissance, la gloire et les Français. — Séjour à Gand, à Malines, à Bruxelles. — Le clergé. — M. de Roquelaure. — Retour à Saint-Cloud. — Préparatifs d'une descente en Angleterre. — Mariage de madame Leclerc. — Voyage du premier consul à Boulogne. — Maladie de M. de Rémusat. — Je vais le rejoindre. — Conversations du premier consul.. 240

CHAPITRE IV.

1803-1804.

Suite des conversations du premier consul à Boulogne. — Lecture de la tragédie de *Philippe-Auguste*. — Mes nouvelles impressions. — Retour à Paris. — Jalousie de madame Bonaparte. — Fêtes de l'hiver de 1804. — M. de Fontanes. — M. Fouché. — Savary. — Pichegru. — Arrestation du général Moreau...................................... 276

CHAPITRE V.

1804.

Arrestation de Georges Cadoudal. — Madame Bonaparte m'annonce la mission de M. de Caulaincourt à Ettenheim. Arrestation du duc d'Enghien. — Mes angoisses et mes instances auprès de madame Bonaparte. — Soirée à la Malmaison. — Mort du duc d'Enghien. — Paroles remarquables du premier consul...................................... 309

CHAPITRE VI.

1804.

Impression produite à Paris par la mort du duc d'Enghien. — Efforts du premier consul pour la dissiper. — Représentation de l'Opéra. — Mort de Pichegru. — Rupture de Bonaparte avec son frère Lucien. — Projet d'adoption du jeune Napoléon. — Fondation de l'Empire............ 310

CHAPITRE VII.

1804.

Effets et causes de l'avènement de Bonaparte au trône. — Conversation de l'empereur. — Chagrins de madame Murat. — Caractère de M. de Rémusat. — La nouvelle cour.. 372

FIN DE LA TABLE DU TOME PREMIER.

PARIS. — IMPRIMERIE ÉMILE MARTINET, RUE MIGNON.

www.ingramcontent.com/pod-product-compliance
Lightning Source LLC
Chambersburg PA
CBHW070930230426
43666CB00011B/2382